DISSERTATION
sur
LES REVENANTS EN CORPS, LES EXCOMMUNIES, LES OUPIRES ou VAMPIRES, BRUCOLAQUES ETC.

Dom Augustin CALMET

DISSERTATION
sur
LES REVENANTS EN CORPS, LES EXCOMMUNIES, LES OUPIRES ou VAMPIRES, BRUCOLAQUES ETC.

1751

Texte présenté
par
ROLAND VILLENEUVE

JEROME MILLON

Ouvrages parus dans la même collection :

— Sœur Jeanne des Anges, *Autobiographie d'une hystérique possédée.*
Préface du Dr Charcot.
Suivi de *Jeanne des Anges.*
par Mr Michel de Certeau.

— Abbé Boileau, *Histoire des Flagellants.*
Le bon et le mauvais usage des flagellations parmi les chrétiens.
1701.
Présentation, notes et dossier établis
par Mr Claude Louis-Combet.

A paraître :

— Abbé Dinouart, *L'Art de se taire, principalement en matière de religion.* 1771.
Précédé de
Silences du langage, langages du visage à l'âge classique.
par Jean-Jacques Courtine et Claudine Haroche.

La *Dissertation sur les revenants en corps, les excommuniés, les oupires ou vampires, brucolaques, etc.* est le tome second de l'ouvrage de Dom Calmet qui porte le titre général de *Traité sur les apparitions des esprits et sur les vampires ou les revenants de Hongrie, de Moravie etc.* dont le premier volume s'intitule, *Traité sur les apparitions des anges, des démons, et des âmes des défunts.* Chez Debure l'aîné. Paris. 1751.

— ISBN : 2-905614-05-6 —

© Éditions Jérôme MILLON, 1986
134, chemin de l'Étoile

PRESENTATION
par
ROLAND VILLENEUVE

Historien, érudit compilateur et exégète des textes scripturaires, Dom Calmet demeure surtout connu en tant qu'auteur de cette *Dissertation*, si différente de ce que Voltaire appelait ses "antiques fatras", et si propre à initier un courant de littérature et d'art fantastiques. Rares sont, en effet, les auteurs de romans noirs qui ont négligé de puiser tout ou partie de leur inspiration dans cet incomparable ensemble de récits et de témoignages. Force est aussi de constater qu'à l'aube du Troisième millénaire, la pellicule cinématographique assure au mythe vampirique une étonnante pérennité.

Né à Mesnil-la-Horgne, village voisin de Commercy (Meuse), le 26 février 1672, dans un milieu des plus modestes — son père était maréchal-ferrant — Antoine (en religion Dom Augustin) Calmet, eut néanmoins la chance, ses parents souhaitant le voir embrasser la carrière ecclésiastique, de faire ses humanités au prieuré bénédictin de Breuil, puis sa rhétorique à l'Université de Pont-à-Mousson. Ses résultats se révélèrent à ce point brillants que les P.P. Jésuites, en habiles "chasseurs de têtes", s'efforcèrent d'attirer parmi eux ce garçon à la taille bien prise, au visage ouvert et rayonnant d'intelligence. En vain, d'ailleurs, puisque le jeune Calmet se sentait davantage attiré par l'étude désintéressée et l'érudition pure, que par l'existence incertaine du missionnaire, ou d'éventuelles intrigues de Cour. Aussi s'empressa-t-il de prendre l'habit de novice en l'abbaye bénédictine de Saint-Mansuy, à Toul, où il fit profession le 23 octobre 1689. De là il se rendit à Saint-Epvre, puis à Munster, en Alsace, afin d'y approfondir la philosophie cartésienne et la théologie. Un bienheureux hasard voulut qu'il découvrît à Munster, une grammaire hébraïque et qu'il se mît à étudier, d'abord seul, puis sous la conduite d'un pasteur luthérien, la langue de Moïse. Cette dernière, avec le grec ancien, décida réellement de sa vocation d'historien.

A peine venait-il d'être ordonné prêtre, le 17 mars 1696, que ses supérieurs le chargeaient d'enseigner à son tour la philosophie et la théologie aux jeunes religieux de Moyenmoutier. C'est d'ailleurs à cet endroit, qu'il rédigea, en latin, de 1698 à 1704 ses *Commentaires sur l'Ancien Testament*, que Mabillon devait l'inciter à publier dans notre langue, afin de toucher un plus large public. Nommé sous-prieur de Munster, Dom Calmet avait en effet obtenu, du chapître général, l'autorisation de se rendre à Paris, afin d'y trouver un éditeur assez courageux, voire téméraire, pour donner le jour à une œuvre appelée à couvrir vingt-six volumes...

Soupçonné, non sans raison, de s'être frotté à un milieu janséniste fréquentant la paroisse parisienne des Blancs-Manteaux, il fut rappelé en Lorraine vers la fin de l'année 1707, mais retourna bientôt vers la capitale surveiller les épreuves de son *Commentaire littéral sur tous les livres de l'Ancien et du Nouveau Testament*. Le livre n'ayant pas manqué de soulever d'abondantes controverses, Louis XIV en personne fit taire les rumeurs, au nom de la paix religieuse.

Lorsqu'en 1712 et 1714, Dom Calmet parcourut la Normandie, l'Artois, la Picardie et la Flandre, ce ne fut pas pour admirer des paysages ou prendre des contacts avec la population, mais bien dans l'intention de visiter bibliothèques, monastères et sacristies. On le voyait s'affairer partout à prendre notes et références, ayant toujours en vue la confection de quelque nouvel ouvrage.

Promu en 1716 prieur de Lay-Saint-Christophe, il décida de ne plus quitter désormais le duché de Lorraine, et mit à profit les manuscrits de l'abbaye de Moyenmoutier, pour rédiger ces trois ouvrages qui ne tardèrent pas à lui assurer une renommée européenne : *L'Histoire de l'Ancien et du Nouveau Testament*, l'*Histoire de la vie et des miracles de Jésus-Christ*, et le *Dictionnaire de la Bible*, traduit en quatre langues. De ce dernier, de peu scrupuleux éditeurs genévois n'hésitèrent pas à opérer une contrefaçon. Pour l'apaiser, ils reproduisirent le portrait de l'auteur et, en dépit de la vénérable compagnie des pasteurs, firent au-dessous graver ce huitain :

> « Heureux écrivain dont la gloire
> De la vertu tire son fond,
> Lorsqu'un savoir vaste et profond
> Le place au temple de Mémoire ;
> Calmet, de ces dons revêtu,
> Dis-nous en toy lequel domine
> De l'honneur ou de la doctrine,
> Du savoir ou de la vertu. »

Les vastes connaissances que Dom Calmet mettait complaisamment à la portée de tous ceux qui l'interrogeaient, lui valurent dès lors de flatteuses relations épistolaires avec Mabillon, Bernard de Montfaucon, le P. Brun de l'Oratoire, Dom Martène, le pape Benoît XIV, le prince de Salm, l'empereur François Ier et l'impératrice Marie-Thérèse d'Autriche, le roi Stanislas de Pologne, pour ne citer que les plus illustres de ses correspondants. Désigné en 1718 par le chapître général, abbé de Saint-Léopold, à Nancy ; élevé l'année suivante à la dignité de visiteur de sa congrégation, Dom Calmet reprit bâton de pélerin et carnet de notes sur les routes de la Lorraine, des Trois Evêchés, de la Champagne et de la Franche-Comté. Après diverses hésitations, le duc Léopold l'ayant officiellement chargé en 1723 de retracer l'histoire de la Lorraine, il obtint le concours de nombreux et distingués copistes, parmi ses confrères. Mais cette tâche devait se révéler aussi ingrate que pleine d'embûches, puisque le duc fit saisir l'*Histoire de Lorraine*, en 1728, sous prétexte qu'elle comportait des erreurs de généalogie et des allusions gênantes pour la famille régnante. On autorisa pourtant la mise en vente l'année suivante, d'une réédition amputée d'un grand nombre de pages par d'impitoyables censeurs....

Le 9 juillet 1728, Dom Calmet, élu abbé du très riche et très influent monastère de Senones[1], qu'il devait diriger pendant près de trente ans et enrichir d'un nombre considérable de précieux volumes, de médailles et d'objets de fouilles, fut proposé par un collège de cardinaux, pour l'obtention d'un titre d'évêque *in partibus*, auprès du pape Benoît XIII. Sa modestie, son désir de mener à bien des travaux déjà entrepris et — qui sait? le démon de l'écrivain, l'incitèrent à refuser cet honneur, à dire vrai, sans grand profit pour un personnage déjà aussi célèbre. Et tellement désintéressé, préférant la vie privée « à tous les emplois et

---

1. Fondée en 661 au voisinage de Raon-l'Etape, par un archevêque de Sens — d'où son nom, l'abbaye de Senones possédait terres de labour, prés et bois en abondance. Avec une certaine pointe d'envie, Voltaire la qualifiait d'« abbaye de 100.000 livres de rentes, voisine de deux abbayes de même valeur ». Aujourd'hui encore, la maison abbatiale conserve l'appartement de Dom Calmet — cinquante-troisième abbé de Senones, ainsi que celui qu'habita Voltaire.

dignités de la Religion». Il put désormais, dans le silence et la quiétude de Senones, se livrer aux plaisirs de la recherche et de l'érudition. On reste d'ailleurs stupéfait par l'étendue d'une curiosité qui, outre l'histoire religieuse ou laïque, et les monographies régionales, s'interrogeait au sujet de l'origine des chiffres, la nature des perles, les eaux de Plombières, les dragons volants, la chronologie du sixième âge du Monde, les jeux de cartes, l'âme des bêtes et, bien entendu, les vampires... Époque féconde, que celle de ces années passées à Senones, où Dom Calmet composa ces ouvrages d'une consultation encore enrichissante, à savoir : le *Commentaire littéral, historique et moral sur la règle de Saint Benoît* (Paris, 1734), l'*Histoire universelle sacrée et profane*, en dix-sept volumes (Strasbourg, 1735), l'*Histoire généalogique de la Maison du Châtelet* (Nancy, 1741) avec laquelle Dom Calmet entretenait d'excellentes relations, *la Dissertation sur les apparitions des Anges...* (Paris, 1746 et 1751), la *Bibliothèque Lorraine* (Nancy, 1751) et la *Notice de la Lorraine* (Nancy, 1751 et 1762). A ces travaux de longue haleine, il convient d'ajouter le *Diarium helveticum* que Dom Calmet composa en 1748, au retour d'un voyage en Suisse effectué en compagnie de Dom Fangé, son neveu, coadjuteur et successeur ; qui ne fut cependant publié qu'en 1756.

C'est à Senones, enfin, que Dom Calmet reçut en 1754, la visite — oh! combien intéressée, de

Voltaire qui, après le décès de la "divine Émilie", marquise du Châtelet, avait assez sérieusement songé à louer une partie des bâtiments civils de l'abbaye. Capitale de la Principauté de Salm, située en terre d'Empire, Senones avait assurément de quoi séduire un polémiste peu soucieux d'affronter les foudres de la censure royale et de risquer un emprisonnement à la Bastille. « Je serai un de vos moines », disait-il déjà en 1748. « Ce sera Paul qui ira visiter Antoine. Mandez-moi si vous voudrez bien me recevoir en solitaire. En ce cas, je profiterai de la première occasion que je trouverai ici, pour venir dans le séjour de la science et de la sagesse ». L'occasion rêvée surgit de la rupture avec Frédéric de Prusse. Elle lui ouvrit toutes grandes les portes d'une bibliothèque de 12.000 volumes, « presque aussi complète que celle de Saint-Germain-des-Prés » (lettre au duc de Richelieu, du 6 août 1754), abondamment pillée en vue de la composition de l'*Essai sur les mœurs* et d'articles anti-religieux destinés à l'*Encyclopédie*. « C'est une assez bonne ruse de guerre que d'aller chez ses ennemis se pourvoir d'artillerie contre eux », écrivait-il à la duchesse de Gotha. Mais sur place, "le moine Voltaire" trompait si bien son monde, assistant aux offices, portant un crucifix en sautoir, suivant les processions, que le bon abbé, dans sa candeur naïve de savant, se flattait d'avoir obtenu la conversion sincère de ce déiste impénitent. A la longue, Voltaire trouvait cependant assez pesante cette solitude et ce rôle de comédien volontairement assumé. N'osant pas encore trop médire d'un hôte qui l'avait si généreusement accueilli, il n'en rimait pas moins à Cideville, dans une lettre datée du 9 juillet 1754 :

« Ses antiques fatras ne sont point inutiles ;
Il faut des passe-temps de toutes les façons,
Et l'on peut quelquefois supporter les Varrons
Quoiqu'on adore les Virgiles »

Les dernières années de Dom Calmet furent consacrées à la prière, aux œuvres de charité, et à l'enrichissement de sa chère "librairie". Jusqu'à l'extrême limite de ses forces, cet homme modeste et vertueux, simple et affable, doux et patient, vécut le plus simplement du monde, observant à la lettre l'austère règle bénédictine, et célébrant tous les jours sa messe. Il expira doucement, le 25 octobre 1757, après une attaque de paralysie, sans se douter que son tombeau serait un jour profané par des sans-culottes, avinés-illétrés de surcroît[1]. En revanche, cette belle épitaphe latine

---

1. Retrouvés vers la fin du XIXème siècle, les restes de Dom Calmet furent inhumés une seconde fois, en présence de Mgr. Freppel, évêque d'Angers, dans la nouvelle église paroissiale de Senones, le 26 octobre 1873. A l'issue d'une souscription publique, le sculpteur Falguière érigea, au-dessus du tombeau, un mausolée de style Louis XV en marbre blanc, représentant Dom Calmet agenouillé, revêtu de son grand costume de chœur, offrant à Dieu le fruit de ses travaux sous forme de livres et d'opuscules divers. A ses pieds figurent la crosse, la mitre et les gants d'un abbé mitré dont il détenait le rang.

(il va de soi), appelée à orner sa dernière demeure, échappa à toute destruction :

>D. O. M.
>HIC JACET
>FRATER AUGUSTINUS CALMET
>PATRIA LOTHARUS, RELIGIONE
>CHRISTIANUS, FIDE CATHOLICO —
>ROMANUS, PROFESSIONE MONACHUS.
>NOMINE ABBAS HUIUS MONASTERII
>LEGI, SCRIPSI, ORAVI, UTINAM BENE !
>HIC EXPECTO DONEC VENIAT
>IMMUTATIO MEA: VENI DOMINE IESU !

A la demande de Dom Fangé qui préparait une biographie célébrant les mérites et la mémoire de son oncle, Voltaire voulut bien composer ce quatrain équivoque, placé sous un portrait embellissant l'ouvrage :

> « Des oracles sacrés que Dieu daigna nous rendre
> Son travail assidu perça l'obscurité ;
> Il fit plus : il les crut avec simplicité
> Et fut par ses vertus digne de les entendre. »

En un siècle qui fut par excellence celui des vastes collections et des encyclopédies, la puissance de travail et la prodigieuse fécondité littéraire de Dom Calmet ne cessent pas d'étonner. Pourtant, certains de ses ouvrages — en pouvait-il aller autrement ?, souffrent parfois d'un relâchement stylistique. « J'écris tout comme je pense, sans détours et sans finesse », avouait-il ingénûment. Mais, comme dit le proverbe : qui trop embrasse mal étreint, et ces faiblesses, jointes à une désarmante crédulité empêchèrent notamment son accession à l'Académie des Inscriptions et Belles-Lettres... Ne partageait-il pas, en particulier, la croyance aux effets du mauvais œil et de la fascination ? Ne considérait-il pas comme tout à fait réalisable le transport des sorciers et des sorcières vers le sabbat? C'est pourtant à propos de ses *Dissertations sur les apparitions des anges, des démons et des esprits, et sur les revenants et vampires de Hongrie, de Bohême, de Moravie et de Silésie*, parues en 1746[1], qu'on lui fit surtout reproche de sa candeur, et d'une singulière absence de sens critique. «Je vous dirai franchement que cet ouvrage n'est point du goût de bien des gens, et je crains qu'il ne fasse quelque brèche à la haute réputation que vous vous êtes fait jusqu'ici dans la savante littérature. En effet, comment se persuader que tous ces vieux contes dont on nous a bercés dans notre enfance sont des vérités? » lui écrivait, par exemple, son

---

1. Cet ouvrage très vite épuisé connut une seconde édition en deux volumes dès 1749, à Einsiedeln (N.-D. des Ermites). Il parut de nouveau, considérablement revu et corrigé, à Paris en 1751, sous ce titre : *Traité sur les Apparitions des esprits et sur les vampires ou les Revenans de Hongrie, de Moravie, etc.*, et à Senones en 1759, sous les auspices de Dom Fangé. Il fut également traduit en Allemagne (Augsbourg, 1752) et en Italie (Venise, 1756). La *Dissertation sur les Revenans en corps, les excommuniés, les oupires ou vampires, broucolaques, etc.*, dont nous entreprenons la réédition, constitue le second tome du *Traité* ci-dessus mentionné, publié à Paris par Debure l'Aîné, en 1751.

ami Dom Ildephonse Cathelinot. Pour sa part, l'ennemi juré du bénédictin, que ses lauriers d'érudit empêchaient de dormir — Nicolas Lenglet-Dufresnoy, attaquait ses écrits à boulets rouges dans son *Traité historique sur les Apparitions, les visions et les Révélations particulières, avec des observations sur les dissertations du R. P. Dom Calmet, Abbé de Senones, sur les Apparitions et les Revenants* (Avignon, 1751, 2 vol.). Il stigmatisait sans ménagements le manque d'authenticité et de certitude dans l'examen des faits, assurant que Dom Calmet ne les devrait point alléguer « sans les accompagner des réflexions nécessaires pour montrer leur vérité, ou prouver leur fausseté » (ouv. cit., tome II, p. 97). Et, prenant un ton de censeur, il ajoutait qu'en un siècle éclairé et prudent, « on doit instruire et non pas épouvanter ». De son côté, Voltaire critiquait le manque de discernement de l'"historiographe" des vampires, dont il avait traité, « comme il avait traité l'Ancien et le Nouveau Testament ». En toute humilité, Dom Calmet devait tenir compte de ces reproches et mentionner de surcroît, dans son édition de 1751, des textes oubliés dans l'édition précédente. Assurément, ce propos extrait de l'édition de 1746 (p. 218) laissait les lecteurs dans l'incertitude : « Je suis bien aise d'avertir que je ne tiens pour vrai que ce qui l'est en effet, et je conviens que l'on raconte une infinité de faits fabuleux, et d'apparitions imaginaires. J'en ai rapporté moi-même auxquelles je n'ajoute que très peu de foi. Je respecte celles qui ont les caractères de vérité et de certitude. Pour les autres je les méprise comme elles méritent d'être méprisées ; mais *je suis persuadé aussi qu'il y en a de vraies*, et qu'on en peut faire le discernement comme des autres récits, et des autres histoires en les examinant selon les lois d'une sage et judicieuse critique, en pesant le mérite des auteurs, la possibilité des faits, et les circonstances des récits ». Aussi devait-il par la suite préciser : « Je n'écris que pour des esprits raisonnables et non-prévenus, qui examinent les choses sérieusement et de sang-froid ; je ne parle que pour ceux, qui ne donnent leur consentement aux vérités connues, qu'avec maturité ; qui savent douter dans les choses incertaines, suspendre leur jugement dans les choses douteuses et nier ce qui est manifestement faux » (*Traité sur les Apparitions*... Préface, p. II).

L'empressement avec lequel on achetait un ouvrage approuvé par la Sorbonne — qui, obnubilée, louait "les sages réflexions" et la "judicieuse critique" de son auteur —, persuadait Dom Calmet que la raison se trouvait de son côté. Dom Grégoire Berthelet le félicitait chaleureusement, assurant que ses détracteurs ne pouvaient rien lui objecter « sans se rendre ridicules ». Mieux encore ! L'archi-sceptique Boyer, marquis d'Argens, apportait de l'eau à son moulin... Dans la 137ème de ses *Lettres Juives* (La Haye, 1754), il certifiait au sujet de l'apparition d'un vampire à Kisilova : « Grâces à

PRESENTATION 19

Dieu ! nous ne sommes rien moins que crédules ; nous avouons que toutes les lumières de physique que nous pouvons approcher de ce fait ne découvrent rien de ses causes : cependant nous ne pouvons refuser de croire véritable un fait attesté juridiquement et par des gens de probité... »[1].

*
* *

Ainsi, vers le milieu du XVIIIème siècle qu'on s'applique à nous dépeindre comme celui des Lumières et du rationalisme, les hommes professaient-ils des opinions différentes quant à la réalité de l'existence des vampires. Endémique parmi les populations hyperboréennes, aptes à transmettre des idées délirantes d'un village à l'autre, la spectropathie, fondée sur des hallucinations de la vue et du toucher s'était soudain muée en épidémie, atteignant son acmé entre les années 1730 et 1735.

1. Qu'on imagine un instant la colère de Voltaire face à une telle assertion ! : « Vous trouverez — écrit-il dans le *Dictionnaire Philosohique*, des histoires de vampires jusque dans les *Lettres Juives* de ce d'Argens que les Jésuites, auteurs du Journal de Trévoux, ont accusé de ne rien croire. Il faut voir comme ils triomphèrent de l'histoire du vampire de Hongrie... Voilà donc, disaient-ils, ce fameux incrédule qui a osé jeter des doutes sur l'apparition de l'ange à la sainte Vierge, sur l'étoile qui conduisit les mages, sur la guérison des possédés, sur la submersion de deux mille cochons dans un lac, sur une éclipse de soleil en pleine lune, sur la résurrection des morts qui se promenèrent dans Jérusalem : son cœur s'est amolli, son esprit s'est éclairé, il croit aux vampires ».

Tristesse, hypocondrie et cauchemars entretenaient un climat contagieux de terreur collective. « Tout le monde avait l'imagination renversée, écrit Pitton de Tournefort, à propos des habitants de Mikonos. Les gens du meilleur esprit paraissaient frappés comme les autres ; c'était une véritable maladie du cerveau aussi dangereuse que la manie et que la rage. On voyait des familles entières abandonner leurs maisons, et venir des extrémités de la ville porter leurs grabats à la place, pour y passer la nuit. Chacun se plaignait de quelque nouvelle insulte. Ce n'étaient que gémissements à l'entrée de la nuit ; les plus sensés se retiraient à la campagne » (*Voyage du Levant*, tome II, 1717). De la Russie à la Lorraine, de la Bohême à l'Archipel grec, on ne parlait plus que d'apparitions d'êtres diaboliques sortant de leurs tombes pour venir sucer le sang des gens bien-portants et les entraîner rapidement vers la mort. Saisis par une sorte de vésanie, un peu partout, paysans et membres du clergé, magistrats et bourreaux, se mettaient à déterrer des prétendus vampires pour les transfixer d'un pieu acéré, ou les réduire en cendres. « S'il y eût jamais au monde une histoire garantie et prouvée », remarquait ironiquement Jean-Jacques Rousseau, « c'est celle des vampires. Rien ne manque : rapports officiels, témoignages de personnes de qualité, de chirurgiens, de prêtres, de juges : l'évidence est complète ». Toujours persifleur, Voltaire comparait pour sa part les vampires aux anciens martyrs : plus on en brûlait, plus il s'en trouvait... ce qui, au demeurant, s'avérait exact. Le Saint-Siège regardait néanmoins ces histoires comme le fruit de grotesques superstitions, et ne daignait pas répondre aux évêques de Moravie qui l'avaient interrogé à leur sujet. On conçoit fort bien, en revanche, que ce même sujet ait pu susciter tout l'intérêt d'un Dom Calmet. « La matière du Retour des Vampires — écrit-il dans la Préface au *Traité des Apparitions* (p.VIII), — est digne de l'attention des curieux et des savants, et mérite qu'on l'étudie sérieusement, qu'on examine les faits qu'on en rapporte, et qu'on en approfondisse les causes, les circonstances et les moyens ».

Curieux et savants se penchaient, en effet, sur un problème qui n'avait rien de tellement nouveau puisque la Bible, Homère, Ovide, Philostrate et Phlegon de Tralles l'avaient abordé par le biais de la nécromancie, confirmant avant la lettre cette proposition formulée par Sigmund Freud : C'est le cadavre qui a fourni la première notion de "mauvais esprit". Ainsi assiste-t-on, avant comme après l'épidémie déjà évoquée des années 1730-1735, à la parution de nombreux ouvrages sur le Vampirisme, dont ceux de Dom Calmet ne représenteraient qu'une sorte de compendium d'une lecture agréable et facile. Sur un plan général, le *Mercure Galant* fait déjà allusion aux vampires en 1693, suivi par les *Huetiana, ou pensées diverses de M.*

Huet, évêque d'Avranches (1722), précédant en conséquences et d'assez loin le *Recueil de dissertations* de Lenglet-Dufresnoy (1751-52) et les *Lettres Juives* de Boyer d'Argens (1754), ainsi que les *Lettres à une Illustre Morte* de Louis-Antoine de Caraccioli (1770), et la *Dissertazione sopra I Vampiri* de Gioseppe Davanzati, archevêque de Trani (1774). Loin d'être méprisé, l'aspect eschatologique donne naissance à la *Magia Posthuma* de Ferdinand de Schertz (1706) ; au *Traité de l'état des morts et ressuscitants*, de Thomas Burnet (1731) ; aux *pensées philosophiques et chrétiennes sur les Vampires*, de Jean-Christophe Herenberg (1733), et au *De Servorum Dei beatificatione et Beatorum canonizatione*, du pape Benoît XIV (Prospero Lambertini), savamment analysé par le chanoine Baudeau dans un livre qui paraîtra à Paris en 1761. Cet ensemble de textes nous paraît démontrer combien les superstitions et les terreurs ancestrales exerçaient encore d'influence sur les esprits au temps de l'"Aufklärung", où chacun, suivant la remarque du Dr. Locard, tremblait à l'idée de s'éveiller dans son tombeau...

La plupart des médecins rejetaient comme invraisemblable l'existence des vampires ; admettaient qu'il pût après un délai déterminé, sortir encore du sang de certains cadavres, et ramenaient à l'effet d'inhumations précipitées le phénomène dit de mastication des morts au sein des tombeaux[1].

1. Sur l'exsudation sanguine, on pourrait consulter la

Depuis très longtemps le peuple des campagnes avait constaté que des démons s'en venaient jouer la sarabande dans les cimetières, obligeant les personnes disparues soupçonnées de vampirisme à ingérer leur suaire. Le bruit résultant de cette mastication passait pour annoncer l'éclosion de la peste et entraînait, ipso facto, la violation des sépultures et la mutilation des cadavres[1]. Une vaste partie de l'Europe orientale continuait d'ailleurs de partager ces croyances médiévales, qui soulevaient l'indignation de Gérard van Swieten, Premier médecin de la Cour d'Autriche, prêt « à se garder de vouloir approfondir les secrets que la Providence à voulu se réserver », mais non moins

---

Dissertatio physica de cadaveribus sanguissugis, de Stock (1732) et la thèse commune de Christophorus Pohlius et Gottlob Hertelius soutenue la même année : *De Hominibus post mortem sanguissugis vulgo dictis Vampyren*. Sur la mastication tumulaire, voir la *Dissertatio historico-philosophica de Masticatione mortuorum* de Philippe Rohr (1679), le *De miraculis mortuorum*, de Garman (1709) et surtout, le *De masticatione mortuorum in tumulis*, de Michel Ranft (1728).

1. Le *Marteau des Sorcières* (*Malleus maleficarum*) paru à Strasbourg en 1486 est formel sur ce point. Un prévôt ayant trouvé dans une place forte une femme qui avait dévoré son linceul, « tira son épée et coupant la tête, la jeta hors de la fosse. Aussitôt la peste cessa. D'où l'on voit que par la permission divine les péchés d'une vieille femme (sorcière) ont été punis sur des innocents à cause de la dissimulation de crimes antécédents. » (Livre I, ch. 15, trad. Amand Danet).

prêt à engager le combat contre les vampires. Chargé par l'impératrice Marie-Thérèse d'effectuer en 1755 une expertise à la suite d'un procès contre les morts, intervenu à Olmutz (Moravie), Van Swieten conclut dans un rapport médico-légal rédigé en français, que le vampirisme s'acquiert facilement et qu'il est aussi contagieux que la gale. « Quand on vide les tombeaux — assure-t-il —, on trouve parfois des cadavres entiers qui ne sont pas putréfiés, mais bien au contraire désséchés, d'une couleur brunâtre et les chairs sont très fermes, sans toutefois que les corps aient été embaumés ». En résumé, « sans aucune raison surnaturelle, un cadavre peut rester plusieurs années sans pourrir ». Benoît XIV, qui mentionne ce rapport, en partageait absolument les conclusions. Dans une lettre au ton plutôt sévère, adressée à l'archevêque polonais de Léopold, il rappelait que d'après son propre Traité sur la canonisation des Saints, la conservation des corps n'a rien de prodigieux. Et il émettait ce propos pour le moins étonnant sous la plume d'un souverain pontife : « C'est à vous, en qualité d'archevêque, qu'il appartient surtout de déraciner ces superstitions. Vous découvrirez, en allant à la source, qu'il peut y avoir des prêtres qui les accréditent, afin d'engager le peuple, naturellement crédule, à leur payer des exorcismes et des messes ».

L'évocation d'un recours à des exorcismes trahit une évolution des mentalités par rapport aux cérémonies funèbres[1]. Jadis bien acceptée par l'ensemble des chrétiens, bravée dans les danses macabres, moquée dans les charniers, la Mort a désormais revêtu les aspects d'un jeu obsessionnel, baroque, individuel surtout. « Le cimetière — ou même l'église en tant que lieu de sépulture — remarque Philippe Ariès, est devenu un espace habité par le diable, et mal défendu par les bénédictions rituelles, car la bénédiction des sépultures est alors interprétée comme un moyen d'écarter le diable »[2] ... Et l'on pourrait ajouter : d'écarter les vampires, puisque selon Pierre De Lancre, « les corps des morts ne sont jamais ôtés de leur repos par les bons anges » (*Tableau de l'Inconstance*, édit. 1612, p. 373). A ce sujet, le R. P. Delrio précise que les démons « ne sauraient ressusciter un homme... ils ne sauraient faire que l'âme de

---

1. Même évolution en ce qui concerne le singulier phénomène (ordalie) dit de la "cruention" des personnes tuées lâchement. Ces dernières, d'après Platon (IXème Livre des *Lois*), Lucrèce, Marsile Ficin, Shakespeare (*Richard III*, acte I, scène 2), et les démonologues des XVIème et XVIIème siècles, étaient censées se mettre à saigner en présence de leurs assassins. Un siècle après, on les eût brûlées comme vampires... Ajoutons que la différence séparant les corps des vampires de ceux des saints, tous bien conservés et très souples, réside essentiellement dans l'odeur qu'ils répandent : affreuse ou très suave, suivant le cas...

2. *Essais sur l'histoire de la mort en Occident du moyen-âge à nos jours.* Paris, 1975, p. 129.

l'homme séparée du corps, rentre derechef en icelui pour l'informer et visiter. C'est un article de foi ». (*Les Controverses et Recherches magiques*, Paris, 1621, p. 319). Mais les démons n'en demeurent pas moins capables d'animer momentanément des cadavres pour leur faire jouer le rôle de meurtriers[1].

Féru de théologie, Dom Calmet ne confond pas plus, il va de soi, démons et vampires, que goules — bien vivantes — et vampires ; ce qui d'ailleurs l'incite à nous fournir un maximum de détails à leur sujet... Qu'ils prennent, selon les régions, les noms d'Oupires, de Broucolaques, de Katanès ou de Vourdalaks, les vampires ne sont jamais des personnes enterrées vives à la suite d'une léthargie, d'une syncope, d'une beuverie ou de maladies épidémiques, mais une sorte de revenants qui, à l'instar des animaux en hibernation « ont conservé dans leur tombeau un reste de vie ». Apparaissant de jour comme de nuit, (de midi jusqu'à minuit précise le *Mercure Galant*), et prêts à commettre « les péchés les plus abominables », les vampires viennent tourmenter en priorité leurs parents et

---

1. Ou à l'occasion celui de jolies filles de la nuit, faciles à séduire, qui, après l'amour, se révèlent de puantes charognes de sorcières. A l'inverse, le Diable emprunte parfois le corps d'un pendu, « principalement lorsqu'il veut se joindre avec une sorcière, d'où vient que les sorcières sont ordinairement laides et puantes, comme dit Cardan » (Henry Boguet, *Discours des Sorciers*, Lyon, 1608, p. 41).

leurs amis. « A l'endroit où des personnes sont sucées il se forme une tache très bleuâtre ». Cet endroit n'est nullement déterminé, mais « ceux qui ont été sucés, sucent aussi à leur tour », et décèdent en général dans un délai de trois à huit jours, d'anorexie ou de langueur, tant est violente la douleur née de la morsure. Les vampires, qui font aboyer les chiens, ruer les chevaux, hurler les humains, retournent ensuite dans leur tombe, « d'où vient qu'on leur trouve les pieds crottés le lendemain du jour qu'ils ont couru et effrayé les gens du voisinage, et qu'on ne remarque rien de pareil dans les autres cadavres enterrés dans le même temps, dans le même cimetière ». Maigres au repos, très velus, souvent roux de poil, et doués d'une force prodigieuse, les vampires soulèvent sans difficulté véritable les pierres tombales et les replacent de même, une fois leurs sinistres exploits accomplis.

Risquent de devenir vampires, après leur mort apparente, les mauvais chrétiens, les blasphémateurs, les suicidés[1] et, dans la majorité des cas, les gens excommuniés, dans le monde hellénique notamment. « Les Grecs aujourd'hui sont encore persuadés que les corps des excommuniés ne se

---

1. En Grande-Bretagne, les légendes ont la vie dure ; il fallut attendre une loi promulguée par Georges IV, en 1824, pour que les corps des suicidés, enterrés aux carrefours, cessent d'être au préalable transpercés au moyen d'un pieu ou d'une lance.

corrompent point — lit-on dans les *Huetiana* —, mais s'enflent comme un tambour, et en expriment le bruit quand on les frappe, ou qu'on les roule sur le pavé. Ces corps s'appellent *Toupi*, c'est-à-dire tambour, en grec vulgaire ». Ce sont leurs sépultures qu'on visitera en premier, parce que la publique renommée les aura accusés, ou parce qu'un cheval entier monté par un garçon vierge, aura refusé de passer sur elles. Là, on découvrira des corps aux membres souples et maniables, gorgés d'un sang fluide et vermeil, qu'il faudra exhumer, empaler, voire brûler, pour qu'ils périssent à coup sûr en jetant des cris et en rendant par le nez, les oreilles et les pores de la peau, tout le sang absorbé. Il existe différentes manières de se débarrasser des vampires : on peut leur percer le cœur avec un pieu d'aubépine ou de genévrier ; leur enfoncer un clou dans la tempe ; les faire bouillir dans du vin. Mais il existe aussi divers préservatifs aptes à repousser leurs infestations, consitant à placer une hostie consacrée sur la bouche de ceux qui viennent de trépasser ; avaler un peu de la terre du sépulcre où le vampire a séjourné ; se frotter le visage avec le sang de ce dernier, y tremper du pain ou même absorber ce sang directement. Enfin, il est toujours recommandé de garder auprès de soi une épée et une branche de buis bénit. Dom Calmet ne paraît pas connaître (à moins qu'il ne les néglige) les autres méthodes de protection, telles l'envoi d'une balle d'argent consacrée par un prêtre;

l'ensemencement au préalable des cercueils avec des grains de pavot ou de millet ; le fait d'éloigner les corps suspects des rayons de la lune censée ranimer les vampires en toutes circonstances. Il semble encore ignorer le rôle joué par les fleurs d'ail (et non par les bulbes de cette plante vivace), déjà attesté par Leo Allatius et des manuscrits de l'ancienne Egypte. En tout état de cause, le recensement des vampires qu'il opéra dans sa *Dissertation* fut appelé à connaître un retentissement considérable[1]. Ce qui ne l'empêcha pas, dans l'immédiat de se poser — sans d'ailleurs les pouvoir résoudre, d'embarrassantes questions à leur sujet.

---

1. Alors que le *Glossarium*, de Du Cange (1678), le *Dictionnaire Universel*, de Furetière (1727), le *Dictionnaire Etymologique*, de Ménage (1751) n'y font aucune allusion, il inspira cette rédaction du *Dictionnaire de Trévoux* (1771, tome VIII, p. 258) : « Vampire, Wampire, Oupire et Upire, n.m. et f. Les Vampires sont une sorte de revenants qu'on dit infester la Hongrie, la Moravie, la Bohème, etc. Ce sont dit-on des gens qui sont morts depuis plusieurs années, ou du moins depuis plusieurs mois, qui reparaissent, se font voir, marchent, parlent, sucent la sang des vivants, en sorte que ceux-ci s'exténuent à vue d'œil, au lieu que les cadavres, comme des sangsues, se remplissent de sang en telle abondance, qu'on le voit sortir par les conduits et même par les pores. Pour se délivrer des Vampires, on les exhume, on leur coupe la tête, on leur perce le cœur, on les empale, on les brûle. Quelquefois un Vampire met en rumeur tout un pays. Il s'attache aux vivants sans se faire voir, il leur suce le sang, il les mine peu à peu : ces pauvres gens dépérissent à vue d'œil, ils deviennent étiques, ils meurent de faim ».

Est-ce Dieu, dont la résurrection des corps constitue un « privilège particulier » (Delrio) qui autorise celle des vampires? S'agit-il au contraire d'un prestige diabolique à effet momentané ? Pourraient-ils renaître de leur propre initiative, résider parmi nous, au lieu de s'en prendre méchamment à leur entourage ? Cette résurrection revêt-elle une force matérielle, alors que saint Matthieu assure que ces sortes d'esprits ne possèdent ni chair, ni squelette (*Spiritus carnem et ossa non habent*). « Dira-t-on que ces corps pénètrent les terres sans les ouvrir, comme l'eau et les vapeurs qui entrent dans la terre, ou qui en sortent, sans en déranger sensiblement les parties ? » Il faudrait admettre, dans ce cas, que ce ne sont pas les corps des vampires qui sortent du tombeau, mais des spectres d'aspect humain qui ayant dérobé la force vitale à leurs victimes retournent l'infuser au cadavre demeuré dans ce même tombeau[1]. Voltaire résout le pro-

---

1. Dans son *Essai sur l'humanité posthume et le spiritisme, par un positiviste* (Paris, 1883), Adolphe d'Assier faisait intervenir la notion d'un "corps astral" — qu'il dénomme fantôme, chargé de s'acquitter des fonctions que le cadavre — incapable de bouger — remplissait précédemment : « La structure du fantôme vivant est liée si étroitement à celle du corps dont il est l'image, que toute absorption de liquide faite par le premier passe aussitôt dans les organes du second... Tout le sang avalé par le spectre passe à l'instant dans les organes du cadavre qu'il vient de quitter et auprès duquel il retourne dès que son œuvre de braconnage est terminée... L'instinct populaire

blême par cette plaisanterie : « La difficulté était de savoir si c'était l'âme ou le corps du mort qui mangeait. Il fut décidé que c'était l'un et l'autre. Les mets délicats et peu substantiels, comme les meringues, la crème fouettée et les fruits fondants étaient pour l'âme ; les rosbifs étaient pour le corps ». Le mystère — les mystères devrait-on dire, néanmoins subsistent pour tous ceux qui, à l'instar de Dom Calmet partagent sincèrement la croyance en l'existence des vampires. « Si peu vraisemblables que soient ces faits — écrit par exemple Stanislas de Guaïta, il faut cependant les admettre, sous peine d'invalider tous les critères de la science historique. Où s'arrêtera le scepticisme des savants s'ils récusent les plus formels témoignages et frappent de nullité les procès-verbaux authentiques rédigés sur place par les autorités judiciaires ou communales ? » (*Le Temple de Satan*, p. 224).

L'apparition et l'expansion du Vampirisme au XVIIIème siècle trouvent une explication dans :
— les inhumations précipitées, à la suite de phénomènes cataleptiques ou d'épidémies hautement contagieuses ;
— les croyances folkloriques et les superstitions relatives à la méchanceté des disparus ;

devinera qu'il n'y avait qu'un moyen de rompre cette étrange association du spectre et du cadavre : C'était de réduire à néant l'un des deux ».

— la vengeance des personnes excommuniées ;
— la mort des suicidés dont les villageois se sentaient plus ou moins responsables ;
— la conservation "miraculeuse" des cadavres dans des endroits entièrement privés d'air, ou des terrains riches en arsenic ;
— la schizophrénie[1] dont les victimes redoutent l'enfermement, traversent des périodes d'inanition et subissent l'inversion du cycle diurne-nocturne ;
— la porphyrie, maladie héréditaire, fréquente en Transylvanie, due à une anomalie du métabolisme de l'hème, composé central de l'hémoglobine, qui provoque anomalies cutanées, hypertrichose, malformations dentaires, et incite à réclamer des absorptions de sang.

Dans l'inconscient collectif, l'universelle audience accordée au mythe vampirique ne laisse pas de surprendre. Cela tient, semble-t-il, à la métamorphose que la littérature, le cinématographe et la bande dessinée lui ont fait subir, en introduisant la nouvelle dimension d'une sexualité perverse — notion que Dom Calmet avait totalement négligée. Toujours bien mis de sa personne, charmeur, habile en ses discours — où sont donc passés les paysans

---

1. Bien étudiée notamment par Lawrence Kayton dans *The Relationship of the Vampire Legend to Schizophrenia* (journal of Youth and Adolescence, Vol. I, N° 4, 1972).

grossiers et les rustres crottés de la *Dissertation*?, le vampire fascine aujourd'hui les deux sexes, établissant un rapport sado-masochiste avec ceux et celles qui, non sans joie, s'abandonnent à sa morsure. L'extase qu'il provoque résulte du synchronisme d'un accouplement et d'une succion voluptueuse du sang. A l'inverse, la punition du vampire par empalement, évoque un coït brutal où, impétueuse, l'hémoglobine jaillit à l'instar d'une liqueur séminale. Ce double spectacle constamment renouvelé — quoi de plus stéréotypé qu'un film dit d'épouvante où le vampire paraît ? attire les foules avides de sensations fortes, au même titre qu'un cataclysme, un accident tragique ou quelque horrible crime. L'escalade du stupre et de la violence, sublimée par la pellicule, assure la libération d'instincts morbides, par Nosferatu ou Dracula interposés. Elle contribuera à faire du Vampirisme un thème perdurable puisque, selon Paul Valéry, l'idée de la mort excite au plus haut degré l'imagination qu'elle défie...

Roland VILLENEUVE

Dom Augustin CALMET

DISSERTATION
SUR
LES REVENANTS EN CORPS,
LES EXCOMMUNIES,
LES OUPIRES ou VAMPIRES,
BRUCOLAQUES, ETC.

PREFACE

Chaque siècle, chaque nation, chaque pays a ses préventions, ses maladies, ses modes, ses penchants, qui les caractérisent, et qui passent et se succedent les uns aux autres ; souvent ce qui a paru admirable en un temps, devient pitoyable et ridicule dans un autre. On a vu des siècles où tout était tourné à certaines dévotions, certains genres d'études, certains exercices. On sait que pendant plus d'un siècle, le goût dominant de l'Europe était le voyage de Jérusalem. Les rois, les princes, les seigneurs, les évêques, les ecclésiastiques, les religieux, tous y couraient en foule. Les pèlerinages de Rome ont été autrefois très fréquents et très fameux. Tout cela est tombé. On a vu des provinces inondées de Flagellants, et il n'en est demeuré de reste que dans les confréries de Pénitents qui subsistent en plusieurs endroits.

Nous avons vu dans ces pays-ci des sauteurs et des danseurs, qui à chaque instant sautaient et dansaient dans les rues, dans les places et jusques dans les églises. Les convulsionnaires de nos jours semblent les avoir fait revivre ; la postérité s'en étonnera, comme nous nous en raillons aujourd'hui. Sur la fin du siècle seizième et au commencement du dix-septième, on ne parlait en Lorraine que de sorciers et de sorcières. Il n'en est plus question depuis longtemps. Lorsque la philosophie de Monsieur Descartes parut, quelle vogue n'eut-elle pas ? On méprisa l'ancienne philosophie ; on ne parla plus que d'expériences physiques, de nouveaux systèmes, de nouvelles découvertes. Mr Newton vient de paraître ; tous les esprits sont tournés de son côté. Le système de Mr Law, les billets de banque, les fureurs de la rue Quinquampoix, quels mouvements n'ont-ils pas causés dans le royaume ? C'est une espèce de convulsion qui s'était emparée des Français.

Dans ce siècle, une nouvelle scène s'offre à nos yeux depuis environ soixante ans dans la Hongrie, la Moravie, la Silésie, la Pologne : on voit, dit-on, des hommes morts depuis plusieurs mois revenir, parler, marcher, infester les villages, maltraiter les hommes et les animaux, sucer le sang de leurs proches, les rendre malades, et enfin leur causer la mort ; en sorte qu'on ne peut se délivrer de leurs dangereuses visites et de leurs infestations, qu'en les exhumant, les empalant, leur coupant la tête, leur arrachant le cœur, ou les brûlant. On donne à ces revenants le nom d'oupires, ou **vampires**, c'est-à-dire sangsues, et l'on en raconte des particularités si singulières, si détaillées, et revêtues de circonstances si probables, et d'informations si juridiques, qu'on ne peut presque pas se refuser à la croyance que l'on a dans ces pays, que ces revenants paraissent réellement sortis de leurs tombeaux, et produire les effets qu'on en publie.

L'Antiquité n'a certainement rien vu ni connu de pareil. Qu'on parcoure les histoires des Hébreux, des Egyptiens, des Grecs, des Latins ; on n'y rencontrera rien qui en approche.

Il est vrai que l'on remarque dans l'Histoire, mais rarement, que certaines personnes, après avoir été quelque temps dans leurs tombeaux et tenues pour mortes, sont revenues en vie. On verra même, que les Anciens ont cru que la magie pouvait donner la mort et évoquer les âmes des trépassés. On cite quelques passages qui prouvent qu'en certain temps, on s'est imaginé que les sorciers suçaient le sang des hommes et des enfants, et les faisaient mourir. On vit aussi au douzième siècle en Angleterre et en Danemark, quelques revenants semblables à ceux de Hongrie. Mais en nulle histoire, on ne lit rien d'aussi commun, ni aussi marqué que ce qu'on nous raconte des vampires de Pologne, de Hongrie et de Moravie.

L'Antiquité chrétienne fournit quelques exemples de personnes excommuniées, qui sont sorties visiblement et à la vue de tout le monde de leurs tombeaux et des églises, lorsque le diacre ordonnait aux excommuniés et à ceux qui ne communiaient point aux saints mystères de se retirer. Depuis plusieurs siècles, on ne voit plus rien de semblable, quoiqu'on n'ignore pas que les corps de plusieurs excommuniés, morts dans l'excommunication et dans les censures, sont inhumés dans les églises.

La créance des nouveaux Grecs, qui veulent que les corps des excommuniés ne pourrissent point dans leurs tombeaux, est une opinion qui n'a nul fondement, ni dans l'Antiquité, ni dans la bonne théologie, ni même dans l'Histoire. Ce sentiment parait n'avoir été inventé par les nouveaux Grecs schismatiques, que pour s'autoriser et s'affermir dans leur séparation de l'Eglise romaine. L'Antiquité chrétienne croyait au contraire, que l'incorruptibilité d'un corps était plutôt une marque probable de la sainteté de la personne, et une preuve de la protection particulière de Dieu sur un corps qui a été pendant sa vie le temple du Saint-Esprit et sur une personne qui a conservé dans la justice et l'innocence le caractère du christianisme.

Les brucolaques de la Grèce et de l'Archipel sont encore des revenants d'une autre espèce. On a peine à se persuader qu'une nation aussi spirituelle que la grecque ait pu donner dans une idée aussi extraordinaire que celle-là. Il faut que l'ignorance ou la prévention soient extrêmes parmi eux, puisqu'il ne s'y est trouvé ni ecclésiastique ni autre écrivain qui ait entrepris de les détromper sur cet article.

L'imagination de ceux qui croient que les morts mâchent dans leurs tombeaux, et font un bruit à peu près semblable à celui que font les porcs en mangeant, est si ridicule, qu'elle ne mérite pas d'être sérieusement réfutée.

J'entreprends de traiter ici la matière des revenants ou des vampires de Hongrie, de Moravie, de Silésie et de Pologne, au hasard d'être critiqué de quelque manière que je m'y prenne ; ceux qui les croient véritables m'accuseront de témérité et de présomption, de les avoir révoqués en doute, ou même d'en avoir nié l'existence et la réalité ; les autres me blâmeront d'avoir employé mon temps à traiter cette matière, qui passe pour frivole et inutile dans l'esprit de bien des gens de bon sens. De quelque manière qu'on en pense, je me saurai bon gré d'avoir approfondi une question, qui m'a paru importante pour la religion ; car si le retour des vampires est réel, il importe de le défendre et de le prouver ; et s'il est illusoire, il est de conséquence pour l'intérêt de la religion de détromper ceux qui le croient véritable, et de détruire une erreur qui peut avoir de très dangereuses suites.

*
* *

CHAPITRE I.

La résurrection d'un mort est l'ouvrage de Dieu seul.

Après avoir traité dans une dissertation particulière la matière des apparitions des anges*, des démons et des âmes séparées du corps, la connexité de la matière m'invite à parler aussi des revenants, des excommuniés, que la terre rejette, dit-on, de son sein, des vampires de Hongrie, de Silésie, de Bohême, de Moravie et de Pologne, et des brucolaques de Grèce. Je rapporterai d'abord ce qu'on en a dit et écrit ; puis j'en tirerai quelques conséquences, et j'apporterai les raisons qu'on peut produire pour et contre leur existence et leur réalité.

Les revenants de Hongrie, ou les vampires, qui sont le principal objet de cette dissertation, sont des hommes morts depuis un temps considérable, quelquefois plus, quelquefois moins long, qui sortent de leurs tombeaux et viennent inquiéter les vivants, leur sucent le sang, leur apparaissent, font le tintamarre à leurs portes et dans leurs maisons, et enfin leur causent souvent la mort. On

---

* [Tome premier du *Traité sur les apparitions...* qui s'intitule, *Traité sur les apparitions des anges, des démons, et des âmes des défunts.* — n. d. e.]

leur donne le nom de vampires ou d'oupires, qui signifie, dit-on en esclavon, une sangsue. On ne se délivre de leurs infestations, qu'en les déterrant, en leur coupant la tête, en les empalant, ou les brûlant, ou leur perçant le cœur.

On a proposé plusieurs systèmes pour expliquer le retour et ces apparitions des vampires. Quelques-uns les ont niées et rejetées comme chimériques, et comme un effet de la prévention et de l'ignorance du peuple de ces pays, où l'on dit qu'ils reviennent.

D'autres ont cru que ces gens n'étaient pas réellement morts, mais qu'ils avaient été enterrés tout vivants, et qu'ils revenaient d'eux-mêmes naturellement, et sortaient de leurs tombeaux.
D'autres croient que ces gens sont très réellement morts ; mais que Dieu par une permission, ou un commandement particulier, leur permet ou leur ordonne de revenir et de reprendre pour un temps leur propre corps ; car quand on les tire de terre, on trouve leurs corps entiers, leur sang vermeil et fluide, et leurs membres souples et maniables.

D'autres soutiennent que c'est le Démon qui fait paraître ces revenants, et qui fait par leur moyen tout le mal qu'ils causent aux hommes et aux animaux.

Dans la supposition que les vampires ressuscitent véritablement, on peut former sur leur sujet une infinité de difficultés. Comment se fait cette résurrection ? Est-ce par les forces du revenant, par le retour de son âme dans son corps ? Est-ce un ange, est-ce un démon qui le ranime ? Est-ce par l'ordre ou par la permission de Dieu qu'il ressuscite ? cette résurrection est-elle volontaire de sa part et de son choix ? Est-elle pour longtemps, comme celle des personnes à qui Jésus-Christ a rendu la vie, ou celle des personnes ressuscitées par les prophètes et par les apôtres ? Ou est-elle seulement momentanée, et pour peu de jours ou pour peu d'heures, comme la résurrection que St Stanislas opéra sur le Seigneur qui lui avait vendu un champ, ou celle dont il est parlé dans la vie de St Macaire d'Egypte et de St Spiridion, qui firent parler des morts simplement pour rendre témoignage à la vérité, et puis les laissèrent dormir en paix, attendant le dernier jour du Jugement ?

Je pose d'abord pour principe indubitable, que la résurrection d'un mort vraiment mort est l'effet de la seule puissance de Dieu. Nul homme ne peut ni se ressusciter, ni rendre la vie à un autre homme, sans un miracle visible.

Jésus-Christ s'est ressuscité, comme il l'avait promis ; il l'a fait par sa propre vertu ; il l'a fait avec des circonstances toutes miraculeuses. S'il s'était ressuscité aussitôt qu'il fut descendu de la croix, l'on aurait pu croire qu'il n'était pas bien mort, qu'il restait encore en lui des semences de vie, qu'on aurait pu les réveiller en le réchauffant, ou en lui donnant des cordiaux et quelque chose capable de faire revenir ses esprits.

Mais il ne ressuscite qu'au troisième jour. Il avait, pour ainsi dire, été tué même après sa mort, par l'ouverture que l'on fit de son côté avec une lance, qui le perça jusqu'au cœur, et qui lui aurait donné la mort, s'il n'eût pas été hors d'état de la recevoir.

Lorsqu'il ressuscita le Lazare[1], il attendit qu'il eût été quatre jours dans le tombeau, et qu'il commençât à se corrompre ; ce qui est la marque la plus assurée qu'un homme est réellement décédé, sans espérance de retour à la vie, sinon par des voies surnaturelles.

La résurrection que Job attendait si fermement[2] ; et celle de cet homme qui ressuscita en touchant le corps du prophète Elisée dans son tombeau[3] ; et l'enfant de la veuve de Sunam, à qui le même Elisée rendit la vie[4] ; cette armée de squelettes, dont Ezéchiel prédit la résurrection[5], et qu'il vit en esprit s'exécuter à ses yeux, comme une figure et un gage du retour des Hébreux de leur captivité de Babylone ; enfin toutes les résurrections rapportées dans les livres sacrés de l'Ancien et du Nouveau Testament, sont des effets manifestement miraculeux, et attribués à la seule Toute-Puissance de Dieu. Ni les anges, ni les démons, ni les hommes les plus saints et les plus favorisés de Dieu, ne sauraient par leur propre puissance rendre la vie à un mort réellement mort. Ils ne le peuvent que par la vertu de Dieu, qui quand il le juge à propos, est le maître d'accorder cette grâce à leurs prières et à leur intercession.

1. Joan. xj. 39.
2. Job. xxj. 25.
3. III. Reg. xij. 21, 22.
4. IV. Reg. iv.
5. Ezech. xxvij. 1, 2, 3.

CHAPITRE II.

Résurrection de gens qui n'étaient pas vraiment mort.

Les résurrections de quelques personnes qu'on avait crues mortes, et qui ne l'étaient pas, mais simplement endormies ou attaquées de léthargie ; et de celles que l'on tenait pour mortes, ayant été noyées, et qui sont revenues par le soin qu'on en a pris, par les remèdes qu'on leur a donnés, ou par l'adresse des médecins ; ces sortes de gens ne doivent point passer pour vraiment ressuscitées ; ils n'étaient pas morts, ou ils ne l'étaient qu'en apparence.

Nous avons dessein de parler ici d'une autre sorte de gens ressuscités, qui étaient enterrés quelquefois depuis plusieurs mois, ou même depuis plusieurs années ; qui auraient dû être étouffés dans leurs tombeaux, quand ils auraient été enterrés tout vivants ; et dans qui l'on trouve encore des signes de vie, le sang liquide, les chairs entières, le coloris beau et vermeil, les membres flexibles et maniables. Ces gens qui reviennent ou le jour ou la nuit, inquiètent les vivants, leur sucent le sang, les font mourir, paraissent avec leurs habits dans leurs familles, s'asseyent à table et font mille autres choses, puis retournent dans leurs tombeaux, sans qu'on voit comment ils y sont entrés. Ce sont des espèces de résurrections momentanées ; car au lieu que les autres morts dont parle l'Ecriture ont vécu, bu, mangé et conversé avec les autres hommes après leur résurrection, comme Lazare frère de Marie et de Marthe[1], et le fils de la veuve de Sunam ressuscité par Elisée[2], ceux-ci ne paraissent que pendant un certain temps, en certains pays, dans certaines circonstances, et ne paraissent plus dès qu'on les a empalés ou brûlés, ou qu'on leur a coupé la tête.

Si cette dernière sorte de ressuscités n'étaient pas réellement morts, il n'y a de merveilleux dans leur retour au monde, que la manière dont il se fait, et les circonstances dont il est accompagné. Ces revenants se réveillent-ils simplement de leur sommeil, ou reprennent-ils leurs esprits, comme ceux qui sont tombés en syncope, en faiblesse, ou en défaillance, et qui au bout d'un certain temps reviennent naturellement à eux-mêmes, lorsque le sang et les esprits animaux ont repris leur cours et leur mouvement naturel ?

Mais comment sortir de leurs tombeaux sans ouvrir la terre, et comment y rentrer sans qu'il y paraisse ? A-t-on vu des léthargies, ou des pâmoisons, ou des syncopes durer des années entières ? Si l'on veut que ce soient des résurrections réelles, a-t-on vu des morts se ressusciter eux-mêmes et par leur propre vertu ?

S'ils ne sont pas ressuscités par eux-mêmes, est-ce par la vertu de Dieu qu'ils sont sortis de leurs tombeaux ? Quelle preuve a-t-on que Dieu s'en soit mêlé ? Quel est l'objet de ces résurrections ? Est-ce pour manifester les œuvres de Dieu

---

1. Joan xij. 2.
2. IV. Reg. viij. 5.

dans ces vampires ? Quelle gloire en revient-il à la Divinité ?

Si ce n'est pas Dieu qui les tire de leurs tombeaux, est-ce un ange, est-ce un démon, est-ce leur propre âme ? L'âme séparée du corps peut-elle y rentrer quand elle le veut, et lui donner une nouvelle vie, ne fût-ce que pour un quart d'heure ? Un ange ou un démon peuvent-ils rendre la vie à un mort ? Non, sans doute, sans l'ordre, ou du moins sans la permission de Dieu. On a examiné ailleurs cette question du pouvoir naturel des anges et des démons sur les corps humains, et l'on a fait voir que ni la révélation, ni la raison, ne nous donnent aucune lumière certaine sur ce sujet.

*
* *

CHAPITRE III.

Résurrection d'un homme enterré depuis trois ans, ressuscité par saint Stanislas.

Toutes les vies des saints sont pleines de résurrections de morts ; on pourrait en composer de gros volumes.

Ces résurrections ont un rapport manifeste à la matière que nous traitons ici, puisqu'il est question de personnes mortes, ou tenues pour telles, qui apparaissent en corps et en âme aux vivants, et qui vivent après leur résurrection. Je me contenterai de rapporter l'histoire de St Stanislas, évêque de Cracovie, qui ressuscita un homme mort depuis trois ans, avec des circonstances si singulières et d'une façon si publique, que la chose est au-dessus de la plus sévère critique ; si elle est bien véritable, elle doit être considérée comme un des plus insignes miracles qui se lisent dans l'Histoire. On avance que la vie du saint a été écrite, ou du temps de son martyre[1], ou peu de temps après, par différents auteurs exactement informés, car le martyre du saint, et surtout la résurrection du mort dont nous allons parler, ont été vus et connus d'une infinité de personnes, de toute la cour du roi Boleslas ; et cet événement s'étant passé en Pologne, où les vampires sont fréquents encore aujourd'hui, regarde par cet endroit plus particulièrement le sujet que nous traitons.

L'évêque St Stanislas ayant acheté d'un gentilhomme nommé Pierre une terre située sur la Vis-

1. Les RR. PP. Bollandistes ont cru que la vie de St Stanislas qu'ils ont fait imprimer était ancienne et à peu près du temps du martyre du saint, ou du moins qu'elle était prise sur une vie d'un auteur presque contemporain et original. Mais on m'a fait remarquer, depuis la première édition de cette dissertation, que la chose n'était nullement certaine ; que Mr Baillet sur le 7 mai, dans la table critique des auteurs, avance que la vie de St Stanislas n'a été écrite que 400 ans après sa mort, sur des mémoires peu certains et mutilés. Et dans la vie du saint, il avoue qu'il n'y a que la tradition des écrivains du pays, qui puisse rendre croyable celle de la résurrection de Pierre. Monsieur l'abbé Fleuri tom. xiij de l'Histoire Eccles. L. 62 sous l'an 1709, ne convient pas non plus de ce qui est écrit de cette vie, ni de ce qui l'a suivi ; toutefois le miracle de la résurrection de Pierre est rapporté comme certain dans un discours de Jean de Polemac, prononcé au concile de Constance l'an 1433, tom. xij, Concil. pag. 1397.

tule, dans le territoire de Lublin, au profit de son église de Cracovie, en donna le prix au vendeur en présence de témoins, et avec les solennités requises dans le pays, mais sans écritures ; car alors on n'écrivait que rarement en Pologne ces sortes de ventes et d'achats ; on se contentait de témoins. Stanislas entra en possession de cette terre par l'autorité du roi ; et son église en jouit paisiblement pendant environ trois ans.

Dans l'intervalle, Pierre qui l'avait vendue, vint à mourir. Le roi de Pologne, Boleslas, qui avait conçu une haine implacable contre le St évêque, qui l'avait repris librement de ses excès, cherchant l'occasion de lui faire peine, suscita les trois fils de Pierre et ses héritiers, et leur dit de répéter la terre, que leur père avait vendue, sous prétexte qu'elle n'avait pas été payée ; il leur promit d'appuyer leur demande, et de la leur faire rendre. Ces trois gentilshommes firent donc citer l'évêque en la présence du roi, qui était alors à Solec, occupé à rendre la justice sous des tentes à la campagne, selon l'ancienne manière du pays, dans l'assemblée générale de la nation. L'évêque fut cité devant le roi, et soutint qu'il avait acheté et payé la terre en question. Les témoins n'osèrent rendre témoignage à la vérité. Le lieu où se tenait l'assemblée était fort près de Pietravin ; c'était le nom de la terre contestée. Le jour commençait à baisser, et l'évêque courait grand risque d'être condamné par le roi et par ses conseillers. Tout d'un coup, comme inspiré de l'Esprit divin, il promit au roi de lui amener dans trois jours Pierre son vendeur ; la condition fut acceptée avec moquerie, comme impossible à exécuter.

Le saint évêque se rend à Pietravin, demeure en prières, et s'exerce au jeûne avec les siens pendant trois jours ; le troisième jour, il va en habits pontificaux, accompagné de son clergé et d'une multitude de peuple, au tombeau de Pierre, fait lever la tombe, et creuser jusqu'à ce que l'on trouvât le cadavre du mort tout décharné et corrompu. Le saint lui ordonne de sortir, et de venir rendre témoignage à la vérité devant le tribunal du roi. Il se lève ; on le couvre d'un manteau ; le saint le prend par la main et le mène vivant aux pieds du roi. Personne n'eut la hardiesse de l'interroger ; mais il prit la parole, et déclara qu'il avait vendu de bonne foi la terre au prélat, et qu'il en avait reçu le prix ; après quoi il reprit sévèrement ses fils, qui avaient ainsi malicieusement accusé le St évêque.

Stanislas lui demanda s'il souhaitait rester en vie pour faire pénitence ; il le remercia, et dit qu'il ne voulait pas s'exposer de nouveau au danger de pécher. Stanislas le reconduisit à son tombeau ; et y étant arrivé, il s'endormit de nouveau au Seigneur. On peut juger qu'aucune pareille scène eut une infinité de témoins, et que toute la Pologne en fut informée dans le moment. Le roi n'en fut que plus irrité contre le saint. Il le tua quelque temps après de sa propre main, comme il sortait de l'autel, et fit couper son corps en soixante-douze parties, afin qu'on ne pût les assembler pour leur rendre le culte qui leur était dû, comme au corps du martyr de la vérité et de la liberté pastorale.

Venons à présent à ce qui fait le principal sujet de ces recherches qui sont les vampires ou les revenants de Hongrie et de Moravie, et autre pareils, qui paraissent seulement pour peu de temps dans leurs corps naturels.

*
* *

CHAPITRE IV.

Un homme réellement mort peut-il apparaître en son propre corps ?

Si ce qu'on raconte des vampires était bien vrai, la question que nous faisons ici serait frivole et inutile ; on répondrait tout de suite : on voit tous les jours en Hongrie, en Moravie et en Pologne des personnes mortes et enterrées depuis longtemps, revenir, apparaître, tourmenter les hommes et les animaux, leur sucer le sang, les faire mourir.

Ces personnes reviennent dans leurs propres corps ; on les voit, on les connaît, on les exhume, on leur fait leur procès, on les empale, on leur coupe la tête. Il est donc non seulement possible, mais très vrai et très réel, qu'ils apparaissent dans leurs propres corps.

On pourrait ajouter pour appuyer cette créance, que dans l'Écriture même, on a des exemples de ces apparitions : par exemple, à la Transfiguration du Sauveur, Élie et Moïse apparurent sur le Thabor¹, s'y entretenant avec Jésus-Christ. Nous savons qu'Élie est encore en vie, je ne le cite pas pour l'exemple, mais pour Moïse, sa mort n'est pas douteuse, et toutefois il paraît avec Élie dans son propre corps, parlant avec Jésus-Christ. Les morts qui sortirent de leurs tombeaux à la résurection du Sauveur², et qui apparurent à plusieurs personnes dans Jérusalem, étaient dans leurs sépultures depuis plusieurs années ; leur mort n'était pas douteuse ; et cependant ils apparurent, et rendirent témoignage à la résurrection du Sauveur.

Lorsque Jérémie apparut à Judas Machabée³, et qu'il lui mit en main un glaive d'or, en lui disant : « recevez cette épée comme un don de Dieu, avec laquelle vous surmonterez les ennemis de mon peuple d'Israël », ce fut apparemment ce prophète en son propre corps qui lui apparut, et lui fit ce présent, puisqu'on le reconnut à son air pour être le prophète Jérémie.

Je ne parle point des personnes réellement ressucitées par miracle, comme du fils de la veuve de Sunam ressucité par Élisée ; ni du mort qui ayant touché le cercueil du même prophète, se leva sur ses pieds et ressucita ; ni du Lazare, à qui Jésus-Christ rendit la vie d'une manière si miraculeuse et si éclatante. Ces personnes vécurent, burent, mangèrent, conversèrent parmi les hommes après, comme avant leur mort et leur résurrection.

Ce n'est pas de ces sortes de personnes dont il

1. Matth. ix. 34.
2. Matth. xxvij. 53.
3. II. Mach. xiv. 14, 15.

est ici question. Je parle, par exemple, de Pierre ressuscité par Stanislas pour quelques heures, de ces personnes dont j'ai parlé dans le *Traité sur l'apparition des Esprits*, qui ont apparu, parlé et découvert des choses cachées, et dont la résurrection n'a été que momentanée, et seulement pour manifester la puissance de Dieu, afin de rendre témoignage à la vérité et à l'innocence, ou de soutenir la créance de l'Église contre des hérétiques obstinés, comme on en lit divers exemples.

Saint Martin étant nouvellement fait archevêque de Tours, conçut quelque soupçon contre un autel que les évêques ses prédécesseurs avaient érigé à un prétendu martyr dont on ne connaissait ni le nom ni l'histoire, et dont aucun des prêtres ni des ministres de la chapelle ne pouvaient rien dire de certain. Il s'abstint pendant quelques temps d'aller en ce lieu, qui n'était pas éloigné de la ville. Un jour, il s'y rendit, accompagné d'un petit nombre de religieux, et s'étant mis en prières, il demanda à Dieu qu'il lui fît connaître qui était celui qui était enterré en ce lieu. Alors il aperçut à sa gauche un spectre hideux et sale ; et lui ayant ordonné de lui dire qui il était, le spectre lui déclara son nom, et lui confessa qu'il était un voleur mis à mort pour ses crimes et ses violences, et qu'il n'avait rien de commun avec les martyrs. Ceux qui étaient présents entendirent fort bien ce qu'il disait, mais ne virent pas la personne. Saint Martin fit renverser son tombeau, et guérit le peuple superstitieux de son ignorance.

Le philosophe Celse écrivant contre les chrétiens, soutenait que les apparitions de Jésus-Christ à ses apôtres n'étaient pas réelles, mais que c'étaient de simples ombres qui apparaissaient. Origène rétorquant son raisonnement[1] lui dit, que les païens racontent diverses apparitions d'Esculape et d'Apollon, à qui ils attribuent le pouvoir de prédire l'avenir. Si l'on admet ces apparitions comme réelles, parce qu'elles sont attestées par quelques personnes, pourquoi ne pas reconnaître pour vraies celles de Jésus-Christ, qui sont racontées par des témoins oculaires, et qui sont crues par tant de millions de personnes ?

Il raconte ensuite cette histoire. Aristée qui est d'une des meilleures maisons de Proconèse, étant un jour entré dans la boutique d'un foulon, y mourut subitement. Le foulon ayant bien fermé la porte, courut incontinent avertir les parents du mort ; mais comme le bruit s'en fut aussitôt répandu par la ville, un homme de Cyzique, qui venait d'Alsace, assura que cela ne pouvait être, parce qu'il avait rencontré Aristée sur le chemin de Cyzique, et lui avait parlé ; ce qu'il soutint hautement devant tout le peuple de Proconèse.

Là-dessus les parents arrivent chez le foulon avec tout l'appareil nécessaire pour enlever le corps; mais étant entrés dans la maison, ils n'y trouvèrent Aristée ni mort ni vivant. Sept ans après, il se fit voir dans Proconèse même ; il y fit ces vers que l'on nomme arimaspées, et il disparut ensuite pour

---

1. Origen. *Contra Celsum*, lib. I. pag. 123. 124.

la seconde fois. C'est ce qu'on en dit dans ces villes-là.

Trois cent quarante ans après cet événement, le même Aristée se fit voir à Métaponte en Italie, et ordonna aux Métapontins de bâtir un autel à Apollon, et d'élever tout auprès une statue à l'honneur d'Aristée de Proconèse, ajoutant qu'ils étaient les seuls des peuples d'Italie qu'Apollon eût honorés de sa présence ; que pour lui qui leur parlait, il avait accompagné ce Dieu sous la figure d'un corbeau, et leur ayant ainsi parlé, il disparut.

Les Métapontins envoyèrent consulter sur cette apparition l'oracle de Delphes, qui leur dit de suivre le conseil qu'Aristée leur avait donné, et qu'ils s'en trouveraient bien. En effet, ils élevèrent une statue à Apollon, que l'on y voyait encore du temps d'Hérodote[1], et en même temps une autre statue à Aristée, qui se voyait dans un petit bois de lauriers, qui était au milieu de la place publique de Métaponte. Celse ne faisait aucune difficulté de croire tout cela sur la foi d'Hérodote et de Pindare ; et il refusait de croire ce que les chrétiens enseignaient des miracles de J.-C. rapportés dans l'Évangile, et scellés par le sang des martyrs. Origène ajoute : «Quel aurait pu être le dessein de la providence, en faisant pour ce Proconésien les miracles dont on vient de parler ? Quel fruit aurait-elle voulu que les hommes en tirassent ?» Au lieu que ce que les chrétiens racontent de Jésus-Christ,

---

1. Herodos. lib. 4.

est fait pour confirmer une doctrine salutaire au genre humain. Il faut donc ou rejeter comme fabuleux cette histoire d'Aristée, ou attribuer tout ce qu'on en dit à l'opération du mauvais esprit.

*
* *

CHAPITRE V.

Résurection ou apparition d'une fille morte depuis quelques mois

Phlegon, affranchi de l'empereur Adrien[1], dans le fragment du livre qu'il avait écrit des choses merveilleuses, dit qu'à Tralles en Asie, un certain Machates, hôtelier, avait habitude avec une fille nommée Philinnium, fille de Demostrate et de Chariton ; cette fille étant morte et mise dans le tombeau, continua de venir la nuit pendant près de six mois voir son galant, de boire, de manger, de coucher avec lui. Un jour, la nourrice de cette fille la reconnut, lorsqu'elle était assise auprès de Machates ; elle courut en donner avis à Chariton, mère de la fille, qui, après avoir fait beaucoup de difficultés, vint enfin à l'hôtellerie ; mais comme il était fort tard, et que tout le monde était couché, elle ne put contenter sa curiosité. Elle reconnut toutefois les habits de sa fille, et crut la reconnaître couchée avec Machates. Elle revint le lendemain

---

1. Phlegon, *De mirabilib.* t. 8. Gronov. antiq. Græc. pag. 2694.

matin ; mais s'étant égarée en chemin, elle ne trouva plus sa fille, qui s'était déjà retirée. Machates lui raconta toute la chose, comme depuis un certain temps elle venait le trouver chaque nuit, et pour preuve de ce qu'il disait, il ouvrit sa cassette, et lui montra l'anneau d'or que Philinnium lui avait donné, et la bande dont elle couvrait son sein, qu'elle lui avait laissée la nuit précédente.

Chariton ne pouvant plus douter de la vérité du fait, s'abandonna aux cris et aux larmes ; mais comme on promit de l'avertir la nuit suivante, quand Philinnium reviendrait, elle s'en retourna chez elle. Le soir, la fille revint à son ordinaire, et Machates envoya aussitôt en avertir ses père et mère, car il commençait à craindre que quelqu'autre fille n'eût pris les habits de Philinnium dans son sépulcre pour lui faire illusion.

Demostrate et Chariton étant arrivés, reconnurent leur fille et coururent l'embrasser ; mais elle s'écria : «mon père et ma mère, pourquoi avez-vous envié mon bonheur en m'empêchant de demeurer encore trois jours avec mon hôtelier sans faire de mal à personne, car je ne suis pas venue ici sans la permission des dieux, c'est-à-dire du Démon, puisqu'on ne peut attribuer à Dieu ni à un bon esprit une chose comme celle-là. Votre curiosité vous coûtera cher.» Au même temps, elle tomba raide morte, et étendue sur le lit.

Phlegon qui avait quelque commandement dans la ville, arrêta la foule, et empêcha le tumulte. Le lendemain, le peuple étant assemblé au théâtre, on convint d'aller visiter le caveau où reposait Philinnium, qui était décédée environ six mois auparavant. On y trouva les morts de sa famille rangés chacun dans son rang ; mais on n'y trouva pas le corps de Philinnium. Il y avait seulement un anneau de fer que Machates lui avait donné, avec une coupe dorée, qu'elle avait aussi reçue de lui. Après cela, on retourna au logis de Machates, où le corps de la fille était demeuré couché par terre.

On consulta un devin, qui dit qu'il fallait l'enterrer hors des limites de la ville, apaiser les furies et Mercure terrestre, faire des funérailles solennelles aux dieux mânes, et sacrifier à Jupiter l'Hospitalier, à Mercure et à Mars. Phlegon ajoute en parlant à celui à qui il écrit : «Si vous jugez à propos d'en informer l'empereur, écrivez-le moi, afin que je vous envoie quelques-uns de ceux qui ont été témoins de toutes ces choses».

Voilà un fait bien circonstancié, et revêtu de tous les caractères qui peuvent le faire passer pour véritable. Cependant, combien de difficultés ne renferme-t-il pas ? Cette fille était-elle vraiment morte, ou n'était-elle qu'endormie ? Sa résurrection se fit-elle par ses propres forces, et à sa volonté, ou était-ce un démon qui lui rendit la vie ? Il semble qu'on ne peut douter que ce ne fût son propre corps ; toutes les circonstances du récit de Phlegon le persuadent. Si elle n'était pas morte, et que tout ce qu'elle faisait ne fût qu'un jeu et une scène qu'elle donnait pour contenter sa passion avec Machates, il n'y a rien dans tout ce récit de fort incroyable. On sait de quoi l'amour déréglé est capable, et jusqu'à quel point il peut porter une personne éprise d'une passion violente*.

Le même Phlegon dit, qu'un soldat syrien de l'armée d'Antiochus, après avoir été tué aux Termopyles, parut en plein jour dans le camp des Romains, où il parla à plusieurs personnes.

Haralde ou Hrappe, Danois, qui se fit enterrer à l'entrée de sa cuisine, et qui apparaissant après sa mort, fut blessé par un nommé Olaüs Pa, qui laissa le fer de sa lance dans la plaie ; ce Danois paraissait donc dans son propre corps. Était-ce son âme qui le remuait, ou un démon qui se servait de ce corps mort pour inquiéter et effrayer les vivants ? Le faisait-il par ses propres forces ou par la permission de Dieu ? et quelle gloire à Dieu, quel avantage aux hommes pouvait-il revenir de ces apparitions ? Niera-t-on tous ces faits racontés d'une manière si circonstanciée par des auteurs éclairés, et qui n'ont nul intérêt, ni nulle envie de nous tromper.

Saint Augustin raconte que pendant son séjour à Milan[1], un jeune homme était poursuivi en justice par un particulier, qui lui répétait une dette déjà acquittée par son père, mais dont la quittance ne se trouvait point. L'âme du père apparut à son fils, et lui enseigna où était la quittance, qui lui donnait tant d'inquiétude.

---

1. Aug. de cura pro mortuis.

* De cette anecdote rapportée par Phlégon, Goethe devait s'inspirer pour composer une célèbre ballade, connue sous le nom de « La fiancée de Corinthe ».
— R. V.

Saint Macaire l'Égyptien ressuscita un homme mort[1] pour rendre témoignage à l'innocence d'un autre homme accusé de l'avoir tué. Le mort disculpa l'accusé, mais ne voulut pas nommer l'auteur du meurtre.

Le même saint Macaire fit parler un autre mort enterré depuis quelques temps, pour découvrir un dépôt, qu'il avait reçu et caché à l'insu de sa femme. Le mort déclara que l'argent était enfoui au pied de son lit.

Le même saint Macaire ne pouvant autrement réfuter un hérétique Eunomien, selon les uns, ou Hieracite selon les autres, lui dit : « Allons au tombeau d'un mort et demandons lui qu'il nous instruise de la vérité dont vous ne voulez pas convenir. » L'hérétique n'osa s'y présenter, mais saint Macaire s'y rendit accompagné d'une multitude de personnes ; il interrogea le mort, qui lui répondit du fond de son tombeau que si l'hérétique avait paru dans l'assemblée, il se serait levé pour le convaincre, et pour rendre témoignage à la vérité. St Macaire lui ordonna de s'endormir au Seigneur, jusqu'au temps que J.-C. à la fin du monde le ressusciterait en son rang.

Les Anciens qui ont rapporté le même fait, varient en quelques circonstances, comme il est assez ordinaire quand on ne raconte les choses que de mémoire.

Saint Spiridion, évêque de Trimitonte en Égypte[2],

---

1. Rosweid. vit. P.P. l. 2. pag. 480.
2. Sozomen, *Hist. Eccl.* lib. I. c. xj.

avait une fille nommée Irène, qui demeura vierge jusqu'à sa mort. Après son décès, un particulier vint demander à saint Spiridion un dépôt qu'il avait confié à Irène à l'insu de son père. On chercha par toute la maison sans rien trouver ; enfin, Spiridion va au tombeau de sa fille, et l'appelant par son nom, lui demanda où était le dépôt. Elle le déclara, et Spiridion le rendit.

Un saint abbé nommé Erricle ressuscita pour un moment un homme qui avait été tué[1], et de la mort duquel on accusait un religieux, qui en était très innocent. Le mort rendit justice à l'accusé, et l'abbé Erricle lui dit «Dormez en paix, jusqu'à ce que le Seigneur vienne au dernier jour pour vous ressusciter à l'éternité.»

Toutes ces résurrections momentanées peuvent servir à expliquer comment les revenants de Hongrie sortent de leurs tombeaux, puis y rentrent, après s'être fait voir et sentir pendant quelque temps. Mais la difficulté sera toujours de savoir : 1. si la chose est vraie, 2. s'ils peuvent se ressusciter eux-mêmes et 3. s'ils sont réellement morts ou seulement endormis. De quelque côté qu'on envisage ce fait, il paraît toujours également impossible et incroyable.

*
* *

---

1. Vit. P.P. lib. 2. pag. 650.

CHAPITRE VI.

Femme tirée vivante de son tombeau.

On lit dans un livre nouveau une histoire, qui a quelque rapport à celle-ci. Un marchand de la rue saint-Honoré à Paris avait promis sa fille à un de ses amis marchand comme lui dans la même rue. Un financier s'étant présenté pour épouser la fille, fut préféré au jeune homme, à qui elle avait été promise. Le mariage s'accomplit, et la jeune femme étant tombée malade, fut tenue pour morte, ensevelie et enterrée. Le premier amant se doutant qu'elle était tombée en léthargie ou en syncope, la fit tirer de terre pendant la nuit ; on la fit revenir, et il l'épousa. Ils passèrent en Angleterre et y vécurent tranquillement pendant quelques années. Au bout de dix ans, ils revinrent à Paris, où le premier mari ayant reconnu sa femme dans une promenade, la réclama en justice, et ce fut la matière d'un grand procès. La femme et son mari se défendaient sur ce que le mort avait rompu les liens du premier mariage. On accusait même le premier mari d'avoir trop précipitamment fait enterrer sa femme. Les amants, prévoyant qu'ils pourraient succomber, se retirèrent de nouveau dans une terre étrangère, où ils finirent leurs jours. Ce fait est si singulier, qu'il trouvera difficilement créance parmi les lecteurs. Je ne le donne que pour ce qu'il est. C'est à ceux qui l'avancent à le garantir et à le prouver.

Qui nous dira que dans l'histoire de Phlegon, la jeune Philinnium ne fut pas ainsi mise dans le caveau sans être bien morte, et que toutes les nuits elle ne vint voir Machates son amant ? Cela était bien plus aisé pour elle, que ne l'aurait été le retour de la femme de Paris qui avait été ensevelie, enterrée, et était demeurée couverte de terre et enveloppée de linge pendant assez longtemps.

L'autre exemple rapporté dans le même ouvrage est d'une fille tombée en syncope et tenue pour morte, qui devint enceinte pendant cet intervalle, sans savoir l'auteur de sa grossesse. C'était un religieux, qui, s'étant fait connaître, prétendait faire annuler sa profession comme ayant été forcée. Il y eut sur cela un gros procès, dont on conserve encore aujourd'hui les factums. Le religieux fut relevé de ses vœux et épousa la fille. Cet exemple revient encore à celui de Philinnium, et à celui de la jeune femme de la rue St-Honoré. Ces personnes pouvaient n'être pas mortes, ni par conséquent ressuscitées.

*
* *

CHAPITRE VII.

Venons à présent à l'examen du fait des revenants ou vampires de Moravie.

J'ai appris de feu Monsieur de Vassimont, conseiller de la Chambre des comtes de Bar, qu'ayant été envoyé en Moravie par feu Son Altesse Royale

Léopold, premier duc de Lorraine, pour les affaires de Monseigneur le prince Charles, son frère, évêque d'Olmuz et d'Osnabruch, il fut informé par le bruit public, qu'il était assez ordinaire dans ce pays-là de voir des hommes décédés quelques temps auparavant, se présenter dans les compagnies et se mettre à table avec les personnes de leur connaissance sans rien dire ; mais que faisant un signe de tête à quelqu'un des assistants, il mourait infailliblement quelques jours après. Ce fait lui fut confirmé par plusieurs personnes, et entre autres par un ancien curé, qui disait en avoir vu plus d'un exemple.

Les évêques et les prêtres du pays consultèrent Rome sur un fait si extraordinaire ; mais on ne leur fit point de réponse, parce qu'on y regarda apparemment tout cela comme de pures visions, ou des imaginations populaires. On s'avisa ensuite de déterrer les corps de ceux qui revenaient ainsi, de les brûler, ou de les consumer en quelques autres manières. Ainsi l'on s'est délivré de l'importunité de ces spectres qui sont aujourd'hui beaucoup moins fréquents dans ce pays qu'auparavant. C'est ce que disait ce bon prêtre.

Ces apparitions ont donné occasion à un petit ouvrage intitulé : *Magia posthuma*, composé par Charles Ferdinand de Schertz, imprimé à Olmuz en 1706, dédié au prince Charles de Lorraine, évêque d'Olmutz et d'Osnabruch. L'auteur raconte, qu'en un certain village, une femme étant venue à mourir munie de tous ses sacrements, fut enterrée dans le cimetière à la manière ordinaire. Quatre jours après son décès, les habitants du village ouïrent un grand bruit et un tumulte extraordinaire, et virent un spectre qui paraissait tantôt sous la forme d'un chien, tantôt sous celle d'un homme, non à une personne, mais à plusieurs, et leur causait de grandes douleurs, leur serrant la gorge, et leur comprimant l'estomac jusqu'à les suffoquer : il leur brisait presque tout le corps, et les réduisait à une faiblesse extrême, en sorte qu'on les voyait pâles, maigres et exténués.

Le spectre attaquait même les animaux, et l'on a trouvé des vaches abattues et demi-mortes ; quelquefois il les attachait l'une à l'autre par la queue. Ces animaux par leurs mugissements marquaient assez la douleur qu'ils ressentaient. On voyait les chevaux comme accablés de fatigue, tout en sueur, principalement sur le dos, échauffés, hors d'haleine, chargés d'écume comme après une longue et pénible course. Ces calamités durèrent plusieurs mois.

L'auteur que j'ai nommé, examine la chose en jurisconsulte, et raisonne beaucoup sur le fait et sur le droit. Il demande, si supposé que ces troubles, ces bruits, ces vexations viennent de cette personne qui en est soupçonnée, on peut la brûler comme on fait des corps des autres revenants qui sont nuisibles aux vivants. Il rapporte plusieurs exemples de pareilles apparitions, et des maux qui s'en sont ensuivis ; comme d'un pâtre du village de Blow, près de la ville de Kadam en Bohême, qui parut pendant quelques temps, et qui appelait certaines personnes, lesquelles ne manquaient pas de mourir dans la huitaine. Les paysans de Blow déterrèrent le corps de ce pâtre et le fichèrent en terre avec un pieu, qu'ils lui passèrent à travers le corps.

Cet homme en cet état se moquait de ceux qui lui faisaient souffrir ce traitement, et leur disait qu'ils avaient bonne grâce de lui donner ainsi un bâton pour se défendre contre les chiens. La même nuit, il se releva et effraya par sa présence plusieurs personnes, et en suffoqua plus qu'il n'avait fait jusqu'alors. On le livra ensuite au bourreau, qui le mit sur une charette pour le transporter hors du village et l'y brûler. Ce cadavre hurlait comme un furieux, et remuait les pieds et les mains comme vivant ; et lorsqu'on le perça de nouveau avec des pieux, il jeta de très grands cris, et rendit du sang très vermeil, et en grande quantité. Enfin on le brûla, et cette exécution mit fin aux apparitions et aux infestations de ce spectre.

On en a usé de même dans les autres endroits où l'on a vu de semblables revenants, et quand on les a tirés de terre, ils ont paru vermeils, ayant les membres souples et maniables, sans vers et sans pourriture ; mais non sans une très grande puanteur. L'auteur cite divers autres écrivains qui attestent ce qu'il dit de ces spectres, qui paraissent encore, dit-il, assez souvent dans les montagnes de Silésie et de Moravie. On les voit et de nuit et de jour, on aperçoit les choses qui leur ont appartenu se remuer et changer de place, sans qu'il y ait personne qui les touche. Le seul remède contre ces apparitions est de couper la tête et de brûler le corps de ceux qui reviennent.

Toutefois, on n'y procède pas sans forme de justice : on cite et on entend les témoins, on examine les raisons, on considère les corps exhumés, pour voir si l'on y trouve les marques ordinaires qui font conjecturer que ce sont ceux qui molestent les vivants, comme la mobilité, la souplesse dans les membres, la fluidité dans le sang, l'incorruption dans les chairs. Si ces marques se rencontrent, on les livre au bourreau qui les brûle. Il arrive quelquefois que les spectres paraissent encore pendant trois ou quatre jours après l'exécution. Quelquefois, on diffère d'enterrer pendant six ou sept semaines les corps des personnes suspectées. Lorsqu'elles ne pourrissent point, et que leurs membres demeurent souples et maniables, comme s'ils étaient vivants, alors on les brûle. On assure comme certain, que les habits de ces personnes se meuvent sans qu'aucune personne vivante les touche ; et l'on a vu depuis peu à Olmuz, continue toujours notre auteur, un spectre qui jetait des pierres, et causait de grands troubles aux habitants.

*
* *

CHAPITRE VIII.

Morts de Hongrie qui sucent le sang des vivants.

Il y a environ quinze ans qu'un soldat étant en garnison chez un paysan Haïdamaque, frontière de Hongrie, vit entrer dans la maison, comme il était à table auprès du maître de la maison son hôte, un inconnu qui se mit aussi à table avec eux. Le maître du logis en fut étrangement effrayé, de même que le reste de la compagnie. Le soldat ne savait qu'en juger, ignorant de quoi il était question. Mais le maître de la maison étant mort dès le lendemain, le soldat s'informa de ce que c'était. On lui dit que c'était le père de son hôte, mort et enterré depuis plus de dix ans, qui s'était ainsi venu asseoir auprès de lui, et lui avait annoncé et causé la mort.

Le soldat en informa d'abord le régiment, et le régiment en donna avis aux officiers généraux, qui donnèrent commission au comte de Cabreras, capitaine du régiment d'Alandetti infanterie, de faire information de ce fait. S'étant transporté sur les lieux avec d'autres officiers, un chirurgien et un auditeur, ils ouïrent les dépositions de tous les gens de la maison, qui attestèrent d'une manière uniforme que le revenant était père du maître de logis, et que tout ce que le soldat avait dit et rapporté était dans l'exacte vérité ; ce qui fut aussi attesté par tous les habitants du village.

En conséquence, on fit tirer de terre le corps de ce spectre, et on le trouva comme un homme qui vient d'expirer, et son sang comme d'un homme vivant. Le comte de Cabreras lui fit couper la tête, puis le fit remettre dans son tombeau. Il fit encore information d'autres pareils revenants, entre autres d'un homme mort depuis plus de trente ans, qui était revenu par trois fois dans sa maison à l'heure du repas, avait sucé le sang au col, la première fois à son propre frère, la seconde à un de ses fils, et la troisième à un valet de la maison ; et tous les trois en moururent sur le champ. Sur cette déposition, le commissaire fit tirer de terre cet homme, et le trouvant comme le premier, ayant le sang fluide, comme l'aurait un homme en vie, il ordonna qu'on lui passât un grand clou dans la tempe, et ensuite qu'on le remît dans le tombeau.

Il en fit brûler un troisième, qui était enterré depuis plus de seize ans, et avait sucé le sang, et causé la mort à deux de ses fils. Le commissaire ayant fait son rapport aux officiers généraux, on le député à la Cour de l'Empereur, qui ordonna qu'on envoyât des officiers de guerre, de justice, des médecins et des chirurgiens, et quelques savants pour examiner les causes de ces événements si extraordinaires. Celui qui nous a raconté ces particularités les avait apprises de Monsieur le comte de Cabreras à Fribourg en Brisgau en 1730.

*
* *

CHAPITRE IX.

Récit d'un vampire, tiré des Lettres juives ;
Lettre 137.

Voici ce qu'on lit dans les Lettres juives, nouvelle édition 1738, lettre 137.

On vient d'avoir dans ces quartiers de Hongrie

une scène de vampirisme qui est dûment attestée par deux officiers du tribunal de Belgrade, qui ont fait descente sur les lieux, et par un officier des troupes de l'Empereur à Gradisch, qui a été témoin oculaire des procédures.

Au commencement de septembre, mourut dans le village de Kisilova, à trois lieues de Gradisch, un vieillard âgé de soixante-deux ans, etc. Trois jours après avoir été enterré, il apparut la nuit à son fils, et lui demanda à manger ; celui-ci lui en ayant servi, il mangea et disparut. Le lendemain, le fils raconta à ses voisins ce qui était arrivé. Cette nuit, le père ne parut pas, mais la nuit suivante il se fit voir, et demanda à manger. On ne sait pas si son fils lui en donna ou non, mais on trouva le lendemain celui-ci mort dans son lit. Le même jour, cinq ou six personnes tombèrent subitement malades dans le village et moururent l'une après l'autre peu de jours après.

L'officier ou bailli du lieu, informé de ce qui était arrivé, en envoya une relation au tribunal de Belgrade, qui fit venir dans le village deux de ces officiers avec un bourreau pour examiner cette affaire. L'officier impérial, dont on tient cette relation, s'y rendit de Gradisch, pour être témoin d'un fait dont il avait souvent ouï parler.

On ouvrit tous les tombeaux de ceux qui étaient morts depuis six semaines : quand on vint à celui du vieillard, on le trouva les yeux ouverts, d'une couleur vermeille, ayant une respiration naturelle, cependant immobile comme mort ; d'où l'on conclut qu'il était un signalé vampire. Le bourreau lui enfonça un pieu dans le cœur. On fit un bûcher, et l'on réduisit en cendres le cadavre. On ne trouva aucune marque de vampirisme, ni dans le cadavre du fils, ni dans celui des autres.

Grâces à Dieu, nous ne sommes rien moins que crédules. Nous avouons que toutes les lumières de physique que nous pouvons approcher de ce fait, ne découvrent rien de ces causes. Cependant, nous ne pouvons refuser de croire véritable un fait attesté juridiquement, et par des gens de probité : nous copierons ici ce qui est arrivé en 1732 et que nous avons inséré alors dans le Glaneur, n° xviij.

*
* *

CHAPITRE X.

*Autres exemples de revenants.
Continuation du Glaneur.*

Dans un certain canton de la Hongrie, nommé en latin *Oppida Heidonum*, au-delà du Tibisque, *vulga* Teisse, c'est-à-dire, entre cette rivière qui arrose le fortuné terroir de Tockay et la Transylvanie, le peuple connu sous le nom de *Heiduque*[1] croit que certains morts, qu'ils nomment vampires,

---

1. Cette histoire est apparemment la même que nous avons rapporté ci-devant sous le nom de Haïdamaque, arrivée en 1729 ou 1730.

sucent tout le sang des vivants, en sorte que ceux-ci s'exténuent à vue d'œil, au lieu que les cadavres, comme des sangsues, se remplissent de sang en telle abondance, qu'on le voit sortir par les conduits, et même par les pores. Cette opinion vient d'être confirmée par plusieurs faits, dont il semble qu'on ne peut douter, vu la qualité des témoins qui les ont certifiés. Nous en rapporterons ici quelques-uns des plus considérables.

Il y a environ cinq ans qu'un certain Heiduque habitant de Médreïga, nommé *Arnold Paul*, fut écrasé par la chute d'un charriot de foin. Trente jours après sa mort, quatre personnes moururent subitement, et de la manière que meurent, suivant la tradition du pays, ceux qui sont molestés des vampires. On se ressouvint alors que cet Arnold Paul avait souvent raconté qu'aux environs de Cassova et sur les frontières de la Servie turque, il avait été tourmenté par un vampire turc ; car ils croient aussi que ceux qui ont été vampires passifs pendant leur vie, les deviennent actifs après leur mort, c'est-à-dire, que ceux qui ont été sucés, sucent aussi à leur tour ; mais qu'il avait trouvé moyen de se guérir en mangeant de la terre du sépulcre du vampire et en se frottant de son sang ; précaution qui ne l'empêcha pas cependant de le devenir après sa mort, puisqu'il fut exhumé quarante jours après son enterrement, et qu'on trouva sur son cadavre toutes les marques d'un archivampire. Son corps était vermeil, ses cheveux, ses ongles, sa barbe s'étaient renouvelés et ses veines étaient toutes remplies d'un sang fluide, et coulant de toutes les parties de son corps sur le linceul dont il était environné. Le Hadnagi, ou le bailli du lieu, en présence de qui se fit l'exhumation, et qui était un homme expert dans le vampirisme, fit enfoncer, selon la coutume, dans le cœur du défunt Arnold Paul un pieu fort aigu, dont on lui traversa le corps de part en part, ce qui lui fit, dit-on, jeter un cri effroyable, comme s'il était en vie. Cette expédition faite, on lui coupa la tête, et l'on brûla le tout. Après cela, on fit la même expédition sur les cadavres de ces quatre autres personnes mortes de vampirisme, crainte qu'ils n'en fissent mourir d'autres à leur tour.

Toutes ces expéditions n'ont cependant pu empêcher que vers la fin de l'année dernière, c'est-à-dire au bout de cinq ans, ces funestes prodiges n'aient recommencé, et que plusieurs habitants du même village ne soient péris malheureusement. Dans l'espace de trois mois, dix-sept personnes de différent sexe et de différent âge sont mortes de vampirisme, quelque-unes sans être malades et d'autres après deux ou trois jours de langueur. On rapporte entre autres, qu'une nommée Stanoska, fille du Heiduque Jotuïzo, qui s'était couchée en parfaite santé, se réveilla au milieu de la nuit toute tremblante, en faisant des cris affreux, et disant que le fils du Heiduque Millo mort depuis neuf semaines avait manqué de l'étrangler pendant son sommeil. Dès ce moment, elle ne fit plus que languir et au bout de trois jours, elle mourut. Ce que cette fille avait dit du fils de Millo, le fit d'abord reconnaître pour un vampire. On l'exhuma et on le trouva tel. Les principaux du lieu, les médecins, les chirurgiens examinèrent comment le vampirisme avait pu renaître, après les précautions qu'on avait prises quelques années auparavant.

On découvrit enfin, après avoir bien cherché, que le défunt Arnold Paul avait tué non seulement les quatre personnes dont nous avons parlé, mais aussi plusieurs bestiaux, dont les nouveaux vampires avaient mangé, et entre autres le fils de Millo. Sur ces indices, on prit la résolution de déterrer tous ceux qui étaient morts depuis un certain temps etc. Parmi une quarantaine, on en trouva dix-sept avec tous les signes les plus évidents de vampirisme ; aussi leur a-t-on transpercé le cœur et coupé la tête, et ensuite on les a brûlés et jeté leurs cendres dans la rivière.

Toutes les informations et exécutions dont nous venons de parler ont été faites juridiquement, en bonne forme, et attestées par plusieurs officiers qui sont en garnison dans le pays, par les chirurgiens majors des régiments, et par les principaux habitants du lieu. Le procès-verbal en a été envoyé vers la fin de janvier dernier au conseil de guerre impérial à Vienne qui avait établi une commission militaire pour examiner la vérité de tous ces faits.

C'est ce qu'ont déclaré le Hadnagi Barriarar et les anciens Heiduques, et ce qui a été signé par Battuer, premier lieutenant du régiment d'Alexandre de Wirtemberg, Clickstenger, chirurgien major du régiment de Frustemburch, trois autres chirurgiens de la compagnie, Guoichitz, capitaine à Stallath.

CHAPITRE XI.

Raisonnements de l'auteur des Lettres juives sur les revenants.

Il y a deux différents moyens pour détruire l'opinion de ces prétendus revenants et montrer l'impossibilité des effets, qu'on fait produire à des cadavres entièrement privés de sentiments. Le premier est d'expliquer par des causes physiques tous les prodiges du vampirisme ; le second est de nier totalement la vérité de ces histoires ; et ce dernier parti est sans doute le plus certain et le plus sage. Mais comme il y a des personnes à qui l'autorité d'un certificat donné par des gens en place paraît une démonstration évidente de la réalité du conte le plus absurde, avant de montrer combien peu on doit faire fonds sur toutes les formalités de justice dans les matières qui regardent uniquement la philosophie, je supposerai pour un temps qu'il meurt réellement plusieurs personnes du mal qu'on appelle le vampirisme.

Je pose d'abord ce principe qu'il se peut faire qu'il y ait des cadavres qui, quoique enterrés depuis plusieurs jours, répandent un sang fluide par les conduits de leurs corps. J'ajoute encore qu'il est très aisé que certaines gens se figurent d'être sucés par les vampires, et que la peur que leur cause cette imagination, fasse en eux une révolution assez violente pour les priver de la vie. Étant occupés toute la journée de la crainte que leur inspirent ces prétendus revenants, est-il fort extraordinaire que pendant leur sommeil les idées de ces fantômes se présentent à leur imagination, et leur causent une terreur si violente que quelques-uns en meurent dans l'instant, et quelques autres peu après ? Combien de gens n'a-t-on point vus, que des frayeurs ont fait expirer dans l'instant ? La joie même n'a-t-elle pas produit un effet aussi funeste ?

J'ai vu dans les journeaux de Leipzig[1] le précis d'un petit ouvrage intitulé : *Philosophicæ & Christianæ cogitationes de vampiriis, à Joanne Christophoro Herenbergio.* Pensées philosophiques & chrétiennes sur les Vampires, par Jean-Christophe Herenberg, à Gérolferliste en 1733. in 8°. L'auteur nomme un assez grand nombre d'écrivains, qui ont déjà traité cette matière ; il parle en passant d'un spectre qui lui apparut à lui-même en plein midi. Il soutient que les vampires ne font pas mourir les vivants, et que tout ce qu'on en débite ne doit être attribué qu'au trouble de l'imagination des malades. Il prouve par diverses expériences que l'imagination est capable de causer de très grands dérangements dans le corps et dans les humeurs. Il montre qu'en Esclavonie, on empalait les meurtriers et qu'on y perçait le cœur du coupable par un pieu qu'on lui enfonçait dans la poitrine ; qu'on a exercé le même châtiment envers les vampires, les supposant auteurs de la mort de ceux dont on dit qu'ils sucent le sang. Il donne quelques exemples de ce supplice exercé contre eux, l'un de l'an 1337, et l'autre de 1347. Il parle

---

1. Supplem. ad visa erudit. lips. an. 1738. t. 2.

de l'opinion de ceux qui croyent que les morts mangent dans leurs tombeaux, sentiment dont il tâche de prouver l'antiquité par Tertullien au commencement de son livre *De la Résurrection*, et par St Augustin I. 8 c. 27 de *La Cité de Dieu*, et au sermon 15 des Saints.

Voilà à peu près le précis de l'ouvrage de Mr Herenberg sur les vampires. Le passage de Tertullien[1] qu'il cite, prouve fort bien que les païens offraient de la nourriture à leurs morts, même à ceux dont ils avaient brûlé les corps, dans la croyance que leurs âmes s'en repaissaient : *defunctis parentant, et quidem impensissimo studio, pro moribus eorum, pro temporibus eseulentorum, ut quos sentire quicquam negant, escam desiderare præsumant* ; ceci ne regarde que les païens.

Mais St Augustin en plusieurs endroits parle de la coutume des chrétiens, surtout de ceux d'Afrique, de porter sur les tombeaux de la viande et du vin, dont on faisait des repas de dévotion, et où l'on invitait les pauvres, en faveur desquels ces offrandes étaient principalement instituées. Cette pratique est fondée sur le passage du livre de Tobie[2] : *mettez votre pain et votre vin sur la sépulture du juste, et gardez-vous d'en manger, ni d'en boire avec les pécheurs*. Sainte Monique, mère de St Augustin[3] ayant voulu faire à Milan ce qu'elle avait accoutumé de faire en Afrique, St Ambroise, évêque de Milan, témoigna qu'il n'ap-

---

1. Tertull. *De Ressurect. initio*.
2. Tob. iv.
3. Aug. *Confessio*. l. 6 c. 2.

prouvait pas cette pratique qui n'était pas connue dans son Église. La Sainte s'abstint d'y porter un panier plein de fruits et du vin, dont elle goûtait très sobrement avec celles qui l'accompagnaient, abandonnant le reste aux pauvres. St Augustin remarque au même endroit, que quelques chrétiens intempérants abusaient de ces offrandes pour prendre du vin avec excès : *ne ulla occasio se ingurgitandi daretur ebriosis.*

Saint Augustin[1] fit tant néanmoins par ses remontrances et ses prédications, qu'il déracina entièrement cette coutume qui était commune dans toute l'Afrique, et dont l'abus n'était que trop général. Dans ses livres de *La Cité de Dieu*[2], il reconnaît que cet usage n'est ni général ni approuvé dans l'Église, et que ceux qui le font, se contentent d'offrir cette nourriture sur les tombeaux des martyrs, afin que par leurs mérites ces offrandes soient sanctifiées ; après quoi ils les emportent et s'en servent pour leur nourriture, et pour celle des pauvres : *quicumque suas epulas eo deferunt, quod quidem a melioribus Christianis non fit, et in plerisque terrarum nulla talis est consuetudo ; tamen quicumque id faciunt, quas cum apposuerint, orant, & auferunt, ut vescantur, vel ex eis etiam indigentibus largiantur.* Il paraît par deux sermons qui ont été attribués à St Augustin[3]

---

1. *Idem*, Epist. 22. ad Aurel Carthag. Et Epist. 29 ad Alipi Item de moribus Eccl. c. 34.
2. *Idem*, lib. 8 de Civit. Dei, c. 27.
3. Aug. serm. 35. *de Sanctis nunc in appendice*, c. 5 Serm. cxc. cxcj. p. 328.

qu'autrefois cette coutume s'était glissée à Rome ; mais elle n'y a guère subsisté, et y a été blâmée et condamnée.

Or, s'il était vrai que les morts mangeassent dans leurs tombeaux, et qu'ils eussent envie ou besoin de manger, comme le croyaient ceux dont parle Tertullien, et comme il semble qu'on peut l'inférer de la pratique de porter de la viande, des fruits et du vin sur les tombeaux des martyrs et des chrétiens, je crois même avoir des preuves certaines, qu'en certains endroits l'on mettait auprès du corps des morts en terre dans les cimetières, ou dans les églises, de la viande, du vin et d'autres liqueurs. J'ai, dans notre cabinet, plusieurs vases d'argile et de verre, même des assiettes, où l'on voit des osselets de cochon et de volailles, le tout trouvé bien avant sous la terre dans l'église de l'abbaye près la ville de Toul.

On m'a fait remarquer que ces monuments trouvés dans la terre étaient enfoncés dans une terre vierge qui n'avait jamais été remuée, et auprès de certains vases ou urnes remplies de cendres et contenant quelques petits os qui n'avaient pu être consumés par les flammes ; et comme on sait que les chrétiens ne brûlaient pas leurs morts, et que ces vases dont nous parlons sont placés au-dessous du terrain remué dans lequel on trouve les tombeaux des chrétiens, on en a inféré avec assez de probabilité, que ces vases, la nourriture et la boisson qu'on enterrait auprès d'eux, étaient destinés non pour des chrétiens, mais pour des païens. Ceux-ci au moins croyaient donc que les morts mangeaient dans l'autre vie. On ne peut douter que les anciens Gaulois[1] ne fussent dans cette persuasion. Ils sont souvent représentés sur leurs tombeaux, avec des bouteilles à la main et des paniers pleins de fruits et d'autres choses comestibles, ou des vases à boire et des gobelets[2]. Ils emportaient même des contrats et obligations de ce qui leur était dû, pour s'en faire payer dans les Enfers. *Negotiorum ratio, etiam exactio crediti deferebatur ad inferos.*

Or, s'ils croyaient que les morts mangeaient dans leurs tombeaux, qu'ils pouvaient revenir visiter, consoler, instruire, inquiéter les vivants, et leur prédire leur mort prochaine, le retour des vampires n'est donc ni impossible, ni incroyable dans l'idée de ces Anciens.

Mais comme tout ce qu'on dit des morts, qui mangent dans leurs tombeaux ou hors de leurs tombeaux est chimérique, et hors de toute vraisemblance, que la chose est même impossible et incroyable, quel que soit le nombre et la qualité de ceux qui l'ont cru, ou qui ont paru le croire, je dirai toujours que le retour des vampires est insoutenable et impraticable.

*
* *

---

1. Antiquité expliquée, t. 4. pag. 86.
2. Mela, lib. 2. c. 4.

CHAPITRE XII.

Suite du raisonnement du Glaneur Hollandais.

En examinant le récit de la mort des prétendus martyrs du vampirisme, je découvre les symptômes d'un fanatisme épidémique, et je vois clairement que l'impression que la crainte fait sur eux, est la vraie cause de leur perte. Une nommée Stanoska fille, dit-on, du Heiduque Sovitzo, qui s'était couchée en parfaite santé, se réveilla au milieu de la nuit toute tremblante et faisant des cris affreux, disant que le fils du Heiduque Millo, mort depuis neuf semaines, avait manqué de l'étrangler pendant son sommeil. Dès ce moment, elle ne fit que languir et au bout de trois jours, elle mourut.

Pour quiconque a des yeux tant soit peu philosophiques, ce seul récit ne doit-il pas lui montrer que ce prétendu vampirisme n'est qu'une imagination frappée. Voilà une fille qui s'éveille, qui dit qu'on a voulu l'étrangler, et qui cependant n'a point été sucée, puisque ses cris ont empêché le vampire de faire son repas. Elle ne l'a pas été apparemment dans la suite, puisqu'on ne la quitta pas sans doute pendant les autres nuits, et que si le vampire l'eût voulu molester, ses plaintes en eussent averti les assistants. Elle meurt pourtant trois jours après. Sa frayeur et son abattement, sa tristesse et sa langueur marquent évidemment combien son imagination était frappée.

Ceux qui se sont trouvés dans les villes affligées

de la peste, savent par expérience à combien de gens la crainte coûte la vie. Dès qu'un homme se sent attaqué du moindre mal, il se figure qu'il est atteint de la maladie épidémique, et il se fait en lui un si grand mouvement, qu'il est presque impossible qu'il résiste à cette révolution. Le chevalier de Maisin m'a assuré, lorsque j'étais à Paris, que se trouvant à Marseille pendant la contagion qui régnait dans cette ville, il avait vu mourir une femme de la peur qu'elle eut d'une maladie assez légère de sa servante, qu'elle croyait atteinte de la peste ; la fille de cette femme fut malade à la mort.

D'autres personnes qui étaient dans la même maison, se mirent au lit, envoyèrent chercher un médecin, et assuraient qu'elles avaient la peste. Le médecin arrivé visita d'abord la servante et les autres malades, et aucun d'eux n'avait la maladie épidémique. Il tâcha de rendre le calme à leurs esprits, et leur ordonna de se lever et de vivre à leur ordinaire ; mais tous ses soins furent inutiles auprès de la maîtresse de la maison, qui mourut deux jours après de la seule frayeur.

Considérez le second récit de la mort d'un vampire passif, et vous verrez les preuves les plus évidentes des terribles effets de la crainte et des préjugés, voyez ci-devant, chapitre XI. Cet homme trois jours après avoir été enterré, apparaît la nuit à son fils, demande à manger, mange et disparaît. Le lendemain, le fils raconte à ses voisins ce qui lui était arrivé. Cette nuit, le père ne parut pas ; mais la nuit suivante, on trouva le fils mort dans son lit. Qui peut ne pas voir dans ces paroles, les marques les plus certaines de la prévention et de la peur ? La première fois qu'elles agissent sur l'imagination du prétendu molesté du vampirisme, elles ne produisent point leur entier effet, et ne font que disposer son esprit à être plus susceptible d'en être vivement frappé ; aussi cela ne manqua-t-il pas d'arriver et de produire l'effet qui naturellement devait suivre. Prenez garde que le mort ne revînt la nuit du jour que son fils communiqua son songe à ses amis, parce que, selon toutes les apparences, ceux-ci veillèrent avec lui et l'empêchèrent de se livrer à la crainte.

Je viens à présent à ces cadavres pleins d'un sang fluide, dont la barbe, les cheveux et les ongles se renouvellent. L'on peut rabattre les trois quarts de ces prodiges ; encore a-t-on bien de la complaisance d'en admettre une petite partie. Tous les philosophes connaissent assez combien le peuple, et même certains historiens, grossissent les choses qui paraissent tant soit peu extraordinaires. Cependant, il n'est pas impossible d'en expliquer physiquement la cause.

L'expérience nous apprend qu'il y a certains terrains qui sont propres à conserver les corps dans toute leur fraîcheur. Les raisons en ont été souvent expliquées, sans que je me donne la peine d'en faire un récit particulier. Il se trouve à Toulouse un caveau dans une église de moines, où les corps restent si parfaitement dans leur entier, qu'il y en a qui y sont depuis près de deux siècles, qui paraissent vivants.

On les a rangés debout contre la muraille et ils ont leurs habillements ordinaires. Ce qu'il y a de plus particulier est que les corps qu'on met de l'autre côté de ce même caveau deviennent, deux ou trois jours après, la pâture des vers.

Quant à l'accroissement des ongles, des cheveux et de la barbe, on l'aperçoit très souvent dans plusieurs cadavres. Tandis qu'il reste encore beaucoup d'humidité dans les corps, il n'y a rien de surprenant que pendant quelque temps on voie quelques augmentations dans des parties qui n'exigent point les esprits vitaux.

Le sang fluide, coulant par les canaux du corps, semble former une plus grande difficulté ; mais on peut donner des raisons physiques de cet écoulement. Il pourrait fort bien arriver, que la chaleur du soleil venant à échauffer les parties nitreuses et sulfureuses qui se trouvent dans les terres propres à conserver les corps, ces parties s'étant incorporées dans les cadavres nouvellement enterrés, viennent à fermenter, dégoagulent et défigent le sang caillé, le rendent liquide et lui donnent le moyen de s'écouler peu à peu par les canaux.

Ce sentiment est d'autant plus probable qu'il est confirmé par une expérience. Si l'on fait bouillir dans un vaisseau de verre ou de terre, une partie de chile ou de lait mêlée avec deux parties d'huile de tartre faite par défaillance, la liqueur, de blanche qu'elle était, deviendra rouge, parce que le sel de tartre aura raréfié et entièrement dissous la partie du lait la plus huileuse et l'aura convertie en une espèce de sang. Celui qui se forme dans les vaisseaux du corps est un peu plus rouge ; mais il n'est pas plus épais. Il n'est donc pas impossible que la chaleur cause une fermentation qui produise à peu près les mêmes effets que cette expérience ; et l'on trouvera cela beaucoup plus aisé, si l'on considère que les sucs des chairs et des os ressemblent beaucoup à du chile et que les graisses et les moëlles sont les parties les plus huileuses du chile. Or toutes ces parties, en fermentant, doivent par la règle de l'expérience se changer en une espèce de sang. Ainsi, outre celui qui serait dégoagulé et défigé, les prétendus vampires répandraient encore celui qui se formerait de la fonte des graisses.

*
* *

CHAPITRE XIII.

Récit tiré du Mercure galant de 1693 et 1694 sur les revenants.

Les mémoires publics des années 1693 et 1694 parlent des oupires, vampires ou revenants qui se voient en Pologne et surtout en Russie. Ils paraissent depuis midi jusqu'à minuit et viennent sucer le sang des hommes ou des animaux vivants, en si grande abondance, que quelquefois il leur sort par la bouche, par le nez et principalement par les oreilles, et que quelquefois le cadavre nage dans son sang répandu dans son cercueil[1]. On dit

---

1. V. Moreri sur le mot. *Stryges*.

que le vampire a une espèce de faim qui lui fait manger le linge qu'il trouve autour de lui. Ce rédivive ou oupire sorti de son tombeau, ou un démon sous la figure, va, la nuit, embrasser et serrer violemment ses proches ou ses amis et leur suce le sang jusqu'à les affaiblir, les exténuer et leur causer enfin la mort. Cette persécution ne s'arrête pas à une seule personne ; elle s'étend jusqu'à la dernière personne de la famille, à moins qu'on n'en interrompe le cours en coupant la tête ou en ouvrant le cœur du revenant, dont on trouve le cadavre dans son cercueil, mol, flexible, enflé et rubicond, quoiqu'il soit mort depuis longtemps. Il sort de son corps une grande quantité de sang que quelques-uns mêlent avec de la farine pour faire du pain ; et ce pain, mangé à l'ordinaire, les garantit de la vexation de l'esprit qui ne revient plus.

*
* *

CHAPITRE XIV.

Conjectures du Glaneur de Hollande en 1733. n° IX.

Le Glaneur hollandais, esprit peu crédule, suppose la vérité de ces faits comme certains, n'ayant aucune bonne raison pour la contester ; il en raisonne d'une manière peu sérieuse et prétend que les peuples chez qui l'on voit des vampires sont très ignorants et très crédules, en sorte que les apparitions dont on parle ne sont que des effets de leur imagination frappée. Le tout est occasionné et augmenté par la mauvaise nourriture de ces peuples, qui la plupart du temps, ne mangent que du pain fait d'avoine, de racines et d'écorce d'arbre, aliments qui ne peuvent engendrer qu'un sang grossier, et par conséquent très disposé à la corruption et à produire dans l'imagination des idées sombres et fâcheuses.

Il compare ce mal à celui de la morsure d'un chien enragé, qui communique son venin à la personne qui est mordue. Ainsi ceux qui sont infectés du vampirisme communiquent ce dangereux poison à ceux qu'ils fréquentent. De là les insomnies, les rêves et les prétendues apparitions des vampires.

Il conjecture que ce poison n'est autre chose qu'un ver qui se nourrit de la plus pure substance de l'homme, qui ronge incessamment son cœur, qui fait mourir le corps et qui ne l'abandonne même pas au fond du tombeau. Il est certain que les corps de ceux qui ont été empoisonnés ou qui meurent de contagion ne deviennent point raides après leur mort, parce que le sang ne se congèle point dans les veines ; au contraire, il se raréfie et bouillonne à peu près de même que dans les vampires, à qui la barbe, les cheveux et les ongles croissent, dont la peau est vermeille, qui paraissent engraissés à cause du sang qui se gonfle et abonde de toutes parts.

Quant au cri que les vampires font lorsqu'on leur enfonce le pieu dans le cœur, rien n'est plus naturel : l'air qui s'y trouve renfermé et que l'on en fait sortir avec violence produit nécessairement ce bruit en passant par la gorge. Souvent, les corps morts en font bien sans qu'on les touche. Il conclut qu'il n'y a que l'imagination dérangée par la mélancolie ou la superstition qui puisse se figurer que la maladie dont on vient de parler soit produite par des cadavres vampires, qui viennent sucer jusqu'à la dernière goutte de sang.

Un peu auparavant, il dit qu'en 1732, on découvrit encore des vampires dans la Hongrie, la Moravie et la Servie turque ; que ce phénomène est trop bien avéré pour qu'on puisse en douter ; que plusieurs physiciens allemands ont composé d'assez gros volumes en latin et en allemand sur cette matière ; que les académies et les universités germaniques retentissent encore aujourd'hui des noms d'Arnold Paul, de Stanoske, fille de Sovitzo, et du Heiduque Millo, tous fameux vampires du quartier de Médreïga en Hongrie.

Voici une lettre qui a été écrite à un de mes amis pour m'être communiquée, au sujet des revenants de Hongrie[1] ; l'auteur pense bien autrement que le Glaneur au sujet des vampires.

Pour satisfaire aux demandes de monsieur l'abbé Dom Calmet concernant les vampires, le soussigné a l'honneur de s'assurer qu'il n'est rien de plus vrai et de si certain que ce qu'il en aura sans doute lu dans les actes publics et imprimés

---

1. Il y a lieu de croire que ceci n'est qu'une répétition de ce qui a déjà été dit ci-dessus, ch. X.

qui ont été insérés dans les gazettes par toute l'Europe ; mais à tous ces actes publics qui ont paru, Monsieur l'Abbé doit s'attacher pour un fait véridique et notoire à celui de la députation de Belgrade ordonnée par feu S. M. I. Charles VI, de glorieuse mémoire, et exécutée par feu Son Altesse Sérénissime le duc Charles Alexandre de Wurtemberg, pour lors vice-roi ou gouverneur du royaume de Servie ; mais je ne puis pour le présent citer l'année, ni le mois, ni le jour, faute de mes papiers que je n'ai point présentement près de moi.

Ce prince fit partir une députation de Belgrade, moitié d'officiers militaires, moitié du civil, avec l'Auditeur général du royaume, pour se transporter dans un village où un fameux vampire décédé depuis plusieurs années faisait un ravage excessif parmi les siens, car notez que ce n'est que dans leur famille et parmi leur propre parenté que ces suceurs de sang se plaisent à détruire notre espèce. Cette députation fut composée de gens et de sujets reconnus par leurs mœurs, et même par leur savoir, irréprochables et même savants parmi les deux ordres : ils furent sermentés et accompagnés d'un lieutenant des grenadiers du régiment du prince Alexandre de Wurtemberg et de vingt-quatre grenadiers dudit régiment.

Tout ce qu'il y eut d'honnêtes gens, le duc lui-même, qui se trouvèrent à Belgrade, se joignirent à cette députation pour être spectateurs oculaires de la preuve véridique qu'on allait faire.

Arrivé sur les lieux, l'on trouva que dans l'espace

de quinze jours, le vampire, oncle de cinq tant neveux que nièces, en avait déjà expédié trois, et un de ses propres frères. Il en était au cinquième, belle jeune fille, sa nièce, et l'avait déjà sucée deux fois lorsqu'on mit fin à cette triste tragédie par les opérations suivantes.

On se rendit avec les commissaires députés, pas loin de Belgrade, dans un village, et cela en public, à l'entrée de la nuit, à sa sépulture. Ce monsieur n'a pu me dire les circonstances du temps auquel les précédents morts avaient été sucés, ni les particularités à ce sujet. La personne, après avoir été sucée, se trouva dans un état pitoyable de langueur, de faiblesse, de lassitude, tant le tourment est violent. Il y avait environ trois ans qu'il était enterré ; l'on vit sur son tombeau une lueur semblable à celle d'une lampe, mais moins vive.

On fit l'ouverture du tombeau et l'on y trouva un homme aussi entier, et paraissant aussi sain qu'aucun de nous, assistants ; les cheveux et les poils de son corps, les ongles, les dents, et les yeux (ceux-ci demi-fermés) aussi fermement attachés après lui qu'ils le sont actuellement après nous qui avons vie et qui existons, et son cœur palpitant.

Ensuite l'on procéda à le tirer hors de son tombeau, le corps n'étant pas à la vérité flexible, mais n'y manquant nulle partie, ni de chair, ni d'os ; ensuite on lui perça le cœur avec une espèce de lance de fer rond et pointu : il en sortit une matière blanchâtre et fluide avec du sang, mais le sang dominant sur la matière, le tout n'ayant aucune mauvaise odeur ; ensuite de quoi on lui trancha la tête avec une hache semblable à celle dont l'on se sert en Angleterre pour les exécutions : il en sortit aussi une matière et du sang semblable à celle que je viens de dépeindre, mais plus abondamment à proportion de ce qui sortit du cœur.

Au surplus, on le rejeta dans sa fosse avec force chaux vive pour le consommer plus promptement ; et dès lors, sa nièce, qui avait été sucée deux fois, se porta mieux. A l'endroit où ces personnes sont sucées, il se forme une tache très bleuâtre ; l'endroit du sucement n'est pas déterminé, tantôt c'est en un endroit, tantôt c'est en un autre. C'est un fait notoire attesté par les actes les plus authentiques, et passé à la vue de plus de 1300 personnes toutes dignes de foi.

Mais je me réserve pour satisfaire plus en plein la curiosité du savant abbé Dom Calmet, de lui détailler plus en plein ce que j'ai vu à ce sujet de mes propres yeux, et le remettrai à monsieur le chevalier de Saint-Urbain pour le lui envoyer, trop charmé en cela comme en toute autre chose, de trouver des occasions à lui prouver que personne n'est avec une si parfaite vénération et respect que

> *son très humble et très obéissant serviteur L. de Beloz, ci-devant capitaine dans la régiment de feu S.A.S. le prince Alexandre de Wurtemberg, et son aide de camp, et actuellement premier capitaine des grenadiers dans le régiment de monsieur le baron de la Trenck. »*

CHAPITRE XV.

Autre lettre sur les revenants.

Pour ne rien omettre de tout ce qui peut éclaircir cette matière, je mettrai encore ici la lettre d'un fort honnête homme et fort instruit de ce qui regarde les revenants, écrite à son parent.

Vous souhaitez, mon cher cousin, être informé au juste de ce qui se passe en Hongrie au sujet de certains revenants qui donnent la mort à bien des gens en ce pays-là. Je puis vous en parler savamment, car j'ai été plusieurs années dans ces quartiers-là, et je suis naturellement curieux. J'ai ouï en ma vie raconter une infinité d'histoires, ou prétendues telles, sur les esprits et sortilèges ; mais de mille, à peine ai-je ajouté foi à une seule : on ne peut être trop circonspect sur cet article sans courir le risque d'en être la dupe. Cependant, il y a certains faits si avérés qu'on ne peut se dispenser de les croire. Quant aux revenants de Hongrie, voici comment la chose s'y passe. Une personne se trouve attaquée de langueur, perd l'appétit, maigrit à vue d'œil, et au bout de huit ou dix jours, quelquefois quinze, meurt sans fièvre ni aucun autre symptôme que la maigreur et le desséchement.

On dit en ce pays-là, que c'est un revenant qui s'attache à elle et lui suce le sang. De ceux qui sont attaqués de cette maladie, la plupart croient voir un spectre blanc qui les suit partout, comme l'ombre fait le corps. Lorsque nous étions en quartier chez les Valaques dans le bannat de Temeswar, deux cavaliers de la compagnie dont j'étais cornette moururent de cette maladie, et plusieurs autres qui en étaient encore attaqués en seraient morts de même, si un caporal de notre compagnie n'avait fait cesser la maladie en exécutant le remède que les gens du pays emploient pour cela. Il est des plus particuliers, et, quoiqu'infaillible, je ne l'ai jamais lu dans aucun rituel. Le voici :

On choisit un jeune garçon qui est d'âge à n'avoir jamais fait œuvre avec son corps, c'est à dire qu'on croit vierge. On le fait monter à poil sur un cheval entier qui n'a jamais sailli, et absolument noir ; on le fait se promener dans le cimetière et passer sur toutes les fosses ; celle où l'animal refuse de passer malgré force coups de cravache qu'on lui délivre est réputée remplie d'un vampire ; on ouvre cette fosse, et l'on y trouve un cadavre aussi gras et aussi beau que si c'était un homme heureusement et tranquillement endormi. On coupe le col à ce cadavre d'un coup de bêche dont il sort un sang des plus beaux et des plus vermeils, et en quantité. On jurerait que c'est un homme des plus sains et des plus vivants qu'on égorge. Cela fait, on comble la fosse, et on peut compter que la maladie cesse, et que tous ceux qui en étaient attaqués recouvrent leurs forces petit à petit, comme gens qui échappent d'une longue maladie et qui ont été exténués de longue main. C'est ce qui arriva à nos cavaliers qui en étaient attaqués. J'étais pour lors commandant de la compagnie, mon capitaine et mon lieutenant étant absents ; je fus très piqué que ce caporal eût fait faire cette expérience sans moi. J'eus toutes les peines du monde de me vaincre et de ne pas le régaler d'une volée de coups de bâton, marchandise qui se donne à bon prix dans les troupes de l'Empereur. J'aurais voulu pour toutes les choses au monde être présent à cette opération ; mais enfin il fallut en passer par là.

Un parent de ce même officier m'a fait écrire le 17 octobre 1746, que son frère qui a servi pendant vingt ans en Hongrie, et qui a très curieusement examiné tout ce qu'on y dit des revenants, reconnaît que les peuples de ce pays sont plus crédules et plus superstitieux que les autres peuples, et qu'ils attribuent les maladies qui leur arrivent à des sortilèges. Que d'abord qu'ils soupçonnent une personne morte de leur avoir envoyé cette incommodité, ils la défèrent au magistrat, qui, sur la déposition de quelques témoins, fait exhumer le mort ; on lui coupe la tête avec une bêche, et s'il en sort quelque goutte de sang, ils en concluent que c'est le sang qu'il a sucé à la personne malade. Mais celui qui m'écrit paraît fort éloigné de croire ce que l'on pense dans ce pays-là.

A Varsovie, un prêtre ayant commandé à un sellier de lui faire une bride pour son cheval, mourut auparavant que la bride fût faite ; et comme il était de ceux que l'on nomme vampire en Pologne, il sortit de son tombeau habillé comme on a coutume d'inhumer les ecclésiastiques, prit son cheval à l'écurie, monta dessus et fut à la vue de tout Varsovie, à la boutique du sellier, où d'abord il ne trouva que la femme qui fut effrayée et appela son mari qui vint, et ce prêtre lui ayant demandé la bride, il lui répondit : « mais vous êtes mort, Mr le Curé ». A quoi il répondit : « je te vais faire voir que non », et en même temps, le frappa de telle sorte que le pauvre sellier mourut quelques jours après ; et le prêtre retourna à son tombeau.

L'intendant du comte Simon Labienski, staroste de Posnanie, étant mort, la comtesse douairière de Labienski voulut, par reconnaissance de ses services, qu'il fût inhumé dans le caveau des seigneurs de cette famille ; ce qui fut exécuté. Quelque temps après, le sacristain qui avait soin du caveau s'aperçut qu'il y avait du dérangement, et en avertit la comtesse qui ordonna, suivant l'usage reçu en Pologne, qu'on lui coupât la tête ; ce qui fut fait en présence de plusieurs personnes et entre autres du sieur Jouvinski, officier polonais et gouverneur du jeune comte Simon Labienski, qui vit que, lorsque le sacristain tira ce cadavre de la tombe pour lui couper la tête, il grinca des dents, et le sang en sortit aussi fluide que d'une personne qui mourrait d'une mort violente, ce qui fit dresser les cheveux à tous les assistants, et l'on trempa un mouchoir blanc dans le sang du cadavre, dont on fit boire à tous ceux de la maison pour n'être point tourmentés.

*
* *

CHAPITRE XVI.

Vestiges prétendus du vampirisme dans l'Antiquité.

Quelques savants ont cru trouver des vestiges du vampirisme dans la plus haute Antiquité ; mais tout ce qu'ils en ont dit n'approche point de ce qu'on raconte des vampires. Les lamies, les striges, les sorciers qu'on accusait de sucer le sang des vivants et de les faire mourir, les magiciennes qu'on disait faire dépérir les enfants nouveau-nés par des charmes et des maléfices, ne sont rien de moins que ce que nous entendons sous le nom de vampires ; quand on avouerait que ces sortes de lamies et de striges ont réellement existé, ce que nous ne croyons pas que l'on puisse jamais bien prouver.

J'avoue que ces termes se trouvent dans les versions de la sainte Ecriture. Par exemple, Isaïe, décrivant l'état où devait être réduite Babylone après sa ruine, dit qu'elle deviendra la demeure des satyres, des lamies, des striges (en hébreu, *lilith*) ; ce dernier terme, selon les Hébreux, signifie la même chose que les Grecs et les Latins expriment par *strix* et *lamia*, qui sont des sorcières ou magiciennes, qui cherchent à faire périr les enfants nouveau-nés. D'où vient que les Juifs pour les écarter, ont coutume d'écrire aux quatre coins de la chambre d'une femme nouvellement accouchée : « Adam, Eve, hors d'ici *Lilith*. »

Les anciens Grecs connaissaient ces dangereuses

sorcières sous le nom de *lamia*, et ils croyaient qu'elles dévoraient les enfants, ou leur suçaient tout le sang jusqu'à les faire mourir. Horace[1] :
Neu pransæ Lamiæ vivum puerum extrahat alvo.
Les Septante dans Isaïe traduisent l'hébreu lilith par *lamia*. Euripide et le scholiaste d'Aristophane en font aussi mention comme d'un monstre funeste et ennemi des mortels. Ovide parlant des striges, les décrit comme des oiseaux dangereux qui volent la nuit et cherchent les enfants pour les dévorer et se nourrir de leur sang.
Carpere dicuntur lactentia viscera rostris,
Et plenum poto sanguine guttur habent,
Est illis Strigibus nonem.
Ces préjugés avaient jeté de si profondes racines dans l'esprit des peuples barbares, qu'ils mettaient à mort les personnes soupçonnées d'être striges ou sorcières et de manger les hommes vivants. Charlemagne dans ses capitulaires qu'il a composés pour les Saxons, ses nouveaux sujets[2], condamne à mort ceux qui croiront qu'un homme ou une femme sont sorciers (*striges esse*) et mangent les hommes vivants ; il condamne de même ceux qui les feront brûler, ou donneront leur chair à manger, ou la mangeront eux-mêmes.

---

1. Horat. Art. Poët. v. 340.
2. Capitul. Caroli magni pro partibus Saxoniæ, I., 6. Siquis a Diabolo deceptus crediderit secundum morem Paganorum, virum aliquem aus fœminam Strigem esse, & homines comedere, & propter hoc ipsum incenderit, vel carnem ejus ad comedendum dederit, vel ipsam comederit, capitis sententia puniatur.

Où l'on peut remarquer, premièrement, qu'on croyait qu'il y avait des gens qui mangeaient les hommes vivants, qu'on les faisait mourir et brûler, qu'on mangeait quelquefois leurs chairs, comme nous avons vu qu'en Russie, on mange du pain pétri avec le sang des vampires, et que d'autres fois on exposait leurs cadavres aux bêtes carnassières, comme on fait encore dans les lieux où se trouvent de ces revenants, après les avoir empalés, ou leur avoir coupé la tête.

Les lois des Lombards défendent de même de faire mourir la servante d'une autre comme sorcière, *strix* ou *masca*. Ce dernier mot *masca*, d'où vient *masque*, a la même signification que le latin *larva*, un esprit, un fantôme, un spectre.

On peut ranger au nombre des revenants celui dont il est parlé dans la chronique de Sigebert sous l'an 858.

Théodore de Gaze[1] avait dans la Campanie une petite ferme qu'il faisait cultiver par un laboureur ; comme il travaillait à labourer la terre, il découvrit un vase rond, où étaient enfermées les cendres d'un mort ; aussitôt, il lui apparut un spectre qui lui commanda de remettre en terre le même vase avec ce qu'il contenait ; sinon il ferait mourir son fils aîné. Le laboureur ne tint pas compte de ses menaces, et peu de jours après, son fils aîné fut trouvé mort dans son lit. Peu de temps après, le même spectre lui apparut, lui réitérant le même commandement et le menaça de faire mourir son

---

1. Le Loyer, *Des Spectres*, l. 2. p. 427.

second fils. Le laboureur avertit de tout ceci son maître Théodore de Gaze, qui vint lui-même en la maitairie, et fit remettre le tout en sa place. Ce spectre était apparemment un démon ou l'âme d'un païen enterré en cet endroit.

Michel Glycas[1] raconte que l'empereur Basile, ayant perdu son fils bien-aimé, obtint par le moyen d'un moine noir de Santabaren de voir son dit fils qui était mort peu auparavant ; il le vit et le tint embrassé assez longtemps, jusqu'à ce qu'il disparût entre ses bras. Ce n'était donc qu'un fantôme qui parut sous la forme de son fils.

Dans le diocèse de Mayence, on vit cette année un esprit qui se manifesta d'abord en jetant des pierres, frappant les murailles des maisons comme à grands coups de maillets, puis parlant et découvrant des choses inconnues, les auteurs de certains larcins et d'autres choses propres à répandre l'esprit de discorde parmi les voisins. A la fin, il porta sa fureur contre un particulier qu'il affecta de persécuter et de rendre odieux à tout le voisinage, publiant que c'était lui qui excitait la colère de Dieu contre tout le village. Il le poursuivait en tout lieu sans lui donner la moindre relâche , il brûla ses moissons ramassées dans sa maison et mit le feu dans tous les lieux où il entrait.

Les prêtres l'exorcisèrent, firent des prières, jetèrent de l'eau bénite ; l'esprit leur jeta des pierres et ,blessa plusieurs personnes. Après que

---

1. Mich. Glycas. part. 4. annal.

les prêtres se furent retirés, on l'entendit comme se lamentant et disant qu'il s'était caché sous la chappe d'un prêtre qu'il nomma et qu'il accusa d'avoir corrompu la fille d'un homme d'affaires du lieu ; il continua ses infestations pendant trois ans et ne cessa point qu'il n'eût brûlé toutes les maisons du village.

Voici un exemple qui peut se rapporter à ce qu'on raconte des revenants de Hongrie qui viennent annoncer la mort à leurs proches. Evode, évêque d'Upsale en Afrique, écrit à St Augustin en 415[1], qu'un jeune homme qu'il avait auprès de lui, qui lui servait d'écrivain et était d'une innocence et d'une pureté extraordinaire, étant venu à mourir à l'âge de vingt-deux ans, une vertueuse veuve vit en songe un certain diacre qui, avec d'autres serviteurs et servantes de Dieu, ornait un palais qui paraissait brillant, comme s'il eût été tout d'argent. Elle demanda pour qui on le préparait : on lui dit que c'était pour ce jeune homme qui était mort la veille. Elle vit ensuite dans le même palais un vieillard vêtu de blanc qui ordonna à deux personnes de tirer ce jeune homme du tombeau et de le conduire au ciel.

Dans la même maison où ce jeune homme était mort, un vieillard à demi endormi vit un homme avec une branche de laurier à la main, sur laquelle il y avait quelque chose d'écrit.

Trois jours après la mort du jeune homme, son père qui était prêtre et se nommait Armène, s'étant retiré dans un monastère pour se consoler

1. Aug. Epist. 658 & Epist. 258 pag. 361.

avec le saint vieillard Théase, évêque de Manblose, le fils trépassé apparut à un moine de ce monastère et lui dit que Dieu l'avait reçu au nombre des bienheureux et qu'il l'avait envoyé pour quérir son père. En effet, quatre jours après, son père sentit un peu de fièvre, mais si légère que le médecin assurait qu'il n'y avait rien à craindre. Il ne laissa pas de se mettre au lit et en même temps, comme il parlait encore, il expira.

Ce n'est pas de la frayeur dont il fut saisi, car il ne paraît pas qu'il ait rien su de ce que le moine avait vu en songe.

Le même évêque Evode raconte qu'on a vu plusieurs personnes après leur mort aller et venir dans leurs maisons comme auparavant, ou la nuit, ou même en plein jour. On dit aussi, ajoute-t-il, que dans les lieux où il y a des corps enterrés, et surtout dans les églises, on entend souvent du bruit à une certaine heure de la nuit, comme des personnes qui prient à haute voix. Je me souviens, dit toujours Evode, de l'avoir entendu dire à plusieurs, et entre autres à un saint prêtre qui est témoin de ces apparitions pour avoir vu sortir du baptistère un grand nombre de ces âmes avec des corps éclatants de lumière et les avoir ensuite entendu prier au milieu de l'église. Le même Evode dit de plus que Profuture, Privat et Servile, qui avaient vécu avec beaucoup de piété dans le monastère, lui avaient parlé à lui-même depuis leur mort, et que ce qu'ils avaient dit était arrivé.

Saint Augustin, après avoir rapporté ce que disait Evode, reconnaît qu'il y a beaucoup de distinction à faire entre les visions vraies et les fausses, et témoigne qu'il voudrait bien avoir un moyen sûr pour en faire le juste discernement.

Mais qui nous donnera les lumières nécessaires pour faire ce discernement si difficile, et néanmoins si nécessaire, puisque nous n'avons pas même de caractères certains et démonstratifs pour discerner infailliblement les vrais miracles d'avec les faux ni pour faire la distinction des œuvres du Tout-Puissant des illusions de l'Ange des Ténèbres?

*
* *

CHAPITRE XVII.

Revenants dans les pays septentrionaux.

Thomas Bartholin le fils, dans son traité intitulé *Des causes du mépris que les anciens Danois encore gentils faisaient de la mort*, remarque[1] qu'un certain Hordus islandais voyait les spectres des yeux du corps, se battait contre eux, et leur résistait. Ces peuples ne doutaient pas que les âmes des morts ne revinssent avec leurs corps qu'ils abandonnaient ensuite et retournaient dans leurs tombeaux. Bartholin raconte en particulier qu'un nommé Asmond, fils d'Alfus, s'étant fait mettre tout vif dans le même sépulcre avec son

1. Thomas Bartholin, *De causis contemptus mortis a Danis*, lib. 2. c. 2.

ami Asvite, et y ayant fait porter à manger, en fut tiré quelque temps après tout en sang, en suite d'un combat qu'il avait eu à soutenir contre Asvite, qui était revenu et l'avait cruellement assailli.

Il rapporte après cela ce que les poètes enseignent de l'évocation des âmes par les forces de la magie et du retour de ces âmes dans les corps qui ne sont pas corrompus, quoique morts depuis longtemps. Il montre que les Juifs ont cru de même que les âmes revenaient de temps en temps visiter leurs corps morts pendant la première année de leur décès. Il fait voir que les anciens peuples septentrionaux étaient persuadés que les personnes nouvellement décédées apparaissaient souvent avec leurs corps, et il en rapporte quelques exemples ; il ajoute qu'on attaquait ces spectres dangereux qui infestaient et maltraitaient tous ceux qui avaient des champs aux environs de leurs tombeaux ; qu'on coupa la tête à un nommé Gretter qui revenait ainsi. D'autres fois, on leur passait un pieu au travers du corps et on les fichait ainsi en terre.

Nam ferro secui mox caput ejus,
Perfodique nocens stipite corpus.

D'autres fois, on tirait le corps du tombeau et on le réduisait en cendres ; on en usa ainsi envers un spectre nommé Gardus qu'on croyait auteur de toutes les funestes apparitions qui s'étaient faites pendant l'hiver.

CHAPITRE XVIII.

Revenants en Angleterre.

Guillaume de Malmesburi* dit qu'en Angleterre[1], on croyait que les méchants revenaient après leur mort et étaient ramenés dans leurs propres corps par le démon qui les gouvernaient et les faisaient agir : *nequam hominis cadaver post mortem Dæmone agente discurrere.*

Guillaume de Neubrige qui fleurissait après le milieu du douzième siècle, raconte que de son temps, on vit en Angleterre, dans le territoire de Buckingham, un homme qui apparut en corps comme vivant à sa femme trois nuits et ensuite à ses proches. On ne se défendait de ses visites effrayantes qu'en veillant et faisant du bruit quand on s'apercevait qu'il voulait venir. Il se fit même voir à quelques personnes pendant le jour. L'évêque de Lincoln assembla sur cela son conseil, qui lui dit que pareilles choses étaient souvent arrivées en Angleterre et que le seul remède que l'on connût à ce mal était de brûler le corps du revenant. L'évêque ne put goûter cet avis qui lui parut cruel : il écrivit d'abord une cédule d'absolution qui fut mise sur le corps du

1. Guillaume de Malmes. lib. 2. c. 4.

* Historien et bénédictin, d'origine normande, Guillaume de Malmesbury (1066-1142) a laissé une *Histoire d'Angleterre*, en deux parties, presque aussi importante que celle rédigée par Bède dit le Vénérable, qui s'arrête en 731. — *R. V.*

défunt qu'on trouva au même état que s'il avait été enterré le même jour ; et depuis ce temps on n'en entendit plus parler.

L'auteur de ce récit ajoute que ces sortes d'apparitions paraîtraient incroyables, si l'on n'en avait vu plusieurs exemples de son temps, et si l'on ne connaissait plusieurs personnes qui en faisaient foi.

Le même De Neubrige dit au chapitre suivant qu'un homme qui avait été enterré à Bervik, sortait toutes les nuits de son tombeau et causait de grands troubles dans tout le voisinage. On disait même qu'il s'était vanté qu'il ne cesserait point d'inquiéter les vivants qu'on ne l'eût réduit en cendres. On choisit donc dix jeunes hommes hardis et vigoureux qui le tirèrent de terre, coupèrent son corps en pièces et le mirent sur un bûcher, où il fut réduit en cendres ; mais auparavant, quelqu'un d'entre eux ayant dit qu'il ne pourrait être consumé par le feu qu'on ne lui eût arraché le cœur, on lui perça avec un pieu, et quand on lui eut tiré le cœur par cette ouverture, on mit le feu au bûcher : il fut consumé par les flammes et ne parut pas davantage.

Les païens croyaient de même que les corps des défunts n'étaient point en repos, ni à couvert des évocations de la magie tandis qu'ils n'étaient pas consumés par le feu, ou pourris sous la terre :

Tali tua membra sepulchro,
Talibus exuram Stygio cum carmine Sylvis,
Ut nullos cantata Magos exaudiat umbra ;

disait une magicienne dans Lucain à une âme qu'elle évoquait.

*
* *

CHAPITRE XIX.

Revenants au Pérou.

L'exemple que nous allons rapporter est arrivé au Pérou dans le pays des Ititans. Une fille nommée Catherine mourut âgée de seize ans, d'une mort malheureuse et coupable de plusieurs sacrilèges. Son corps, immédiatement après son décès, se trouva tellement infecté qu'il fallut le mettre hors du logis, en plein air, pour se délivrer de la mauvaise odeur qui en exhalait. On entendit en même temps des hurlements comme des chiens ; et un cheval auparavant fort doux commença à ruer, à s'agiter, à frapper des pieds, à rompre ses liens. Un jeune homme qui était couché, fut tiré du lit par la bras avec violence ; une servante reçut un coup de pied sur l'épaule dont elle porta les marques pendant plusieurs jours. Tout ceci arriva avant que le corps de Catherine fût inhumé. Quelque temps après, plusieurs habitants du lieu virent une grande quantité de tuiles et de briques renversées avec grand fracas dans la maison où elle était décédée. La servante du logis fut traînée par le pied sans qu'il parût personne qui la touchât, et cela en présence de sa maîtresse et de dix ou douze autres femmes.

La même servante entrant dans une chambre pour prendre quelques habits, aperçut Catherine qui s'élevait pour saisir un vaisseau de terre ; la fille se sauva aussitôt, mais le spectre prit le vase, le jeta contre le mur et le mit en mille pièces. La maîtresse étant accourue au bruit, vit qu'on jetait avec violence contre la muraille un quartier de briques. Le lendemain, une image du crucifix collée contre le mur fut tout d'un coup arrachée en présence de tout le monde, et brisée en trois pièces.

*
* *

CHAPITRE XX.

Revenants dans la Laponie.

On trouve encore des vestiges de ces revenants dans la Laponie, où l'on dit que l'on voit grand nombre de spectres qui apparaissent parmi ces peuples, leur parlent, mangent avec eux sans qu'on puisse s'en défaire, et comme ils se persuadent que ce sont les mânes de leurs parents qui les inquiètent, ils n'ont point de moyens plus efficaces pour se garantir de leurs vexations que d'enterrer les corps de leurs proches sous l'âtre du feu, afin apparemment qu'ils y soient plutôt consumés. En général, ils croient que les mânes ou les âmes sorties du corps sont ordinairement malfaisantes jusqu'à ce qu'elles soient rentrées en d'autres corps. Ils rendent quelque respect aux spectres ou démons qu'ils croient rôder autour des rochers, des montagnes, des lacs et des rivières, à peu près comme autrefois les romains rendaient les honneurs aux faunes, aux dieux des bois, aux nymphes, aux tritons.

André Alciat[1] dit qu'il fut consulté sur certaines femmes que l'inquisition avait fait brûler comme sorcières pour avoir fait mourir des enfants par leurs sortilèges et avoir menacé les mères d'autres enfants de les faire aussi mourir, lesquels en effet étaient morts la nuit suivante, de maladies inconnues aux médecins. Voilà encore de ces *striges* ou sorcières, qui en veulent à la vie des enfants.

Mais tout cela ne revient à notre sujet que très indirectement. Les vampires dont nous traitons ici sont différents de tout cela.

*
* *

CHAPITRE XXI.

Retour d'un homme mort depuis quelques mois.

Pierre le Vénérable[2], abbé de Cluny, rapporte l'entretien qu'il eut en présence des évêques d'Oléron et d'Osma en Espagne, et de plusieurs religieux, avec un ancien religieux nommé Pierre

---

1. Andr. Alciat. Parergon juris. 8. c. 22.
2. Petrus Venerab. abb. Cluniac. de miracul. lib. I. c. 28 pag. 1293.

d'Engelbert, qui après avoir vécu longtemps dans le siècle où il était en réputation de valeur et d'honneur, s'était retiré après la mort de sa femme dans l'ordre de Cluny. Pierre le Vénérable l'étant venu voir, Pierre d'Engelbert lui raconta qu'un jour, étant dans son lit bien éveillé, il vit dans sa chambre pendant un grand clair de lune, un nommé Sanche qu'il avait quelques années auparavant envoyé à ses frais au secours d'Alphonse, roi d'Aragon qui faisait la guerre en Castille. Sanche était retourné de cette expédition sain et sauf. Quelque temps après, il tomba malade et mourut dans sa maison.

Quatre mois après sa mort, Sanche se vit voir à Pierre d'Engelbert, comme nous l'avons dit. Sanche était tout nu, n'ayant qu'un haillon qui couvrait ce que la pudeur veut qu'on tienne caché. Il se mit à découvrir les charbons du feu, comme pour se chauffer, ou pour se faire mieux distinguer. Pierre lui demanda qui il était. « Je suis, répondit-il d'une voix cassée et enrouée, Sanche, votre serviteur. » « Et que viens-tu faire ici ? » « Je vais, dit-il, en Castille avec quantité d'autres, afin d'expier le mal que nous avons fait pendant la guerre dernière, au même lieu où il a été commis ; en mon particulier, j'ai pillé les ornements d'une église et je suis condamné pour cela à faire ce voyage. Vous pouvez beaucoup m'aider par vos bonnes œuvres ; et que Madame votre épouse qui me doit encore huit sols du reste de mon salaire, m'obligera infiniment de les donner aux pauvres en mon nom. »

Pierre lui demanda des nouvelles d'un nommé Pierre de Fais, son ami, mort depuis peu : Sanche lui dit qu'il était sauvé. « Et Bernier, notre concitoyen, qu'est-il devenu ? » « Il est damné, dit-il, pour s'être mal acquitté de son office de juge, et pour avoir vexé et pillé la veuve et l'innocent. » Pierre ajouta : « Pourriez-vous me dire des nouvelles d'Alphonse, roi d'Aragon, mort depuis quelques années ? » Alors un autre spectre que Pierre n'avait pas encore vu et qu'il remarqua distinctement au clair de la lune, assis dans l'embrasure de la fenêtre, lui dit : « Ne lui demandez pas des nouvelles du roi Alphonse, il ne peut pas vous en dire ; il n'y a pas assez longtemps qu'il est avec nous pour en savoir quelque chose. Pour moi qui suis mort il y a cinq ans, je puis vous en apprendre des nouvelles. Alphonse a été avec nous quelque temps, mais les moines de Cluny l'en ont tiré ; je ne sais où il est à présent. » En même temps, adressant la parole à Sanche, son compagnon : « Allons, lui dit-il, suivons nos compagnons, il est temps de partir. » Sanche réitéra ses instances à Pierre, son seigneur et sortit de la maison.

Pierre éveilla sa femme qui était couchée près de lui et qui n'avait rien vu ni rien ouï de tout ce dialogue, et lui demanda : « Ne devez-vous rien à Sanche, ce domestique qui nous a servis et qui est mort depuis peu ? » « Je lui dois encore huit sols », répondit-elle ; à ces marques, Pierre ne douta plus de la vérité de ce que Sanche lui avait dit, donna aux pauvres ces huit sols, y en ajouta beaucoup du sien, et fit dire des messes et des prières pour l'âme de ce défunt. Pierre était alors marié dans le monde ; mais quand il raconta ceci à Pierre le Vénérable, il était moine de Cluny.

Saint Augustin raconte que Sylla[1] étant arrivé à Tarente, y offrit des sacrifices à ses dieux, c'est à dire aux démons, et ayant remarqué au haut du foie de la victime une espèce de couronne d'or, l'aruspice l'assura que cette couronne était le présage d'une victoire assurée et lui dit de manger seul ce foie où il avait vu la couronne.

Presqu'au même moment, un serviteur de Lucius Pontius vint lui dire : « Sylla, je viens ici de la part de la déesse Bellone ; la victoire est à vous, et pour preuve de ma prédiction, je vous annonce que bientôt, le Capitole sera réduit en cendres. » En même temps, cet homme sortit du camp en diligence, et le lendemain, il revint avec encore plus d'empressement et assura que le Capitole avait été brûlé ; ce qui se trouva vrai.

Saint Augustin ne doute pas que le démon, qui avait fait paraître la couronne d'or sur le foie de la victime, n'ait inspiré ce devin et que ce même mauvais esprit, ayant prévu l'incendie du Capitole, ne l'ait fait annoncer après l'événement par ce même homme.

Le même saint docteur rapporte[2] après Julius Obsequens dans son Livre des prodiges que dans les campagnes de Campanie, où quelque temps après, les armées romaines, durant la guerre civile

---

1. L. 2. *De civ Dei*, cap. 24.
2. *Idem*. cap. 25.

combattirent avec tant d'animosité, on ouït d'abord de grands bruits, comme de soldats qui combattent ; et ensuite, plusieurs personnes assurèrent avoir vu pendant quelques jours comme deux armées qui s'entrechoquaient ; après quoi on remarqua dans la même campagne comme les vestiges des combattants et l'impression des pieds des chevaux, comme si réellement le combat s'y était donné. Saint Augustin ne doute pas que tout cela ne soit l'ouvrage du Démon qui voulait rassurer les hommes contre les horreurs de la guerre civile, en leur faisant croire que leurs dieux étant en guerre entre eux, les hommes ne devaient pas être plus modérés, ni plus touchés des maux que la guerre entraîne avec soi.

L'abbé d'Ursperg dans sa chronique sous l'an 1123 dit que dans le territoire de Vorms, on vit pendant plusieurs jours une mutitude de gens armés, à pied et à cheval, allant et venant avec grand bruit, comme gens qui vont à une assemblée solennelle. Ils marchaient tous les jours vers l'heure de none, à une montagne qui paraissait être le lieu de leur rendez-vous. Quelqu'un du voisinage plus hardi que les autres s'étant muni du signe de la croix, s'approcha d'un de ces gens armés en le conjurant au nom de Dieu de lui déclarer ce que voulait dire cette armée, et quel était leur dessein. Le soldat, ou le fantôme, répondit : « Nous ne sommes pas ce que vous imaginez, ni de vains fantômes ni de vrais soldats, mais nous sommes les âmes de ceux qui ont été tués en cet endroit il y a longtemps. Les armes et les chevaux que vous voyez sont les instruments de notre supplice, comme ils l'ont été de nos péchés. Nous sommes tout en feu, quoique vous ne voyez rien en nous qui paraisse enflammé. » On dit que l'on remarqua en leur compagnie le comte Emico, tué depuis peu d'années, qui déclara qu'on pourrait le tirer de cet état par des aumônes et par des prières.

Trithème, dans sa chronique d'Hirsange sur l'an 1013[1], avance qu'on vit en plein jour, et en un certain jour de l'année, une armée de cavalerie et d'infanterie qui descendait d'une montagne et se rangeait dans la plaine voisine. On leur parla et on les conjura ; ils déclarèrent qu'ils étaient les âmes de ceux qui peu d'années auparavant avaient été tués les armes à la main dans cette même campagne.

Le même Trithème raconte ailleurs[2] l'apparition du comte de Spanheim décédé depuis quelque temps, qui se fit voir dans les champs avec sa meute de chiens. Ce comte parla à son curé et lui demanda des prières.

Vipert, archidiacre de l'église de Toul, auteur contemporain de la vie du saint pape Léon IX, mort en 1059, raconte[3] que quelques années avant la mort de ce saint pape, on vit passer par la ville de Narni, une mutitude infinie de personnes vêtues de blanc et qui s'avançaient du côté de l'Orient. Cette troupe défila depuis le matin jusqu'à trois heures après midi, mais sur le soir,

1. Trith. Chron. Hirs. pag. 155. ad. an. 1013.
2. *Idem*, tom. 2. Chron. Hirs. pag. 227.
3. Vita St. Leonis Pape.

elle diminua notablement. A ce spectacle, toute la ville de Narni monta sur les murailles, craignant que ce ne fussent des troupes ennemies, et les vit défiler avec une extrême surprise.

Un bourgeois plus résolu que les autres sortit de la ville, et ayant remarqué dans la foule un homme de sa connaissance, l'appela par son nom et lui demanda ce que voulait dire cette multitude de voyageurs ; il lui répondit : « Nous sommes des âmes, qui n'ayant pas expié tous nos péchés et n'étant pas encore assez pures pour entrer au royaume des Cieux, allons ainsi dans les saints lieux dans un esprit de pénitence ; nous venons actuellement de visiter le tombeau de saint Martin et nous allons de ce pas à Notre-Dame de Farfe. » Cet homme fut tellement effrayé de cette vision, qu'il en demeura malade pendant un an entier. C'est lui-même qui raconta la chose au pape Léon IX. Toute la ville de Narni fut témoin de cette procession qui se fit en plein jour.

La nuit qui précéda la bataille qui se donna en Egypte entre Marc Antoine et César[1], pendant que toute la ville d'Alexandrie était en une extrême inquiétude dans l'attente de cette action, on vit dans la ville comme une multitude de gens qui criaient et hurlaient comme aux bacchanales, et l'on ouït le son confus de toutes sortes d'instruments en l'honneur de Bacchus, comme Marc Antoine avait accoutumé de célébrer ces sortes de fêtes. Cette troupe, après avoir parcouru une

---

1. Plutarch. in Anton.

grande partie de la ville, en sortit par la porte qui conduisait à l'ennemi, puis disparut.

C'est là tout ce qui est venu à ma connaissance sur le fait des vampires et des revenants de Hongrie, de Moravie, de Silésie et de Pologne, et sur les autres revenants de France et d'Allemagne. Nous nous expliquerons ci-après sur la réalité et les autres circonstances de ces sortes de rédivives ou de ressuscités.

En voici un autre espèce qui n'est pas moins merveilleuse ; ce sont des excommuniés qui sortent de l'église et de leurs tombeaux avec leurs corps, et n'y rentrent qu'après le sacrifice achevé.

*
* *

CHAPITRE XXII.

Excommuniés qui sortent des églises.

Saint Grégoire le Grand raconte[1] que St Benoît ayant menacé d'excommunier deux religieuses, ces religieuses moururent en cet état. Quelque temps après, leur nourrice les voit sortir de l'église dès que le diacre avait crié : « Que ceux qui ne communient pas se retirent ! » La nourrice ayant fait savoir la chose à St Benoît, ce saint envoya une oblation, ou un pain, afin qu'on l'offrît pour elles en signe de réconciliation ; et depuis ce

---

1. Greg. magn. lib. 2. Dialog. c. 23.

temps-là, les deux religieuses demeurèrent en repos dans leurs sépulcres.

Saint Augustin dit[1] que l'on récitait dans les dyptiques les noms des martyrs, non pour prier pour eux, et les noms des vierges religieuses décédées pour prier pour elles : *Perhibet prœclarissimum test monium Ecclesiastica autoritas, in qua fidelibus notum est, quo defunctœ Sanctimoniales ad Altaris Sacramenta recitantur.* C'était donc peut-être lorsqu'on les nommait à l'autel qu'elles sortaient de l'église. Mais St Grégoire dit expressément que ce fut lorsque le diacre cria à haute voix : « Que ceux qui ne communient pas se retirent ».

Le même St Grégoire raconte qu'un jeune religieux du même St Benoît[2] étant sorti du monastère sans la bénédiction du saint abbé, mourut dans sa désobéissance et fut enterré en terre sainte. Le lendemain, on trouva son corps hors du tombeau. Les parents en avertirent St Benoît qui leur donna une hostie consacrée et leur dit de la mettre avec le respect convenable sur la poitrine du jeune religieux. On l'y mit, et la terre ne le rejeta plus de son sein.

Cet usage, ou plutôt cet abus de mettre la sainte Eucharistie dans le tombeau avec les morts, est fort singulier, mais il n'est pas inconnu dans l'Antiquité. L'auteur de la vie de St Basile[3] le Grand donnée sous le nom de St Amphiloque dit que ce

1. Aug. de St Virgin. c. xlv. pag. 364.
2. Greg. lib. 2. Dialog. c. 24.
3. Amphilo. in vit. St Basilii.

saint réserva la troisième partie d'une hostie consacrée pour être enterrée avec lui. Il la reçut, et expira l'ayant encore dans la bouche ; mais quelques conciles avaient déjà condamné cette pratique, et d'autres l'ont encore proscrite depuis, comme contraire à l'institution de Jésus-Christ[1].

On n'a pas laissé en quelques endroits de mettre des hosties dans les tombeaux de quelques personnes recommandables par leur sainteté, comme dans le tombeau de saint Othmare, abbé de Saint-Gal[2], où l'on trouva sous sa tête plusieurs petits pains ronds que l'on ne douta pas qui ne fussent des hosties.

Dans la vie de saint Cutbert, évêque de Lindisfarne[3], on lit qu'on trouva sur sa poitrine quantité d'hosties. Amalaire cite au vénérable Bède, que l'on mit une hostie sur la poitrine de ce saint avant de l'inhumer : *Oblata super Sanctum pectus posita*[4]. Cette particularité ne se lit point dans l'histoire de Bède, mais dans la seconde vie de saint Cutbert. Amalaire remarque que cet usage vient sans doute de l'Eglise romaine qui l'avait communiquée aux Anglais et le R. P. Menard[5] soutient que ce n'est pas cette pratique que les conciles dont nous avons parlé condamnent, mais celle de donner la Communion aux morts en leur

---

1. Vide Balsamon. ad Canon. 83. Concil. in Trulbo, & Concil. Carthagin. iij c. 6. Hipon. c. 5. Antissiod. c. 12.
2. Vit. S. Othmari. c. 3.
3. Vit. S. Cutberri, lib. 4. c. 2 Apud Bolland. 26. Martii.
4. Amalar. de Offic. Eccl. lib. 4. c. 41.
5. Menard not. in Sacrament. S. Greg. magn. pag. 484 485.

insinuant l'hostie dans la bouche. Quoi qu'il en soit de cette pratique, nous savons que le cardinal Humbert[1], dans sa réponse aux objections du patriarche Michel Cérularius, reproche aux Grecs d'enterrer la sainte Eucharistie lorsqu'il en restait quelque chose après la communion des fidèles.

*
* *

CHAPITRE XXIII.

Autres exemples des excommuniés rejetés hors de la terre sainte.

On voit encore dans l'histoire plusieurs autres exemples de corps morts des excommuniés rejetés hors de la terre sainte ; par exemple, dans la vie de saint Gothard, évêque d'Hildesheim[2], il est rapporté que ce saint ayant excommunié certaines personnes pour leur rebellion et leurs péchés, elles ne laissèrent pas, malgré ses excommunications, d'entrer dans l'église et d'y demeurer contre la défense du saint, pendant que les morts mêmes qui y étaient enterrés depuis plusieurs années et qui y avaient été mis sans qu'on sût leur excommunication, lui obéissaient, se levaient de leurs tombeaux, et sortaient de l'église. Après la messe, le saint s'adressant à ces rebelles, leur reprocha leur endurcissement et leur dit que ces morts

---

1. Humbert. Card. Bibliot. PP. lib. 18. & tom. iv. Concil.
2. Vit. S. Gothardi, sæcul. 6. Bened. parte 1 pag. 434.

s'élèveraient contre eux au jugement de Dieu. En même temps, sortant de l'église, il donna l'absolution à ces morts excommuniés et leur permit d'y entrer, et de se reposer dans leurs tombeaux comme auparavant. La vie de saint Gothard a été écrite par un de ses disciples, chanoine de la cathédrale. Et ce saint est mort le 4 mai 938.

Dans le second concile tenu à Limoges[1] en 1031 où se trouvèrent grand nombre d'évêques, d'abbés, de prêtres et de diacres, on rapporta les exemples que nous venons de citer de St Benoît, pour montrer le respect que l'on doit avoir pour les sentences d'excommunication prononcées par les supérieurs ecclésiastiques. Alors l'évêque de Cahors qui était présent raconta une chose qui lui était arrivée peu de temps auparavant : « Un chevalier de mon diocèse ayant été tué dans l'excommunication, je ne voulus pas acquiescer aux prières de ses amis qui me sollicitaient vivement de lui donner l'absolution ; je voulais en faire un exemple afin que les autres fussent touchés de crainte. Mais il fut enterré par des soldats, ou des gentilshommes (*milites*) sans ma permission, hors la présence des prêtres, dans une église dédiée à saint Pierre. Le lendemain matin, on trouva son corps hors de terre et jeté nu loin de là, son tombeau demeurant entier et sans aucune marque qu'on y eût touché. Les soldats ou les gentilshommes (*milites*) qui l'avaient enterré, ayant ouvert la fosse, n'y trouvèrent que les linges dont il avait été enveloppé ;

1. Tom. ix. Concil. An. 1031. pag. 702.

ils l'enterrèrent donc de nouveau et couvrirent la fosse d'une énorme quantité de terre et de pierres. Le lendemain, ils trouvèrent de nouveau le corps hors du tombeau sans qu'il parût qu'on y eût travaillé. La même chose arriva jusqu'à cinq fois ; à la fin, ils l'enterrèrent comme ils purent, loin du cimetière, dans une terre profane, ce qui remplit les seigneurs voisins d'une si grande terreur qu'ils me vinrent tous demander la paix. » Voilà un fait revêtu de toutes les circonstances qui le peuvent rendre incontestable.

*
* *

CHAPITRE XXIV.

Exemple d'un martyr excommunié rejeté hors de la terre.

On lit dans les menées des Grecs au 15 octobre, qu'un religieux du désert de Sheti ayant été excommunié par celui qui avait soin de sa conduite pour quelque désobéissance, sortit du désert et vint à Alexandrie, où il fut arrêté par le gouverneur de la ville et dépouillé du saint habit, puis vivement sollicité de sacrifier aux faux dieux. Le solitaire résista généreusement et fut tourmenté en diverses manières, jusqu'à ce qu'enfin on lui trancha la tête, et l'on jeta son corps hors de la ville pour être déchiré par les chiens. Les chrétiens l'enlevèrent pendant la nuit, et l'ayant embaumé et enveloppé de linges précieux, ils l'enterrèrent dans l'église comme martyr, en un lieu honorable ; mais pendant le saint sacrifice, le diacre ayant crié tout haut à l'ordinaire : « Que les cathécumènes et ceux qui ne communient pas se retirent », on vit tout à coup son tombeau s'ouvrir de lui-même, et le corps du martyr se retirer dans le vestibule de l'église. Après la messe, il rentra dans son sépulcre.

Une personne de piété ayant prié pendant trois jours, apprit par la voix d'un ange, que ce religieux avait encouru l'excommunication pour avoir désobéi à son supérieur et qu'il demeurerait lié jusqu'à ce que ce même supérieur lui eût donné l'absolution. On alla donc aussitôt au désert et l'on amena le saint vieillard, qui fit ouvrir le cercueil du martyr et lui donna l'absolution ; après quoi il demeura en paix dans son tombeau.

Cet exemple me paraît fort suspect. 1. Du temps que le désert de Sheti était peuplé de solitaires, il n'y avait plus de persécuteurs à Alexandrie. On n'y inquiétait personne, ni sur la profession du christianisme, ni sur la profession religieuse ; on y aurait plutôt persécuté les idolâtres et les païens. La religion chrétienne était alors dominante, et honorée dans toute l'Egypte, surtout à Alexandrie. 2. Les religieux de Sheti étaient plutôt ermites que cénobites, et un religieux n'y avait pas l'autorité d'excommunier son confrère. 3. Il ne paraît pas que celui dont il s'agit ait mérité l'excommunication, du moins l'excommunication majeure qui prive le fidèle de l'entrée de l'église et de la participation des saints mystères. Le texte grec porte simplement qu'il demeura obéissant pendant quelque temps à son père spirituel, mais qu'ensuite, étant tombé dans la désobéissance, il se retira des mains du vieillard sans cause légitime, et s'en alla à Alexandrie. Tout cela mérite sans doute l'excommunication même majeure, si ce religieux quitta son état et se retira du monastère pour vivre en séculier ; mais alors les religieux n'étaient pas comme aujourd'hui liés par des vœux de stabilité et d'obéissance à leurs supérieurs réguliers, qui n'avaient pas le droit de les excommunier de la grande excommunication. Nous en parlerons encore ci-après.

*
* *

CHAPITRE XXV.

Homme rejeté hors de l'église, pour avoir refusé de payer la dîme.

Jean Bromton, abbé de Sornat en Angleterre[1], dit qu'on lit dans de très anciennes histoires, que saint Augustin, apôtre d'Angleterre voulant persuader à un gentilhomme de payer la dîme, Dieu permit que ce saint ayant dit devant tout le peuple avant de commencer la messe : « Que nul excommunié n'assiste au saint sacrifice », l'on vit

---

1. Joan. Bromton, Chronic. vide ex Bolland. 26. Mai **pag.** 396.

aussitôt un homme enterré depuis environ cent cinquante ans sortir de l'église.

Après la messe, saint Augustin, précédé de la croix, alla demander à ce mort pourquoi il était sorti. Le mort répondit que c'était pour être mort dans l'excommunication. Le saint lui demanda où était le sépulcre du prêtre qui avait porté contre lui la sentence d'excommunication. On s'y transporta. Saint Augustin lui ordonna de se lever ; il revint en vie et déclara qu'il avait excommunié cet homme pour ses crimes, et en particulier pour son obstination à refuser de payer la dîme. Puis, par ordre de saint Augustin, il lui donna l'absolution, et le mort retourna dans son tombeau. Le prêtre pria le saint de le laisser aussi rentrer dans son sépulcre, ce qui lui fut accordé. Cette histoire me paraît encore plus suspecte que la précédente. Du temps de saint Augustin, apôtre d'Angleterre, l'obligation de payer la dîme n'était pas commandée sous peine d'excommunication, et beaucoup moins de cent cinquante ans auparavant, surtout en Angleterre.

*
* *

CHAPITRE XXVI.

Exemples de personnes qui ont donné des signes de vie après leur mort, et qui se sont retirées par respect pour faire place à de plus dignes.

Tertullien rapporte[1] un exemple dont il avait été témoin, *de meo dodici*. Une femme qui appartenait à l'Eglise, à qui elle avait été donnée pour esclave, étant morte à la fleur de son âge, après un seul mariage, et fort court, fut apportée à l'église. Avant qu'on la mît en terre, le prêtre offrant le sacrifice et élevant les mains dans la prière, cette femme qui avait les mains étendues sur ses côtés, les leva en même temps et les joignit en forme de suppliante, puis, après la paix donnée, se remit en son premier état.

Tertullien ajoute, qu'un autre corps mort et enterré dans un cimetière, se retira à côté pour donner place à un autre corps mort, qu'on voulait enterrer auprès de lui. Il rapporte ces exemples à la suite de ce que Platon et Démocrite disaient, que les âmes demeuraient quelque temps auprès de leurs corps morts qu'elles préservaient quelquefois de corruption, et faisaient encore croître leurs cheveux, la barbe et les ongles dans leurs tombeaux. Tertullien n'approuve pas le sentiment de ces philosophes ; il les réfute même assez bien. Mais il avoue que les exemples dont je viens de

---

1. Tertull. *de anima*, c. 5 pag. 597. Edition Pamelii.

parler sont assez favorables à cette opinion, qui est aussi celle des Hébreux, comme nous l'avons vu ci-devant.

On dit qu'après la mort du fameux Abélard[1] qui avait été enterré au monastère du Paraclet, l'abbesse Eloïse son épouse étant aussi décédée et ayant demandé d'être enterrée dans le même tombeau, Abélard à son approche étendit les bras et la reçut dans son sein : *elevatis trachiis illam recepit, et ita eam amplexatus brachia sua strinxit.* Ce fait n'est certainement ni prouvé ni vraisemblable. La chronique dont il est tiré l'avait apparemment pris de quelque bruit populaire.

L'auteur de la vie[2] de saint Jean l'Aumônier, qui fut écrite incontinent après sa mort par Léonce, évêque de Naples, ville de l'île de Chypre, raconte que saint Jean l'Aumônier étant mort à Amathunte dans la même île, son corps fut mis entre ceux de deux évêques, qui se retirèrent par respect de part et d'autre pour lui faire place, à la vue de tous les assistants : *non unus, neque decem, neque centum viderunt, sed omnis turba, quæ convenit ad ejus sepulturam*, dit l'auteur cité. Métaphraste, qui avait lu la vie du saint en grec, rapporte le même fait.

Evagre de Pont[3] dit qu'un saint solitaire nommé Thomas et surnommé Salus parce qu'il contrefaisait l'insensé, étant mort dans l'hôpital de

---

1. Chronic. Turon. inter opera Abælardi, pag. 1195.
2. Bolland. t. 2 pag. 315. 13 januar.
3. Evagrius Pont. lib. 4. c. 53.

Daphné près la ville d'Antioche, fut enterré dans le cimetière des étrangers ; mais tous les jours, on le trouvait hors de terre, éloigné des autres corps morts, qu'il évitait. Les habitants du lieu en informèrent Ephrem, évêque d'Antioche, qui le fit transporter dans la ville en solennité, et l'enterra avec honneur dans le cimetière. Et depuis ce temps-là, le peuple d'Antioche fait tous les ans la fête de la translation.

Jean Mosch[1] rapporte la même histoire ; mais il dit que ce furent des femmes enterrées près de Thomas Salus qui sortirent de leurs tombeaux, par respect pour le saint.

Les Hébreux croient ridiculement que les Juifs qui sont enterrés hors de la Judée, rouleront sous terre au Dernier Jour pour se rendre dans la terre de promission, ne pouvant ressusciter ailleurs que dans la Judée.

Les Perses reconnaissaient aussi un ange de transport, qui a soin de donner aux corps morts la place et le rang à proportion de leurs mérites ; si un homme de bien est enterré dans un pays infidèle, l'ange de transport le conduit sous terre auprès d'un homme fidèle, et jette à la voirie le corps de l'infidèle enterré dans une terre sainte. Les mahométans sont dans la même prévention : ils croient que l'ange de transport plaça le corps de Noë, et ensuite celui d'Ali, dans le tombeau d'Adam. Je ne rapporte ces rêveries que pour en faire voir le ridicule. Quant aux histoires racon-

---

1. Jean Mosch. *prae Spirit*. c. 88.

tées dans ce même chapitre, on ne doit pas les recevoir sans examen, car elles demandent confirmation.

*
* *

CHAPITRE XXVII.

Gens qui vont en pèlerinage après leur mort.

Un écolier de la ville de Saint-Pons, près Narbonne[1] étant décédé dans l'excommunication, apparut à l'un de ses amis et le pria d'aller dans la ville de Rodez demander son absolution à l'évêque. Il se mit en chemin pendant un temps de neige ; l'esprit qui l'accompagnait sans être vu, lui montrait le chemin et ôtait la neige. Etant arrivé à Rodez, et ayant obtenu l'absolution qu'il demandait pour son ami, l'esprit le ramena à Saint-Pons, lui rendit grâces de ce service et prit congé de lui, promettant de lui en témoigner sa reconnaissance.

Voici une lettre qu'on m'écrit le 5 avril 1745, qui a quelque rapport à ce qu'on vient de voir :

Il s'est passé une chose ici ces jours derniers, relative à votre Dissertation sur les revenants, que je crois devoir vous écrire. Un homme de Létraye, village à quelques lieues de Remiremont, perdit sa femme au commencement de février dernier et

---

1. Melchoir, l. de Statu mortourum.

s'est remarié la semaine avant le Carême. A onze heures du soir du jour de ses noces, sa femme apparut et parla à sa nouvelle épouse ; le résultat de l'entretien fut d'obliger la nouvelle mariée d'acquitter pour la défunte sept pèlerinages. Depuis ce jour, et toujours à la même heure, la défunte apparut et parla en présence du curé du lieu et de plusieurs personnes. Le 15 de mars, au moment que cette femme se disposait à partir pour se rendre à Saint-Nicolas, elle eut la visite de la défunte, qui lui dit de se hâter et de ne pas s'effrayer des peines qu'elle essuierait dans son voyage.

Cette femme, avec son mari, son beau-frère et sa belle-sœur, se mit en route, sans s'attendre que la morte serait de la compagnie ; elle ne l'a pas quittée jusqu'à la porte de l'église de Saint-Nicolas. Ces bonnes gens arrivés à deux lieues de Saint-Nicolas, furent obligés de loger dans un cabaret qu'on appelle les Baraques. Là, cette femme se trouva si mal que les deux hommes furent obligés de la porter jusqu'au bourg de St-Nicolas. Aussitôt qu'elle fut sous la porte de l'église, elle marcha sans peine, et ne ressentit plus aucune douleur. Ce fait m'a été rapporté, et à notre père sacristain, par les quatre personnes ; la dernière chose que la défunte dit à la nouvelle mariée, c'est qu'elle ne lui parlerait plus et ne la verrait plus, que lorsque la moitié des pèlerinages serait acquittée. La manière simple et naturelle avec laquelle ces bonnes gens nous ont raconté ce fait, me fait croire qu'il est certain.

On ne dit pas que cette jeune femme ait encouru l'excommunication ; mais apparemment, elle était liée par le vœu ou la promesse qu'elle avait faite d'accomplir ces pèlerinages dont elle chargea l'autre jeune femme qui lui succéda. Aussi voit-on qu'elle n'entra pas dans l'église de Saint-Nicolas ; elle accompagna seulement les pèlerins jusqu'à la porte de l'église.

On peut ajouter ici l'exemple de cette foule de pèlerins, qui du temps du pape Léon IX, passèrent aux pieds des murs de Narni, comme je l'ai rapporté plus haut, et qui faisaient leur purgatoire, allant de pèlerinage en pèlerinage.

*
* *

CHAPITRE XXVIII.

Raisonnement sur les excommuniés qui sortent des églises.

Tout ce que nous venons de rapporter des corps de personnes excommuniées qu'on voyait sortir de leurs tombeaux pendant la messe et y rentrer après le sacrifice, mérite une attention particulière. Il semble qu'on ne peut nier ni contester une chose qui se passait aux yeux de tout un peuple, en plein jour, au milieu des plus redoutables mystères. Cependant, on peut demander comment ces corps sortaient? Etaient-ils entiers ou en pourriture, nus ou vêtus, avec leurs propres habits, ou avec les linges qui les avaient enveloppés dans le tombeau ? Où allaient-ils ?

La cause de leur sortie est bien marquée ; c'était l'excommunication majeure. Cette peine ne se décerne que pour le péché mortel[1] ; ces personnes étaient donc mortes en péché mortel, par conséquent damnées et en Enfer : car s'il n'est question que d'une excommunication mineure et régulière, pourquoi sortir de l'Eglise après la mort avec des circonstances si terribles et si extraordinaires, puisque cette excommunication ecclésiastique ne prive pas absolument de la communion des fidèles ni de l'entrée de l'église ?

Si l'on dit que la coulpe était remise, mais non pas la peine d'excommunication , et que les personnes demeuraient exclues de la communion de l'Eglise jusqu'après leur absolution donnée par le juge ecclésiastique ; on demande si l'on peut absoudre un mort et lui rendre la communion de l'Eglise, à moins que l'on ait des preuves non équivoques de sa pénitence et de sa conversion, qui aient précédé sa mort ?

De plus, les personnes dont nous venons de rapporter les exemples ne paraissent pas avoir été déliées de la coulpe, comme on pourrait le supposer. Les textes que nous avons cités marquent assez qu'elles étaient mortes dans leurs péchés, et ce que dit saint Grégoire le Grand dans l'endroit cité de ses dialogues, répondant à Pierre son inter-

---

1. Concil. Meld. in Ca. nemo 41. n. 43. D. Thom. iv. distinct. 18. q. 2 art. 1. *quæstiun cula in corpore*, &c.

locuteur, suppose que ces religieuses étaient décédées sans avoir fait pénitence.

D'ailleurs, c'est une règle constante de l'Eglise, qu'on ne peut communiquer, ou avoir de communion avec un mort, quand on n'a point eu de communion avec lui pendant sa vie. *Quibus viventibus non communicavimus, mortuis communicare non possumus*, dit le pape saint Léon [1]. On convient toutefois qu'une personne excommuniée, qui a donné des marques d'une sincère pénitence, quoiqu'elle n'ait pas eu le temps de se confesser, peut être réconciliée à l'Église [2], et recevoir la sépulture ecclésiastique après sa mort. Mais en général, avant de recevoir l'absolution de ses péchés, il faut avoir reçu l'absolution des censures et de l'excommunication, si on l'a encourue : *absolutio ab excommnicatione debet prœcedere excommunicationem a peccatis ; quia quandiu aliquis est excommunicatus, non potest recipere aliquod Ecclesiæ Sacramentum*, dit saint Thomas [3].

Suivant cette décision, il aurait donc fallu absoudre de l'excommunication ces personnes, avant qu'elles pussent recevoir l'absolution de la coulpe de leurs péchés. Ici, au contraire, on les suppose absoutes de leurs péchés quant à la coulpe, pour pouvoir recevoir l'absolution des censures.

---

1. S. Leo Canone Commun. I. a. 4 q. 2. Et Clemens III in Capit. sacris. 12. de sepult. Eccl.
2. Eveillon, *traité des excommunicat. & monitoires*, c. 4
3. D. Thom. in 4 *Sentent dist*. 1. qu. 1. art. 3. quæstiunc. 2. ad. 2.

Je ne vois pas comment on peut résoudre ces difficultés. 1. Comment absoudre un mort ? 2. Comment l'absoudre de l'excommunication, avant qu'il ait reçu l'absolution du péché ? 3. Comment l'absoudre sans qu'il demande l'absolution ni qu'il paraisse qu'il l'a demandée ? 4. Comment absoudre des personnes qui meurent en péché mortel et sans avoir fait pénitence ? 5. Pourquoi ces personnes excommuniées retournent-elles en leurs tombeaux après la messe ? 6. Si elles n'osaient pas rester dans l'église pendant la messe, en étaient-elles plus dignes avant qu'après le sacrifice ?

Il paraît certain que les religieuses et le jeune religieux dont parle saint Grégoire Pape, étaient morts dans leurs péchés, et sans avoir reçu l'absolution. Saint Benoît probablement n'était pas prêtre et ne les avait pas absous quant à la coulpe.

On pourra dire que l'excommunication dont parle saint Grégoire, n'était pas majeure et dans ce cas, le saint abbé pouvait les absoudre ; mais cette excommunication mineure et régulière méritait-elle qu'ils sortissent ainsi d'une manière si miraculeuse et si éclatante de l'Eglise ? Les excommuniés par saint Gothard et le gentilhomme mentionné au Concile de Limoges en 1031 étaient morts dans l'impénitence et l'excommunication, par conséquent dans le péché mortel, et cependant on leur accorde la paix et l'absolution, même après leur mort, à la simple prière de leurs amis.

Le jeune solitaire dont parlent les menées des Grecs qui, après avoir quitté sa cellule par inconstance et par désobéissance, avait encouru l'excommunication, a-t-il pu recevoir la couronne du martyre en cet état ? Et s'il l'a reçue, n'a-t-il pas été en même temps réconcilié à l'Eglise ? N'a-t-il pas lavé sa faute dans son sang ? Si son excommunication n'était que régulière et mineure, méritait-il nonobstant son martyre, d'être encore exclu après sa mort de la présence des saints mystères ?

Je ne vois pas d'autre moyen, si ces faits sont tels qu'on les raconte, de les expliquer, qu'en disant que l'Histoire ne nous a conservé les circonstances qui ont pu mériter l'absolution à ces personnes, et l'on doit présumer que les saints, surtout les évêques qui les avait absous, connaissaient les règles de l'Eglise, et n'ont rien fait en cela que de juste et de conforme aux Canons.

Mais il résulte de tout ce qu'on vient de dire, que comme les corps des méchants se retirent de la compagnie des saints par un principe de vénération et par le sentiment de leur indignité ; aussi les corps des saints se séparent de ceux des méchants par des motifs opposés pour ne paraître pas avoir de liaison avec eux, même après la mort, ni pour approuver leur mauvaise vie. Enfin, si ce qu'on vient de raconter est vrai, les justes mêmes et les saints ont des déférences les uns pour les autres, et se font honneur dans l'autre vie, ce qui est assez probable.

Nous allons voir des exemples qui semblent rendre équivoque et incertaine la preuve que l'on tire de l'incorruption du corps d'un homme de bien pour juger de la sainteté, puisqu'on soutient que les corps des excommuniés ne pourrissent point dans la terre, jusqu'à ce qu'on ait levé l'excommunication portée contre eux.

*
* *

CHAPITRE XXIX.

Les excommuniés pourrissent-ils en terre ?

C'est une très ancienne opinion, que les corps des excommuniés ne pourrissent point ; cela paraît dans la vie de St Libentius, archevêque de Brême, mort le 4 de janvier 1013. Ce saint prélat ayant excommunié des pirates, l'un d'eux mourut et fut enterré en Norvège. Au bout de soixante-dix ans, on trouva son corps entier et sans pourriture, et il ne fut réduit en cendres qu'après avoir reçu l'absolution de l'évêque Alvarede.

Les Grecs modernes, pour s'autoriser dans leur schisme, et pour prouver que le don des miracles et l'autorité épiscopale de lier et de délier subsiste dans leur Eglise, plus visiblement même et plus certainement que dans l'Eglise latine et romaine, soutiennent que parmi eux, les corps de ceux qui sont excommuniés ne pourrissent point, mais deviennent enflés extraordinairement, comme des tambours, et ne peuvent être corrompus ni réduits en cendres, qu'après avoir reçu l'absolution de leurs évêques ou de leurs prêtres.

Ils rapportent divers exemples de ces sortes de morts ainsi trouvés dans leurs tombeaux sans corruption, et ensuite réduits en pourriture, dès qu'on a levé l'excommunication. Ils ne nient pas toutefois que l'incorruption d'un corps ne soit quelquefois une marque de sainteté[1] ; mais ils demandent qu'un corps ainsi conservé exhale une bonne odeur, qu'il soit blanc ou vermeil, et non pas noir, puant, enflé et tendu comme un tambour, ainsi que le sont ceux des excommuniés.

On assure que ceux qui ont été frappés de la foudre ne pourrissent point, et que c'est par cette raison que les anciens ne les brûlaient et ne les enterraient pas. C'est le sentiment du médecin Zachias , mais Paré après Comines, croit que la la raison pourquoi ils ne sont pas sujets à la corruption est qu'ils sont comme embaumés avec le souffre de la foudre qui leur tient lieu de sel.

En 1727, on découvrit dans un caveau près l'hôpital de Québec, les cadavres entiers de cinq religieuses mortes depuis vingt ans, qui, quoique couvertes de chaux vive, rendaient encore du sang.

*
* *

---

1. Goar, not. in Eucholog. pag. 688.

CHAPITRE XXX.

*Exemples pour montrer que les excommuniés
ne pourrissent point, et apparaissent
aux vivants.*

Les Grecs racontent[1] que sous le patriarche de Constantinople Manuel, ou Maxime, qui vivait au quinzième siècle, l'empereur turc de Constantinople voulut savoir la vérité de ce que les Grecs avançaient touchant l'incorruption des hommes morts dans l'excommunication. Le patriarche fit ouvrir le tombeau d'une femme qui avait eu un commerce criminel avec un archevêque de Constantinople. On trouva son corps entier, noir, et très enflé. Les Turcs l'enfermèrent dans un coffre sous le sceau de l'empereur. Le patriarche fit sa prière, donna l'absolution à la morte, et au bout de trois jours, le coffre ayant été ouvert, l'on vit le corps réduit en poussière.

Dans cela, je ne vois point de miracle : tout le monde sait que les corps que l'on trouve quelquefois bien entiers dans leurs tombeaux, tombent en poussière dès qu'ils sont exposés à l'air. J'en excepte ceux qui ont été bien embaumés, comme les momies d'Egypte, et les corps enterrés dans les lieux extrêmement secs, ou dans un terrain rempli de nitre et de sel, qui dissipe en peu de temps tout ce qu'il y a d'humide dans les cadavres, tant des hommes que des animaux. Mais

---

1. Vide Malva. lib. I. Turco-græcia, pag. 27.

je ne comprends pas que l'archevêque de Constantinople ait pu validement absoudre après la mort une personne décédée dans le péché mortel, et liée par l'excommunication.

Ils croient aussi que les corps de ces excommuniés paraissent souvent aux vivants, tant de jour que de nuit, leur parlent, les appellent, les molestent. Léon Allatius entre sur cela dans un grand détail : il dit que dans l'île de Chio, les habitants ne répondent pas à la première voix qui les appelle, de peur que ce ne soit un esprit ou un revenant ; mais si on les appelle deux fois, ce n'est point un broucolaque [1] : c'est le nom qu'ils donnent à ces spectres. Si quelqu'un leur répond à la première voix, le spectre disparaît, mais celui qui lui a parlé meurt infailliblement.

Pour se garantir de ces mauvais génies, il n'y a point d'autre voie que de déterrer le corps de la personne qui a apparu et de le brûler, après avoir récité sur lui certaines prières ; alors son corps se réduit en cendres et ne paraît plus. On ne doute donc point que ce ne soient les corps de ces hommes criminels et malfaisants qui sortent de leurs tombeaux et causent la mort à ceux qui les voient et qui leur répondent, ou que ce ne soit le Démon, qui se sert de leurs corps pour effrayer les mortels et leur causer la mort.

On ne connaît point de moyen plus certain pour se délivrer de leur infestation et de leurs dange-

---

1. Vide Bolland. mense Augusto, t. 2. pag. 201. 202. 203. & Allati Epist. ad. Zachiam, n. 12.

reuses apparitions, que de brûler et de mettre en pièces ces corps qui servent d'instrument à leur malice, ou de leur arracher le cœur, ou de les laisser pourrir avant que de les enterrer, ou de leur couper la tête, ou de leur percer les tempes avec un gros clou.

*
* *

CHAPITRE XXXI.

Exemple de ces retours des excommuniés.

Ricaut, dans l'histoire qu'il a donnée de l'état présent de l'Eglise grecque, reconnait que ce sentiment qui veut que les corps des excommuniés ne pourrissent point, est général, non seulement parmi les Grecs d'à présent, mais aussi parmi les Turcs. Il raconte un fait qu'il tenait d'un caloyer Candiot, qui lui avait assuré la chose avec serment ; il se nommait Sophrone, fort connu et fort estimé à Smirne. Un homme étant mort en l'île de Milo, excommunié pour une faute qu'il avait commise dans la Morée, fut enterré sans cérémonie dans un lieu écarté et non en terre sainte. Ses parents et ses amis étaient infiniment touchés de le voir en cet état, et les habitants de l'île étaient toutes les nuits effrayés par des apparitions funestes qu'ils attribuaient à ce malheureux.

Ils ouvrirent son tombeau, et trouvèrent son corps entier et ayant les veines gonflées de sang.

Après avoir délibéré sur cela, les caloyers furent d'avis de démembrer le corps, de le mettre en pièces, et de le faire bouillir dans le vin ; car c'est ainsi qu'ils en usent envers les corps des revenants.

Mais les parents du mort obtinrent à force de prières, qu'on différât cette exécution, et cependant, envoyèrent en diligence à Constantinople, pour obtenir du patriarche l'absolution du jeune homme. En attendant, le corps fut mis dans l'église, où l'on disait tous les jours des messes, et où l'on faisait tous les jours des prières pour son repos. Un jour que le caloyer Sophrone dont on a parlé faisait le divin service, on entendit tout d'un coup dans le cercueil un grand bruit ; on l'ouvrit, et l'on trouva qu'il était dissous comme un mort depuis sept ans ; on remarqua le moment où le bruit s'était fait entendre, et il se trouva précisément à l'heure que l'absolution accordée par le patriarche avait été signée.

M. le chevalier Ricaut de qui nous tenons ce récit, n'était ni grec ni catholique romain, mais bon anglican ; il remarque à cette occasion, que les Grecs estiment qu'un mauvais esprit entre dans les corps des excommuniés qui sont morts dans cet état, et qu'il les préserve de la corruption en les animant et en les faisant agir, à peu près comme l'âme anime et fait agir le corps.

Ils s'imaginent de plus que ces cadavres mangent pendant la nuit, se promènent, font la digestion de ce qu'ils ont mangé, et se nourrissent réellement ; qu'on en a trouvé qui étaient d'un coloris vermeil, et dont les veines encore tendues par la quantité de sang, quoique quarante jours après leur mort, ont jeté lorsqu'on les a ouvertes, un ruisseau de sang aussi bouillant et aussi frais que serait celui d'un jeune homme d'un tempérament sanguin ; et cette créance est si généralement répandue, que tout le monde en raconte des faits circonstanciés.

Le Père Théophile Raynaud, qui a écrit sur cette matière un traité particulier, soutient que ce retour des morts est une chose indubitable, et qu'on en a des preuves et des expériences très certaines ; mais que de prétendre que ces revenants qui viennent inquiéter les vivants, soient toujours des excommuniés, et que ce soit là un privilège de l'Eglise grecque schismatique de préserver de pourriture ceux qui ont encouru l'excommunication et qui sont morts dans les censures de leur Eglise, c'est une prétention insoutenable, puisqu'il est certain que les corps des excommuniés pourrissent comme les autres, et qu'il y en a qui sont morts dans la communion de l'Eglise, tant grecque que latine, qui ne laissent pas de demeurer sans corruption. On en voit même des exemples parmi les païens et parmi les animaux dont on trouve quelquefois les cadavres sans corruption dans la terre et dans les ruines d'anciens bâtiments. On peut voir sur les corps des excommuniés qu'on prétend qui ne pourrissent pas : le père Goar, *Rituel des Grecs*, p. 687-688. Matthieu Paris, *Histoire d'Angleterre*, t.2 p. 687. Adam de Brême, c.75. Albert de Stade, sur l'an 1050 et Monsieur du Cange, *Glossar. latinit* au mot *imblocatus*.

CHAPITRE XXXII.

*Broucolaque exhumé en présence
de Monsieur de Tournefort.*

Monsieur Pitton de Tournefort* raconte la manière dont on exhuma un prétendu broucolaque dans l'île de Micon, où il était au premier janvier 1701. Voici ses paroles : « Nous vîmes une scène bien différente (dans la même île de Micon) à l'occasion d'un de ces morts que l'on croit revenir après leur enterrement. Celui dont on va donner l'histoire était un paysan de Micon, naturellement chagrin et querelleux — c'est une circonstance à remarquer par rapport à de pareils sujets — ; il fut tué à la campagne, on ne sait par qui ni comment. Deux jours après qu'on l'eut inhumé dans une chapelle de la ville, le bruit courut qu'on le voyait la nuit se promener à grands pas, qu'il venait dans les maisons renverser les meubles, éteindre les lampes, embrasser les gens par-derrière, et faire mille petits tours d'espiègle.

---

* Né à Aix en 1656 et mort en 1708, Joseph Pitton de Tournefort, quittant le séminaire pour l'école de médecine de Montpellier, se spécialisa dans l'étude de la botanique, devint professeur au Jardin du Roi, membre de l'Académie des Sciences et enseigna la médecine au Collège de France. Louis XIV lui ayant ordonné de visiter la Grèce, l'Arménie et l'Asie-Mineure, il en profita pour rédiger un *Voyage du Levant*, ouvrage plein d'intérêt et d'érudition, dont les trois tomes furent publiés à Paris en 1717. L'île grecque de Micon, dont parle Dom Calmet, n'est autre que Mykonos, aujourd'hui très fréquentée par les touristes.
— R. V.

On ne fit qu'en rire d'abord ; mais l'affaire devint sérieuse lorsque les plus honnêtes gens commencèrent à se plaindre ; les papas même convenaient du fait, et sans doute qu'ils avaient leurs raisons. On ne manqua pas de faire dire des messes ; cependant le paysan continua la même vie sans se corriger. Après plusieurs assemblées des principaux de la ville, des prêtres et des religieux, on conclut qu'il fallait, suivant je ne sais quel ancien cérémonial, attendre les neuf jours après l'enterrement.

« Le dixième jour, on dit une messe dans la chapelle où était le corps, afin de chasser le démon que l'on croyait s'y être enfermé. Ce corps fut déterré après la messe, et l'on se mit en devoir de lui arracher le cœur : le boucher de la ville, assez vieux et fort maladroit, commença à lui ouvrir le ventre au lieu de la poitrine. Il fouilla longtemps dans les entrailles, sans y trouver ce qu'il cherchait. Enfin quelqu'un l'avertit qu'il fallait percer le diaphragme, le cœur fut arraché avec l'admiration des assistants ; le cadavre sentait si mal qu'on fut obligé de brûler de l'encens , mais la fumée, confondue avec les exhalaisons de cette charogne, ne fit qu'en augmenter la puanteur, et commença d'échauffer la cervelle de ces pauvres gens.

« Leur imagination, frappée du spectacle se remplit de visions ; on s'avisa de dire qu'il sortait une fumée épaisse de ce corps. Nous n'osions pas dire que c'était celle de l'encens. On ne criait que : « Vroucalacas » (c'est le nom qu'on donne à ces prétendus revenants) dans la chapelle et dans la place qui est au devant. Le bruit se répandait dans les rues comme par mugissements, et ce nom semblait être fait pour ébranler la voûte de la chapelle. Plusieurs des assistants assuraient que le sang de ce malheureux était bien vermeil ; le boucher jurait que le corps était encore tout chaud. D'où l'on concluait que le mort avait grand tort de n'être pas bien mort, ou pour mieux dire, de s'être laissé ranimer par le Diable. C'est là précisement l'idée d'un vroucolacas ; on faisait alors retentir ce nom d'une manière étonnante. Il entra dans ce temps une foule de gens, qui protestèrent tout haut qu'ils s'étaient bien aperçu que ce corps n'était pas raide lorsqu'on le porta de la campagne à l'église pour l'enterrer, et que par conséquent, c'était un vrai vroucolacas. C'était là le refrain.

« Je ne doute pas qu'on n'eût soutenu qu'il ne puait pas, si nous n'eussions été présents, tant ces pauvres gens étaient étourdis du coup et infatués du retour des morts. Pour nous qui nous étions placés auprès du cadavre pour faire nos observations plus exactement, nous faillîmes à crever de la grande puanteur qui en sortait. Quand on nous demanda ce que nous croyions de ce mort, nous répondîmes que nous le croyions très bien mort ; mais comme nous voulions guérir, ou au moins ne pas aigrir leur imagination frappée, nous leur représentâmes qu'il n'était pas surprenant que le boucher se fût aperçu de quelque chaleur en fouillant dans des entrailles qui se pourrissaient ; qu'il n'était pas extraordinaire qu'il en fût sorti quelques vapeurs puisqu'il en sort du fumier que l'on remue ; que pour ce prétendu sang vermeil, il paraissait encore sur les mains du boucher, que ce n'était qu'une bourbe fort puante.

« Après tous ces raisonnements, on fut d'avis d'aller à la marine, et de brûler le cœur du mort, qui malgré cette exécution fut moins docile et fit plus de bruit qu'auparavant. On l'accusa de battre les gens la nuit, d'enfoncer les portes et même les terrasses, de briser les fenêtres, de déchirer les habits, de vider les cruches et les bouteilles. C'était un mort bien altéré ; je crois qu'il n'épargna que la maison du consul chez qui nous logions. Cependant je n'ai rien vu de si pitoyable que l'état où était cette île.

« Tout le monde avait l'imagination renversée. Les gens du meilleur esprit paraissaient frappés comme les autres , c'était une véritable maladie du cerveau, aussi dangereuse que la manie et que la rage. On voyait des familles entières abandonner leurs maisons et venir des extrémités de la ville porter leurs grabats à la place pour y passer la nuit. Chacun se plaignait de quelque nouvelle insulte. Ce n'était que des gémissements à l'entrée de la nuit ; les plus sensés se retiraient à la campagne.

« Dans une prévention si générale, nous prîmes le parti de ne rien dire : non seulement on nous aurait traités de ridicules, mais d'infidèles. Comment faire revenir tout un peuple ? Ceux qui croyaient dans leur âme que nous doutions de la vérité du fait, venaient à nous comme pour nous reprocher notre incrédulité, et prétendaient prouver qu'il y avait des vroucolacas par quelques autorités tirées du P. Richard, missionnaire jésuite. Il est latin, disaient-ils, et par conséquent, vous devez le croire. Nous n'aurions rien avancé de nier la conséquence , on nous donnait tous les matins la comédie par un fidèle récit des nouvelles folies qu'avait fait cet oiseau de nuit ; on l'accusait même d'avoir commis les péchés les plus abominables.

« Les citoyens les plus zélés pour le bien public croyaient qu'on avait manqué au point le plus essentiel de la cérémonie. Il ne fallait pas, selon eux, célébrer la messe qu'après avoir arraché le cœur de ce malheureux ; ils prétendaient qu'avec cette précaution, on n'aurait pas manqué de surprendre le Diable, et sans doute il n'aurait eu garde d'y revenir, au lieu qu'ayant commencé par la messe, il avait eu, disaient-ils, tout le temps de s'enfuir et d'y revenir ensuite à son aise.

« Après tous ces raisonnements, on se trouva dans le même embarras que le premier jour ; on s'assemble soir et matin, on raisonne, on fait des processions pendant trois jours et trois nuits, on oblige les papas de jeûner ; on les voyait courir dans les maisons le goupillon à la main, jeter de l'eau bénite et en laver les portes ; ils en remplissaient même la bouche de ce pauvre vroucolacas. Nous dîmes si souvent aux administrateurs de la ville que dans un pareil cas, on ne manquerait pas en chrétienté, de faire le guet la nuit pour observer ce qui se passerait dans la ville, qu'enfin on arrêta quelques vagabonds qui assurément avaient part à tous ces désordres. Apparemment, ce n'en étaient pas les principaux auteurs, ou bien on les relâcha trop tôt : car deux jours après, pour se dédommager du jeûne qu'ils avaient fait en prison, ils recommencèrent à vider les cruches de vin de ceux qui étaient assez sots pour abandonner leurs maisons dans la nuit. On fut donc obligé d'en revenir aux prières.

« Un jour, comme on récitait certaines oraisons après avoir planté je ne sais combien d'épées nues sur la fosse de ce cadavre que l'on déterrait trois ou quatre fois par jour, suivant le caprice du premier venu, un Albanais, qui par occasion se trouva à Micon, s'avisa de dire d'un ton de docteur, qu'il était fort ridicule en pareil cas de se servir de l'épée des chrétiens. « Ne voyez-vous pas, pauvres aveugles, disait-il, que la garde de ces épées faisant une croix avec la poignée, empêche le Diable de sortir de ce corps ? Que ne vous servez-vous plutôt des sabres des Turcs ? » L'avis de cet habile homme ne servit de rien : le vroucolacas ne parut pas plus traitable, et tout le monde était dans une étrange consternation. On ne savait plus à quel saint se vouer, lorsque tout d'une voix, comme si l'on s'était donné le mot, on se mit à crier par toute la ville que c'était trop attendre, qu'il fallait brûler le vroucolacas tout entier. Qu'après cela, ils défiaient le diable de revenir s'y nicher, qu'il valait mieux recourir à cette extrémité, que de le laisser déserter l'île. En effet, il y avait des familles entières qui pliaient bagage, dans le dessein de se retirer à Sira ou à Tine.

« On porta donc le vroucolacas par ordre des administrateurs à la pointe de l'île de St-George, où l'on avait préparé un grand bûcher avec du goudron, de peur que le bois, quelque sec qu'il fût, ne brûla pas assez vite par lui-même. Les restes de ce malheureux cadavre y furent jetés, et consumés dans peu de temps : c'était le premier jour de janvier 1701. Nous vîmes ce feu en revenant de Delos ; on pouvait bien l'appeler un vrai feu de joie, puisqu'on n'entendit plus de plaintes contre le vroucolacas. On se contenta de dire que le diable avait été bien attrapé cette fois-là, et l'on fit quelque chanson pour le tourner en ridicule.

« Dans tout l'archipel, on est persuadé qu'il n'y a que les Grecs du rit grec, dont le diable ranime le cadavre. Les habitant de l'île de Santorin appréhendent fort ces sortes de loups-garous ; ceux de Micon, après que leurs visions furent dissipées, craignaient également les poursuites des Turcs et celles de l'évêque de Tine. Aucun papas ne voulut se trouver à Saint-George quand on brûla ce corps, de peur que l'évêque n'exigeât une somme d'argent pour avoir fait déterrer et brûler le mort sans sa permission. Pour les Turcs, il est certain qu'à la première visite, ils ne manquèrent pas de faire payer à la communauté de Micon le sang de ce pauvre diable qui devint en toute manière l'abomination et l'horreur de son pays. » Après cela, ne faut-il pas avouer que les Grecs d'aujourd'hui ne sont pas de grands Grecs, et qu'il n'y a chez eux qu'ignorance et superstition ? »
C'est ce que dit monsieur de Tournefort.

*
* *

CHAPITRE XXXIII.

Le démon a-t-il pouvoir de faire mourir, puis de rendre la vie à un mort.

En supposant le principe que nous avons établi comme indubitable au commencement de cette dissertation que Dieu seul est arbitre souverain de la vie et de la mort, que lui seul peut donner la vie aux hommes et la leur rendre après la leur avoir ôtée, la question que nous proposons ici paraît hors de saison et absolument frivole, puisqu'elle regarde une supposition notoirement impossible.

Cependant, comme il y a quelques savants qui ont cru que le Démon a le pouvoir de rendre la vie et de conserver de corruption pour un certain temps quelques corps dont il se sert pour faire illusion aux hommes et leur causer de la frayeur, comme il arrive aux revenants de Hongrie, nous la traiterons ici, et nous en rapporterons un exemple remarquable fourni par monsieur Nicolas Remy*, Procureur général de Lorraine[1], et arrivé de son temps, c'est à dire en 1581 à Dalhem, village situé entre la Moselle et la Sarre : un nommé Pierron,

1. Art. 11. pag. 14.

* Juge laïque et mystique de la férocité, Nicolas Rémy, dit Remigius, surnommé le Torquemada lorrain, fit régner de 1581 à 1591 la terreur dans cette province, en obtenant la crémation — dont il se vantait — de neuf cents personnes accusées de sorcellerie. Plusieurs fois réimprimés, ses *Dæmonolatriæ Libri Tres* (Lyon, 1595) sont un véritable tissu de témoignages délirants, de récits terrifiants ou sinistrement obscènes, obtenus sous la torture. — *R. V.*

pâtre de son village, homme marié ayant un jeune garçon, conçut un amour violent pour une jeune fille de son village. Un jour qu'il était occupé de la pensée de cette jeune fille, elle lui apparut dans la campagne, ou le Démon sous sa figure. Pierron lui découvrit sa passion ; elle promit d'y répondre, à condition qu'il se livrerait à elle, et lui obéirait en toutes choses. Pierron y consentit et consomma son abominable passion avec ce spectre. Quelque temps après, Abrahel — c'est le nom que prenait le démon — lui demanda pour gage de son amour, qu'il lui sacrifiât son fils unique ; et elle lui donna une pomme pour la faire manger à cet enfant, qui en ayant goûté, tomba raide mort. Le père et la mère, au désespoir de ce funeste accident, se lamentent et sont inconsolables.

Abrahel paraît de nouveau au pasteur et promet de rendre la vie à l'enfant, si le père voulait lui demander cette grâce en lui rendant le culte d'adoration qui n'est dû qu'à Dieu. Le paysan se met à genoux, adore Abrahel, et aussitôt, l'enfant commence à revivre. Il ouvre les yeux, on le réchauffe, on lui frotte les membres, et enfin il commence à marcher et à parler. Il était le même qu'auparavant, mais plus maigre, plus have, plus défait, les yeux battus et enfoncés ; ses mouvements étaient plus lents et plus embarrassés, son esprit plus pesant et plus stupide. Au bout d'un an, le démon qui l'animait l'abandonna avec un grand bruit. Le jeune homme tomba à la renverse, et son corps infecté et d'une puanteur insupportable est tiré avec un croc hors de la maison de son père, et enterré sans cérémonie dans un champ.

Cet événement fut rapporté à Nancy et examiné par les magistrats, qui informèrent exactement du fait, entendirent les témoins et trouvèrent que la chose était telle qu'on vient de le dire. Du reste, l'histoire ne dit pas comment ce paysan fut puni, ni s'il le fut. Peut-être ne put-on constater son crime avec le démon incube* : il n'y avait probablement point de témoin. A l'égard de la mort de son fils, il était difficile de prouver qu'il en fût l'auteur.

Procope, dans son histoire secrète de l'empereur Justinien, avance sérieusement qu'il est persuadé ainsi que plusieurs autres, que cet empereur était un démon incarné. Il dit la même chose de l'impératrice Théodore, son épouse. Joseph, l'historien juif, dit que ce sont les âmes des impies et des méchants qui entrent dans les corps des possédés, qui les tourmentent, les font agir et parler.

On voit par saint Chrysostôme, que de son temps, plusieurs chrétiens croyaient que les âmes des personnes mortes de mort violente étaient changées en démons, et que les magiciens se servaient de l'âme d'un enfant qu'ils avaient mis à mort, pour leurs opérations magiques et pour découvrir l'avenir. St Philastre met au nombre des hérétiques ceux qui croyaient que les âmes des scélérats étaient changées en démons.

Selon le système de ces auteurs, le Démon a pu entrer dans le corps de l'enfant du pasteur Pierre, le remuer et le soutenir dans une espèce de vie,

---

* Dom Calmet a ici manifestement confondu l'incube dont il parle, avec un démon succube. — *R. V.*

tandis que son corps n'a pas été corrompu ni ses organes dérangés. Ce n'était pas l'âme de l'enfant qui l'animait, mais le Démon qui lui tenait lieu d'âme.

Philon croyait que comme il y a de bons et de mauvais anges, il y a aussi de bonnes et de mauvaises âmes, et que les âmes qui descendent dans les corps y apportent leurs bonnes ou mauvaises qualités.

On voit par l'Evangile que les Juifs du temps de Notre-Seigneur croyaient qu'un homme pouvait être animé de plusieurs âmes. Hérode s'imaginait que l'âme de Jean-Baptiste, qu'il avait fait décapiter, était entrée dans Jésus-Christ[1] et opérait des miracles en lui. D'autres s'imaginaient que J.-C. était animé de l'âme d'Elie[2], ou de Jérémie, ou de quelque autre des anciens prophètes.

*
* *

CHAPITRE XXXIV.

Examen du sentiment qui veut que le Démon puisse rendre le mouvement à un corps mort.

Nous ne pouvons approuver ces sentiments des Juifs que nous venons de proposer. Ils sont contraires à notre sainte religion et aux dogmes de nos

1. Marc. vj. 16. 17.
2. Matth. xvj. 14.

écoles. Mais nous croyons que l'esprit qui a animé Elie par exemple, s'est reposé sur Elisée, son disciple, et que l'esprit saint qui animait le premier, anima aussi le second et même saint Jean-Baptiste, qui selon la parole de J.-C., est venu dans la vertu d'Elie pour préparer les voies au Messie. Ainsi dans les prières de l'Eglise, on prie Dieu de remplir les fidèles de l'esprit des saints et de leur inspirer l'amour de ce qu'ils ont aimé, et l'horreur de ce qu'ils ont haï.

Que le Démon, et même un bon ange, par la permission ou le commandement de Dieu, puissent ôter la vie à un homme, la chose paraît indubitable. L'ange qui apparut à Séphora[1] comme Moïse revenait de Madian en Egypte, et qui menaça de mettre à mort ses deux fils parce qu'ils n'étaient pas circoncis, de même que celui qui mit à mort les premiers nés des Egyptiens[2], et celui qui est nommé dans les Ecritures *l'ange exterminateur*, et qui frappa de mort les Hébreux murmurateurs dans le désert[3], et celui qui voulut mettre à mort Balaam et son ânesse[4], enfin celui qui mit à mort les soldats de l'armée de Sennacherib, et celui qui frappa les sept premiers maris de Sara, fille de Raquel[5], et enfin celui dont le psalmiste menace ses ennemis[6] : & *Angelus Domini persequens eos*.

---

1. Exod. iv. 24. 25.
2. Exod. xij. 12.
3. I. Cor. x 10. Judith. viij. 25.
4. Num. xxij.
5. Tob. iij. 7.
6. Ps. xxxiv. 5. 6.

St Paul, parlant aux Corinthiens de ceux qui communiaient indignement[1], ne dit-il pas que le Démon leur causait des maladies dangereuses dont plusieurs en mouraient ? *Ideò inter vos multi infirmi & imbecilles, & dormiunt multi.* Croira-t-on que ceux que le même apôtre livra à Satan[2], ne souffrirent rien dans leur corps, et que Judas, ayant reçu du Fils de Dieu un morceau trempé dans la sauce[3], et Satan ayant entré dans son corps, ce mauvais esprit ne troubla pas ses sens, son imagination, son cœur, et ne le conduisit point enfin à se détruire et à se pendre de désespoir ?

On peut croire que tous ces anges étaient de mauvais anges ; quoiqu'on ne puisse nier que Dieu n'emploie aussi quelquefois les bons anges pour exercer sa vengeance contre les méchants et même pour châtier, corriger et punir ceux à qui Dieu veut faire miséricorde, comme il envoie ses prophètes pour annoncer de bonnes et mauvaises nouvelles, pour menacer et pour exciter à la pénitence.

Mais nous ne lisons nulle part que ni les bons ni les mauvais anges aient jamais, de leur autorité, ni donné ni rendu la vie à personne. Ce pouvoir est réservé à Dieu seul[4] : *Dominus mortificat & vivificat, deducit ad inferos & reducit.* Le Démon, selon l'Evangile[5], dans les derniers temps, et

1. I. Cor. II. 30.
2. I. Tim. I. 20.
3. Joan. cap. 13.
4. I. Reg. ij. 6.
5. Matth. xxiv. 24.

avant le Jugement dernier, fera par lui-même, ou par l'antéchrist et par ses suppôts, des prodiges capables d'induire à erreur, s'il était possible, même les Elus. Dès le temps de Jésus-Christ et de ses apôtres, Satan suscita de faux Christ et de faux apôtres qui firent plusieurs miracles apparents, qui ressuscitèrent même des morts. Du moins on soutenait qu'ils en avaient ressuscités.

Saint Clément d'Alexandrie et Hegesippe font mention de quelques résurrections opérées par Simon le Magicien[1] ; on dit qu'Apollonius de Thyane ressuscita une fille qu'on portait en terre. Si l'on en croit Apulée[2], Ascepiade, rencontrant un convoi, ressuscita le corps que l'on portait au bûcher. On assure qu'Esculape rendit la vie à Hippolyte, fils de Thésée, à Glaucus, fils de Minos, à Capanée, tué à l'assaut de Thèbes, à Admete, roi de Phères en Thessalie. Elien atteste[3] que le même Esculape rejoignit la tête d'une femme à son cadavre et lui rendit la vie.

Mais, quand on aurait des certitudes pour tous les faits que nous venons de citer, je veux dire, quand ils seraient attestés par des témoins oculaires bien instruits, désintéressés — ce qui n'est point — il faudrait savoir les circonstances de ces événements, et alors on serait plus en état de les contester ou d'y donner son consentement ; car il y a toute apparence que les morts ressuscités

---

1. Clem. Alex. Itinerario Hegesippus de Excidio Jerusalem, c. 2.
2. Apulei Flondo lib. 2.
3. Aelian. de animalib. lib. 9. c. 77.

par Esculape ne sont que des personnes dangereusement malades auxquelles cet habile médecin a rendu la santé. La fille ressuscitée par Appolonius de Thyane n'était pas réellement morte ; ceux mêmes qui la portaient au bûcher doutaient qu'elle fût décédée. Ce qu'on dit de Simon le Magicien n'est rien moins que certain, et quand cet imposteur, par les secrets de la magie, aurait fait quelques prodiges sur des personnes mortes, ou réputées telles, il faudrait les imputer à ses prestiges et à quelque subtilité qui aura substitué des corps vivants ou des fantômes aux corps morts à qui il se vantait d'avoir rendu la vie. En un mot, nous tenons pour indubitable qu'il n'y a que Dieu seul qui puisse donner la vie à une personne réellement morte, soit immédiatement par lui-même, ou par le moyen des anges ou des démons exécuteurs de ses volontés.

J'avoue que l'exemple de cet enfant de Dalhem est embarrassant. Que ce soit l'âme de l'enfant qui soit retournée dans son corps pour l'animer de nouveau, ou le Démon qui lui ait servi d'âme, l'embarras me paraît égal : on ne voit dans tout cet événement que l'ouvrage du mauvais Esprit. Dieu ne paraît pas y avoir aucune part. Or, si le Démon peut prendre la place d'une âme dans un corps nouvellement décédé ou s'il peut y faire rentrer l'âme qui l'animait avant son décès, on ne pourra plus lui contester la puissance de rendre à un mort une espèce de vie ; ce qui serait une terrible tentation pour nous, qui serions portés à croire que le Démon a un pouvoir que la religion ne nous permet pas de penser que Dieu partage avec aucun être créé.

Je voudrais donc dire, supposé la vérité du fait, dont je ne vois aucun lieu de douter, que Dieu pour punir le crime abominable du père et pour donner aux hommes un exemple de sa juste vengeance, a permis au Démon de faire dans cette occasion ce qu'il n'a peut-être jamais fait, et ne fera jamais, de posséder un corps et de lui servir en quelque sorte d'âme, pour lui donner l'action et le mouvement pendant qu'il a pu conserver ce corps sans une trop grande corruption.

Et cet exemple peut admirablement s'appliquer aux revenants de Hongrie et de Moravie que le démon remuera et animera, fera paraître et inquiéter les vivants, jusqu'à leur donner la mort. Je dis tout ceci dans la supposition que ce qu'on dit des vampires soit véritable ; car si tout cela est faux et fabuleux, c'est perdre le temps que de chercher les moyens de l'expliquer.

Au reste, plusieurs Anciens, comme Tertullien et Lactance[1], ont cru que les démons étaient les seuls auteurs de ce que font les magiciens en évoquant les âmes des morts. Ils font, disent-ils, paraître des fantômes ou des corps empruntés, et fascinent les yeux des assistants pour leur faire prendre pour vrai ce qui n'est qu'apparent.

*
* *

---

1. Tertull. *de anim.* c. 22.

CHAPITRE XXXV.

Exemples de fantômes qui ont apparu vivants, et ont donné plusieurs signes de vie.

Le Loyer, dans son livre des spectres, soutient[1] que le Démon peut faire faire des mouvements extraordinaires et involontaires aux possédés. Il peut donc aussi, avec la permission de Dieu, donner le mouvement à un homme mort et insensible.

Il rapporte l'exemple de Polycrite, magistrat d'Etolie, qui apparut au peuple de Locres neuf ou dix mois après sa mort, et leur dit de lui montrer son enfant qui était monstrueux, et qu'on voulait brûler avec sa mère. Les Locriens, malgré les remontrances du spectre de Polycrite, persistant dans leur résolution, Polycrite prit son enfant, le mit en pièces et le dévora, ne laissant que la tête, sans que le peuple le pût chasser ni empêcher ; après cela, il disparut. Les Etoliens voulaient envoyer consulter l'oracle de Delphes, mais la tête de l'enfant commença à parler, et à leur prédire les malheurs qui devaient arriver à leur patrie et à sa propre mère.

Après la bataille donnée entre le roi Antochius et les Romains, un officier nommé Buptage, demeuré mort sur le champ de bataille, blessé de douze plaies mortelles, se leva tout d'un coup et commença à menacer les Romains des maux qui leur devaient arriver de la part des peuples étran-

---

1. Le Loyer, *des Spectres*, L. 2 p. 376, 392, 393.

gers qui devaient détruire l'empire romain. Il désigna en particulier que des armées sortiraient de l'Asie et viendraient désoler l'Europe ; ce qui peut marquer l'irruption des Turcs sur les terres de l'empire romain.

Après cela, Buptage monta sur un chêne et prédit qu'il allait être dévoré par un loup, ce qui arriva. Après que le loup eut dévoré le corps, la tête parla encore aux Romains et leur défendit de lui donner la sépulture. Tout cela paraît très incroyable et ne fut pas suivi de l'effet. Ce ne furent pas les peuples d'Asie, mais ceux du Nord qui renversèrent l'empire romain.

Dans la guerre d'Auguste contre Sextus Pompée, fils du grand Pompée[1], un soldat d'Auguste nommé Gabinius, eut la tête coupée par ordre du jeune Pompée, en sorte toutefois que la tête tenait au cou par un petit filet. Sur le soir, on ouït Gabinius qui se plaignait. On accourut : il dit qu'il était retourné des enfers pour découvrir à Pompée des choses très importantes. Pompée ne jugea pas à propos de venir ; il y envoya quelqu'un de ses gens auquel Gabinius déclara que les dieux d'en haut avaient exaucé les destins de Pompée, qu'il réussirait dans ses desseins. Aussitôt qu'il eut ainsi parlé, il tomba raide mort. Cette prétendue prédiction fut démentie par les effets. Pompée fut vaincu et César remporta tout l'avantage dans cette guerre.

Une certaine charlatane étant morte, un magicien

---

1. Pline, l. 7 c. 52.

de la bande lui mit sous les aisselles un charme qui lui rendit le mouvement ; mais un autre magicien l'ayant envisagée, s'écria que ce n'était qu'une vile charogne, et aussitôt elle tomba raide morte et parut ce qu'elle était en effet.

Nicole Aubri, native de Vervins, étant possédée de plusieurs diables, un de ces diables nommé Baltazo prit à la potence le corps d'un pendu près la plaine d'Arlon, et avec ce corps, vint trouver le mari de Nicole Aubri auquel il promit de délivrer sa femme de sa possession, s'il voulait lui laisser passer la nuit avec elle. Le mari consulta le maître d'école qui se mêlait d'exorciser et qui lui dit de se bien garder d'accorder ce qu'on lui demandait. Le mari et Baltazo étant entrés dans l'église, la femme possédée l'appela par son nom, et aussitôt, ce Baltazo disparut. Le maître d'école conjurant la possédée, Belzébut, un des démons, découvrit ce qu'avait fait Baltazo, et que si le mari avait accordé ce qu'il demandait, il aurait emporté Nicole Aubri en corps et en âme.

Le Loyer rapporte encore [1] quatre autres exemples de personnes à qui le démon a paru rendre la vie pour satisfaire la passion brutale de deux amants.

*
* *

---

1. P. 412, 413 & 414.

CHAPITRE XXXIV.

Dévouement pour faire mourir, pratiqué par les païens.

Les anciens païens grecs et romains attribuaient à la magie et au Démon la puissance de faire mourir les hommes par une manière de dévouement*, qui consistait à former une image de cire, qu'on faisait la plus ressemblante qu'il était possible à la personne à qui on voulait ôter la vie ; on la dévouait à la mort par les secrets de la magie, puis on brûlait la statue de cire, et à mesure qu'elle se consumait, la personne dévouée tombait en langueur, et enfin mourait. Théocrite[1] fait parler une femme transportée d'amour ; elle invoque la bergeronnette, et prie que le cœur de Daphnis, son bien-aimé, se fonde comme l'image de cire qui le représente.

Horace[2] fait paraître deux magiciennes qui veulent invoquer les mânes, pour leur faire annoncer les choses à venir.

D'abord, elles déchirent avec les dents une jeune brebis dont elles répandent le sang dans une fosse, afin de faire venir les âmes dont elles prétendent tirer réponse. Puis elles placent auprès d'elles

1. Theocrit. Idyl. 2.
2. Horat. Serm. lib. I. Sat. 81.

* Le dévouement, dont l'auteur nous entretient, n'est autre que la pratique de l'envoûtement par les figures de cire, auxquelles on donne le nom savant de *dagyde* et qui, au Moyen-âge, avaient pris celui de *marmouset*. — R. V.

deux statues, l'une de cire, l'autre de laine : celle-ci est la plus grande et la maîtresse de l'autre, celle de cire est à ses pieds, comme suppliante, et n'attendant que la mort. Après diverses cérémonies magiques, l'image de cire fut embrasée et consumée.

> *Lanea & effigies erat, altera cerea : major*
> *Lanea quæ pœnis compesceret inferiorem.*
> *Cerea suppliciter stabat, servilibus ut quæ*
> *Jam peritura modis...*
>   *Et imagine cerea*
>   *Largior arserit ignis.*

Il en parle encore ailleurs ; et après avoir, d'un ris moqueur, fait ses plaintes à la magicienne Canidia, disant qu'il est prêt à lui faire réparation d'honneur, il avoue qu'il ressent tous les effets de son art trop puissant, comme lui-même l'a expérimenté pour donner le mouvement aux figures de cire et pour faire descendre la lune du haut du ciel.

> *Anque movere cereas imagines,*
> *Ut ipse nosti curiosius, & polo*
> *Deripere lunam.*

Virgile parle[1] aussi de ces opérations diaboliques et de ces images de cire, dévouées par l'art magique.

> *Limus ut durescit, & hæc ut ceræ liquecit*
> *Uno eodemque igni ; sic nostro Daphnis amore.*

---

1. Virgil, Ecleg.

Il y a lieu de croire que ces poètes ne rapportent ces choses que pour montrer le ridicule des prétendus secrets de la magie et les cérémonies vaines et impuissantes des sorciers.

Mais on ne peut disconvenir que ces pratiques, toutes vaines qu'elles sont, n'aient été usitées dans l'Antiquité, et que bien des gens n'y ait ajouté foi et n'en aient follement redouté les efforts.

Lucien raconte les effets[1] de la magie d'un certain hyperboréen qui, ayant formé un cupidon avec de la terre, lui donna la vie, et l'envoya quérir une fille nommée Chryséis dont le jeune homme était devenu amoureux. Le petit cupidon l'amena, et le lendemain au point du jour, la lune, que le magicien avait fait descendre du ciel, y retourna. Hécate qu'il avait évoquée du fond de l'enfer, s'y enfuit, et tout le reste de cette scène disparut. Lucien se moque avec raison de tout cela et remarque que ces magiciens qui se vantent d'avoir tant de pouvoir, ne l'exercent pour l'ordinaire qu'envers des gueux, et le sont eux-mêmes.

Les plus anciens exemples de dévouement sont ceux qui sont marqués dans l'Ancien Testament : Dieu ordonne à Moïse de dévouer à l'anathème les Cananéens du royaume d'Arad[2]. Il dévoue aussi à l'anathème tous les peuples du pays de Chanaan[3]. Balac, roi de Moab[4], envoie vers le devin, Balaam,

---

1. Lucian. in Philosoph.
2. Num. xiv. 49 xxj. 3.
3. Deut. vij. 2. 3. Deut. xij. I. 2. 3. &c.
4. Num, xxij. 5 & seq.

pour l'engager à maudire et à dévouer le peuple d'Israël : « Venez, lui dit-il par ses députés, et maudissez Israël, car je sais que celui que vous aurez maudit et dévoué sera maudit, et que celui que vous aurez béni, sera comblé de bénédictions. »

Nous avons dans l'Histoire, des exemples de ces malédictions, de ces dévouements, et des évocations des dieux tutélaires des villes par l'art magique. Les Anciens tenaient fort secret les noms propres des villes[1], de peur que venant à la connaissance des ennemis, ils ne s'en servissent dans les évocations, lesquelles, à leur sens, n'avaient aucune force, à moins que le nom propre de la ville n'y fût exprimé. Les noms ordinaires de Rome, de Tyr et Carthage, n'étaient pas leur nom véritable et secret. Rome, par exemple, s'appelait Valentia, d'un nom connu de très peu de personnes ; et l'on punit sévèrement Valerius Soranus, pour l'avoir révélé.

Macrobe[2] nous a conservé la formule d'un dévouement solennel d'une ville et des imprécations qu'on faisait contre elle, en la dévouant à quelque démon nuisible et dangereux. On trouve dans les poètes païens, un grand nombre de ces invocations et de ces dévouements magiques pour inspirer une passion dangereuse, ou pour causer des maladies. Il est surprenant que ces superstitieuses et abominables pratiques soient passées jusque dans le christianisme, et aient été redoutées par des

---

1. Plin. l. 3. c. 5. & lib. 28, c. 20.
2. Macrobius, lib. 3. c. 9.

personnes qui en devaient reconnaître la vanité et l'impuissance.

Tacite raconte[1] qu'à la mort de Germanicus, qu'on disait avoir été empoisonné par Pison et par Plautine, on trouva dans la terre et dans les murailles des os de corps humains, des dévouements, et des charmes ou vers magiques, avec le nom de Germanicus gravé sur des lames de plomb enduites de sang corrompu, des cendres à demi-brûlées et d'autres maléfices par la vertu desquels on croit que les âmes peuvent être évoquées.

*
* *

CHAPITRE XXXVII.

Exemple de dévouement parmi les chrétiens.

Hector Boëthius[2] dans son histoire d'Ecosse, raconte que Duffus, roi de ce pays, étant tombé malade d'une maladie inconnue aux médecins, était consumé par une fièvre lente, passait les nuits sans dormir, se desséchait insensiblement ; son corps se fondait en sueur toutes les nuits, il devenait faible, languissant, moribond, sans néanmoins qu'il parût dans son pouls aucune altération. On mit tout en usage pour le soulager, mais inutilement. On désespère de sa vie, on soupçonne qu'il

---

1. Tacit. Ann. l, 2. Art. 69.
2. Hector Boëthius, *Hist. Scot.* lib. xj. c. 218, 219.

y a du maléfice. Cependant, les peuples de Murray, canton de l'Ecosse, se mutinèrent, ne doutant pas que le roi ne dût bientôt succomber à la maladie.

Il se répandit un bruit sourd, que le roi avait été ensorcelé par des magiciennes qui demeuraient à Forrès, petite ville de l'Ecosse septentrionale. On y envoya du monde pour les arrêter; on les surprit dans leurs maisons, où l'une d'elles arrosait la figure de cire du roi Duffus, passée dans une broche de bois devant un grand feu, devant lequel elle récitait certaines prières magiques et assurait qu'à mesure que la figure se fondait, le roi perdrait ses forces, et qu'enfin il mourrait lorsque la figure serait entièrement fondue. Ces femmes déclarèrent qu'elles avaient été engagées à faire ces maléfices par les principaux du pays de Murray qui n'attendaient que le décès du roi pour faire éclater leur révolte.

Aussitôt, on arrête ces magiciennes et on les fait mourir dans les flammes. Le roi se porta beaucoup mieux, et en peu de jours, il recouvra une parfaite santé. Ce récit se trouve aussi dans l'histoire d'Ecosse de Bucanan, qui dit l'avoir apprise de ses anciens.

Il fait vivre le roi Duffus en 960, et celui qui a ajouté des notes au texte de ces historiens, reconnaît que cet usage de faire fondre par art magique des images de cire pour faire mourir des personnes, n'était point inconnu aux Romains, comme il paraît par Virgile et Ovide, et nous en avons rapporté assez d'exemples. Mais il faut avouer, que tout ce qu'on raconte sur cela est fort suspect, non qu'il ne se soit trouvé des magiciens et des magiciennes qui ont tenté de faire mourir des personnes de considération par ces sortes de moyens et qui en attribuaient l'effet au Démon. Mais il n'y a guère d'apparence qu'ils y aient jamais réussi. Si les magiciens avaient le secret de faire ainsi périr tous ceux qu'ils voudraient, qui est le prince, le prélat, le seigneur, qui serait en sûreté ? S'ils pouvaient les faire mourir à petit feu, pourquoi ne pas les exterminer tout d'un coup en jetant au feu la figure de cire ? Qui peut avoir donné ce pouvoir au Démon ? Est-ce le Tout-Puissant pour satisfaire la vengeance d'une femmelette, ou la jalousie d'un amant ou d'une amante ?

Monsieur de St-André, médecin du roi, dans ses lettres sur les maléfices, voudrait expliquer les effets de ces dévouements, supposé qu'ils soient vrais, par l'écoulement des esprits qui sortent des corps des magiciens ou des magiciennes, et qui s'unissant aux petites parties qui se détachent de la cire et aux atomes du feu qui les rendent encore plus actifs, se porteraient vers la personne qu'ils voudraient maléficier, et lui causeraient des sentiments de chaleur ou de douleur plus ou moins forte, selon que l'action du feu serait plus ou moins violente. Mais je ne crois pas que cet habile homme trouve beaucoup d'approbateurs de son sentiment. Le plus court serait, à mon sens, de nier les effets de ces maléfices ; car, si ces effets sont réels, ils sont inexplicables à la physique, et ne peuvent être attribués qu'au Démon.

Nous lisons dans l'histoire des archevêques de Trèves, qu'Eberard, archevêque de cette église, qui mourut en 1067, ayant menacé les Juifs de les chasser de sa ville si dans un certain temps, ils n'embrassaient pas le christianisme, ces malheureux, réduits au désespoir, subornèrent un ecclésiastique, qui pour de l'argent, leur baptisa du nom de l'évêque une statue de cire, à laquelle ils attachèrent des mèches ou des bougies, et les allumèrent le samedi saint comme le prélat allait donner solennellement le baptême.

Pendant qu'il était occupé à cette sainte fonction, la statue étant à moitié consumée, Eberard se sentit extrêmement mal ; on le conduisit dans la sachristie, où il expira bientôt après.

Le pape Jean XXII, en 1317, se plaignit par des lettres publiques, que des scélérats avaient attenté à sa vie par de pareilles opérations ; et il paraît persuadé de leur efficacité et qu'il n'a été préservé de la mort que par une protection particulière de Dieu : « Nous vous faisons savoir, dit-il, que quelques traîtres ont conspiré contre nous et contre quelques-uns de nos frères les cardinaux, et ont préparé des breuvages et des images pour nous faire périr, dont ils ont souvent cherché les occasions ; mais Dieu nous a toujours conservés. » La lettre est du 27 de juillet.

Dès le 27 de février, le pape avait donné commission d'informer contre ces empoisonneurs ; la lettre est adressée à Barthélémi, évêque de Fréjus, qui fut successeur du pape en ce Siège, et à Pierre Tessier, docteur en décret, depuis, cardinal. Le pape y dit en substance : « Nous avons appris que Jean de Limoges, Jacques, dit Crabançon, Jean d'Amant, médecin et quelques autres, s'appliquent par une damnable curiosité à la nécromancie, et autres arts magiques, dont ils ont des livres ; qu'ils se sont souvent servis de miroirs et d'images consacrées, à leur manière ; que se mettant dans des cercles, ils ont souvent invoqué les malins esprits pour faire périr les hommes par la violence des enchantements, ou ont envoyé des maladies qui abrègent leurs jours. Quelquefois, ils ont enfermé des démons dans des miroirs, des cercles ou des anneaux pour les interroger non seulement sur le passé, mais sur l'avenir, et faire des prédictions. Ils prétendent avoir fait plusieurs expériences en ces matières et ne craignent pas d'assurer qu'ils peuvent non seulement par certains breuvages ou certaines viandes, mais par de simples paroles, abréger ou allonger la vie, ou l'ôter entièrement et guérir toutes sortes de maladies.

Le pape donna une pareille commission le 22 d'avril 1317, à l'évêque de Riès, au même Pierre Tessier, à Pierre Després et à deux autres, pour informer de la conjuration formée contre lui et contre les cardinaux, et dans cette commission, il dit : « Ils ont préparé des breuvages pour nous empoisonner, nous et quelques cardinaux, et n'ayant pas eu la commodité de nous les faire prendre, ils ont fait faire des images de cire sous nos noms, pour attaquer notre vie en piquant ces images, avec des enchantements magiques et des invocations des démons ; mais Dieu nous en a préservés et a fait tomber entre nos mains, trois de ces images. »

On voit la description de semblables maléfices dans une lettre écrite trois ans après, à l'inquisiteur de Carcassonne par Guillaume de Godin, cardinal-évêque de Sabine, où il dit : « Le pape vous ordonne d'informer et de procéder contre ceux qui sacrifient aux démons, les adorent, ou leur font hommage en leur donnant pour marque un papier écrit ou quelque autre chose, pour lier le Démon ou pour faire quelque maléfice en l'invoquant ; qui, abusant du sacrement du baptême, baptisent des images de cire ou d'autres matières avec invocation des démons ; qui abusent de l'eucharistie ou de l'hostie consacrée, ou des autres sacrements, en exerçant leurs maléfices. Vous procéderez contre eux avec les prélats comme vous faites en matière d'hérésie, car le pape vous en donne le pouvoir. » La lettre est datée d'Avignon le 22 d'août 1320.

En faisant le procès à Enguerrand de Marigni, on produisit un magicien qu'on avait surpris faisant des images de cire représentant le roi Louis Hutin et Charles de Valois, et prétendant les faire mourir en piquant ou en faisant fondre ces images.

On raconte aussi que Come Rugieri Florentin, grand athée et prétendu magicien, avait une chambre secrète où il s'enfermait seul et où il perçait d'une aiguille une image de cire qui représentait le roi, après l'avoir chargé de malédictions et dévoué par des enchantements horribles, espérant de faire mourir ce prince de langueur.

Que ces conjurations, ces images de cire, ces paroles magiques aient produit ou non leurs effets, cela prouve toujours l'opinion qu'on en avait, la mauvaise volonté des magiciens, la crainte dont on en était frappé. Quoique leurs enchantements et leurs imprécations ne fussent point suivis de l'effet, on croit apparemment avoir sur cela quelque expérience, qui les faisait redouter à tort ou avec raison.

L'ignorance de la Physique faisait prendre alors pour surnaturels plusieurs effets de la nature; et comme il est certain, par la foi, que Dieu a souvent permis aux démons de tromper les hommes par des prodiges et de leur nuire par des moyens extraordinaires, on supposait sans l'examiner, qu'il y avait un art magique et des règles sûres pour découvrir certains secrets ou faire certains maux par le moyen des démons, comme si Dieu n'eût pas toujours été le maître de les permettre ou de les empêcher, ou qu'il eût ratifié les pactes faits avec les malins esprits.

Mais en examinant de près la prétendue magie, on a seulement trouvé des empoisonnements accompagnés de superstitions et d'impostures. Tout ce que nous venons de rapporter des effets de la magie, des enchantements, de la sorcellerie, qu'on prétendait causer de si terribles effets sur les corps et sur les biens des hommes, et tout ce qu'on raconte des dévouements, des évocations, des figures magiques, qui étant consumées par le feu, causaient la mort aux personnes dévouées et enchantées ; tout cela n'a rapport que très imparfaitement à la matière des vampires que nous traitons ici, à moins qu'on ne dise que les revenants suscités et évoqués par l'art magique, et que les personnes qui se croient suffoquées et enfin frappées de mort par les vampires, ne souffrent ces peines que par la malice du Démon, qui fait apparaître leurs parents morts et leur fait produire tous ces effets ; ou simplement, frappe l'imagination des personnes à qui cela arrive et leur fait croire que ce sont leurs parents décédés qui viennent les tourmenter et les faire mourir, quoiqu'il n'y ait dans tout cela qu'une imagination fortement frappée qui agisse.

On peut aussi rapporter aux histoires des revenants, ce qu'on raconte de certaines personnes qui se sont promis de revenir après leur mort, et de donner des nouvelles de ce qui se passe en l'autre vie et de l'état où elles s'y trouvent.

*
* *

CHAPITRE XXXVIII.

Exemples de personnes qui se sont promis de se donner après leur mort des nouvelles de l'autre monde.

L'histoire du marquis de Rambouillet, qui apparut après sa mort au marquis de Précy, est fameuse. Ces deux seigneurs s'entretenant des choses de l'autre vie, comme gens qui n'étaient pas fort persuadés de tout ce qu'on en dit, se promirent l'un à l'autre que le premier des deux qui mourrait, en viendrait dire des nouvelles à l'autre. Le marquis de Rambouillet partit pour la Flandre, où la guerre était alors, et le marquis de Précy demeura à Paris, arrêté par une grosse fièvre. Six semaines après, en plein jour, il entendit tirer les rideaux de son lit, et se tournant pour voir qui c'était, il aperçut le marquis de Rambouillet en bufle et en bottes. Il sortit de son lit pour embrasser son ami, mais Rambouillet, reculant de quelques pas, lui dit qu'il était venu pour s'acquitter de la parole qu'il lui avait donnée ; que tout ce qu'on disait de l'autre vie était très certain, qu'il devait changer de conduite, et que dans la première occasion où il se trouverait, il perdrait la vie.

Précy fit de nouveaux efforts pour embrasser son ami, mais il n'embrassa que du vent. Alors, Rambouillet, voyant qu'il était incrédule à ce qu'il disait, lui montra l'endroit où il avait reçu le coup dans les reins, d'où le sang paraissait encore couler. Précy reçut bientôt par la poste la confirmation de la mort du marquis de Rambouillet, et lui-même s'étant trouvé quelque temps après, dans les guerres civiles à la bataille du faubourg Saint-Antoine, y fut tué.

Pierre le Vénérable, abbé de Cluny [1] raconte une histoire à peu près semblable à celle que nous venons de voir. Un gentilhomme nommé Humbert,

---

1. Biblioth. Cluniac. de miraculis l. I. c. 7 pag. 1290.

fils d'un seigneur nommé Guichard de Belioc, dans le diocèse de Mâcon, ayant un jour déclaré la guerre à d'autres seigneurs de son voisinage, un gentilhomme nommé Geofroi d'Iden reçut dans la mêlée, une blessure dont il mourut sur le champ.

Environ deux mois après, ce même Geofroi apparut à un gentilhomme nommé Milon d'Ansa, et le pria de dire à Humbert de Belioc, au service duquel il avait perdu la vie, qu'il était dans les tourments pour l'avoir aidé dans une guerre injuste, et pour n'avoir pas expié avant sa mort ses péchés par la pénitence ; qu'il le priait d'avoir compassion de lui et de son propre père Guichard, qui lui avait laissé de grands biens dont il abusait, et dont une partie était mal acquise ; qu'à la vérité, Guichard, père de Humbert, avait embrassé la vie religieuse à Cluny ; mais qu'il n'avait pas eu le temps de satisfaire à la justice de Dieu pour les péchés de sa vie passée ; qu'il le conjurait donc de faire offrir pour lui et pour son père, le sacrifice de la messe, de faire des aumônes, et d'employer les prières des gens de bien pour leur procurer à l'un et à l'autre, une prompte délivrance des peines qu'ils enduraient. Il ajouta : « Dîtes-lui, que s'il ne vous écoute pas, je serai contraint d'aller moi-même lui annoncer ce que je viens de vous dire. »

Milon d'Ansa s'acquitta fidèlement de sa commission ; Humbert en fut tout effrayé, mais il n'en devint pas meilleur. Toutefois, craignant que Guichard, son père, ou Geofroi d'Iden ne vinssent l'inquiéter, il n'osait demeurer seul, et surtout pendant la nuit, il voulait toujours près de lui quelqu'un de ses gens. Un matin donc qu'il était couché et éveillé dans son lit en plein jour, il vit paraître en sa présence, Geofroi, armé comme à un jour de bataille, qui lui montrait la blessure mortelle qu'il avait reçue et qui paraissait encore toute fraîche. Il lui fit de vifs reproches de son peu de pitié envers lui et envers son propre père, qui gémissait dans les tourments : « Prenez garde, ajouta-t-il, que Dieu ne vous traite dans sa rigueur, et ne vous refuse la miséricorde que vous nous refusez, et surtout, gardez-vous bien d'exécuter la résolution que vous avez prise d'aller à la guerre avec le comte Amédée ; si vous y allez, vous y perdrez la vie et les biens. »

Il parlait, et Humbert se disposait à répondre, lorsque l'écuyer Vichard de Marzcy, conseiller de Humbert, arriva, venant de la messe, et aussitôt, le mort disparut. Dès ce moment, Humbert travailla sérieusement à soulager son père Geofroi, et résolut de faire le voyage à Jérusalem pour expier ses péchés. Pierre le Vénérable avait été très bien instruit de tout le détail de cette histoire, qui s'était passée l'année qu'il fit le voyage d'Espagne, et qui avait fait grand bruit dans le pays.

Le cardinal Baronius[1], homme très grave et très sage, dit qu'il a appris de plusieurs personnes très sensées, et qui l'ont souvent ouï prêcher aux peuples, et en particulier de Michel Mercati, protonotaire du Saint-Siège, homme d'une probité

---

1. Baronius ad an. Christi 401. tom. 5 Annal.

reconnue, et fort habile, surtout dans la philosophie de Platon, à laquelle il s'appliquait sans relâche avec Marsile Ficin, son ami intime, aussi zélé que lui pour la doctrine de Platon.

Un jour, ces deux grands philosophes s'entretenant de l'immortalité de l'âme, et si elle demeurait et existait après la mort du corps, après avoir beaucoup discouru sur cette matière, ils se promirent l'un à l'autre et se donnèrent les mains, que le premier d'entre eux qui partirait de ce monde, viendrait donner l'un à l'autre des nouvelles de l'état de l'autre vie.

S'étant ainsi séparés, il arriva quelque temps après, que le même Michel Mercati étant bien éveillé, et étudiant de grand matin les mêmes matières de philosophie, il entendit tout d'un coup comme le bruit d'un cavalier qui venait en grande hâte à sa porte, et en même temps, il entendit la voix de son ami Marsile Ficin qui lui criait : « Michel, Michel, rien n'est plus vrai que ce qu'on dit de l'autre vie. » En même temps, Michel ouvrit la fenêtre et vit Marsile, monté sur un cheval blanc, qui se retirait en courant. Michel lui cria de s'arrêter ; mais il continua sa course jusqu'à ce qu'il ne le vît plus.

Marsile Ficin demeurait alors à Florence et y était mort à l'heure même qu'il était apparu et avait parlé à son ami. Celui-ci écrivit aussitôt à Florence pour s'informer de la vérité du fait, et on lui répondit que Marsile était décédé au même moment que Michel avait ouï sa voix et le bruit de son cheval à la porte. Depuis cette aventure,

Michel Mercati, quoique fort réglé auparavant dans sa conduite, fut changé en un autre homme, et vécut d'une manière tout à fait exemplaire, comme un parfait modèle de la vie chrétienne. On trouve grand nombre de pareils exemples dans Henri Morus et Josué Grandville dans son ouvrage intitulé : *Le saducéisme combattu*.

En voici un, tiré de la vie du B. Joseph de Lionisse, capucin missionnaire, l. 1, p. 64 et suivantes. Un jour qu'il s'entretenait avec son compagnon des devoirs de la religion, de la fidélité que Dieu demande de ceux qui s'y sont consacrés, de la récompense qu'il a réservée aux parfaits religieux, et de la sévère justice qu'il exercera contre les serviteurs infidèles, Frère Joseph lui dit : « Je veux que nous nous promettions mutuellement que celui de nous qui mourra le premier, apparaisse à l'autre, si Dieu le permet ainsi, pour l'instruire de ce qui se passe en l'autre, et de l'état où il se trouvera. » — « Je le veux, répartit le saint compagnon, je vous en donne ma parole. » — « Je vous engage aussi la mienne », répliqua le frère Joseph.

Quelques jours après, le pieux compagnon fut attaqué d'une maladie qui le réduisit au tombeau. Frère Joseph y fut d'autant plus sensible qu'il connaissait mieux que les autres la vertu du saint religieux ; il ne douta pas que leur accord ne fût exécuté ni que le mort ne lui apparût, lorsqu'il y penserait le moins, pour s'acquitter de sa promesse.

En effet, un jour que Frère Joseph s'était retiré dans sa chambre, l'après-midi, il vit entrer un jeune capucin, horriblement défait, d'un visage pâle et décharné, qui le salua d'une voix grêle et tremblante. Comme à la vue de ce spectre, Joseph parut un peu troublé, « ne vous effrayez pas, lui dit-il, je viens ici comme Dieu l'a permis, pour m'acquitter de ma promesse et pour vous dire que j'ai le bonheur d'être du nombre des élus par la miséricorde du Seigneur. Mais apprenez qu'il est encore plus difficile d'être sauvé qu'on ne le croit dans le monde ; que Dieu, dont la sagesse découvre les plus secrets replis des consciences, pèse exactement toutes les actions qu'on a faites durant la vie, les pensées, les désirs, et les motifs qu'on se propose en agissant ; qu'autant il est inexorable à l'égard des pécheurs, autant est-il bon, indulgent et riche en miséricorde envers les âmes justes qui l'ont servi dans la vie. » A ces mots, le fantôme disparut.

Voici un exemple d'une âme qui vient après sa mort visiter son ami sans en être convenu avec lui[1]. Pierre Gamrate, évêque de Cracovie, fut transféré à l'archevêché de Gnesne en 1548 et obtint dispense du pape Paul III de conserver encore son évêché de Cracovie. Ce prélat, après avoir mené une vie déréglée pendant sa jeunesse, se mit, sur la fin de sa vie, à pratiquer plusieurs actions de charité, donnant tous les jours à manger à cent pauvres à qui il envoyait des mets de sa table. Et lorsqu'il allait en voyage, il se faisait suivre par deux charriots chargés d'habits et de chemises, qu'il faisait distribuer aux pauvres selon leur besoin.

---

1. Stephani Damalevini Historia, pag. 291. apud Rainald continuat. Baronii, ad an. 1545. t. 21. art. 62.

Un jour qu'il se disposait à aller à l'église sur le soir, la veille d'une bonne fête, et qu'il était demeuré seul dans son cabinet, il vit tout d'un coup paraître en sa présence, un gentilhomme nommé Curosius, mort depuis assez longtemps, avec lequel il avait été autrefois dans sa jeunesse trop uni pour faire le mal.

L'archevêque Gamrate en fut d'abord effrayé ; mais le mort le rassura et lui dit qu'il était du nombre des bienheureux. « Quoi, lui dit le prélat, après une vie telle que tu as menée ! car tu sais à quel excès nous nous sommes portés, toi et moi, dans notre jeunesse. » — « Je le sais, dit le mort, mais voici ce qui m'a sauvé : un jour, étant en Allemagne, je me trouvai avec un homme qui proférait des discours blasphématoires et injurieux à la Sainte Vierge. J'en fus irrité, je lui donnai un soufflet ; nous mettons l'épée à la main, je le tue, et de peur d'être arrêté et puni comme homicide, je prends la fuite, sans beaucoup réfléchir sur l'action que j'avais faite. A l'heure de ma mort, je me trouvai dans de terribles inquiétudes par le remords de ma vie passée, et je ne m'attendais qu'à une perte certaine, lorsque la Sainte Vierge vint à mon secours, et intercéda si puissamment pour moi auprès de son fils, qu'elle m'obtint le pardon de mes péchés ; et j'ai le bonheur de la béatitude.

« Pour vous, vous n'avez plus que six mois à vivre ; et je suis envoyé pour vous avertir que Dieu, en considération de vos aumônes et de votre charité envers les pauvres, veut vous faire miséricorde et vous attend à pénitence. Profitez du temps et expiez vos péchés passés. » Après ces mots, le mort disparut, et l'archevêque fondant en larmes, commença à vivre d'une manière si chrétienne, qu'il fut l'édification de tous ceux qui en eurent connaissance. Il raconta la chose à ses plus intimes amis, et mourut en 1545, après avoir gouverné l'Eglise de Gnesne pendant environ cinq ans.

La fille de Dumoulin, fameux jurisconsulte, ayant été inhumainement massacrée dans son logis[1], apparut de nuit à son mari bien éveillé, et lui déclara par nom et par surnom, ceux qui l'avaient tuée, elle et ses enfants, le conjurant d'en tirer vengeance.

*
* *

CHAPITRE XXXIX.

Extrait des ouvrages politiques de M. l'Abbé de St-Pierre, tome 4, p. 57.

« On me dit dernièrement à Valogne, qu'un bon prêtre de la ville qui apprend à lire aux enfants, nommé M. Bezuel, avait eu une apparition en plein jour, il y a dix ou douze ans. Comme cela avait fait d'abord beaucoup de bruit à cause de sa réputation de probité et de sincérité, j'eus la curiosité de l'entendre conter lui-même son aventure. Une dame de mes parentes qui le connaissait, l'envoya prier à dîner hier 7 janvier 1708, et comme

1. Le Loyer, l. 3. p. 46 & 47.

d'un côté, je lui marquai du désir de savoir la chose de lui-même, et que de l'autre, c'était pour lui une sorte de distinction honorable d'avoir eu en plein jour, une apparition d'un de ses camarades, il nous la conta avant le dîner sans se faire prier, et d'une manière assez naïve.

FAIT :

« En 1695, nous dit M. Bezuel, étant jeune écolier d'environ quinze ans, je fis connaissance avec les deux enfants d'Abaquene Procureur, écoliers comme moi. L'aîné était de mon âge, le cadet avait dix-huit mois de moins ; il s'appelait Desfontaines : nous faisions nos promenades et toutes nos parties de plaisir ensemble, soit que Desfontaines eût plus d'amitié pour moi, soit qu'il fût plus gai, plus complaisant, plus spirituel que son frère, je l'aimais aussi davantage.

« En 1696, nous promenant tous deux dans le cloître des capucins, il me conta qu'il avait lu depuis peu, une histoire de deux amis qui s'étaient promis que celui qui mourrait le premier viendrait dire des nouvelles de son état au vivant ; que le mort revint et lui dit des choses surprenantes. Sur cela, Desfontaines me dit qu'il avait une grâce à me demander, qu'il me le demandait instamment : c'était de lui faire une pareille promesse, et que de son côté, il me le ferait ; je lui dis que je ne voulais point. Il fut plusieurs mois à m'en parler souvent, et très sérieusement ; je résistais toujours. Enfin, vers le mois d'août 1696, comme il devait partir pour aller étudier à Caen, il me pressa tant, les larmes aux yeux, que j'y consentis ; il tira dans le moment, deux petits papiers qu'il avait écrits, tout prêts, l'un signé de son sang, où il me promettait en cas de mort, de me venir dire des nouvelles de son état, l'autre où je lui promettais pareille chose. Je me piquai au doigt, il en sortit une goutte de sang, avec lequel je signai mon nom ; il fut ravi d'avoir mon billet, et en m'embrassant, il me fit mille remerciements.

« Quelque temps après, il partit avec son frère. Notre séparation nous causa bien du chagrin ; nous nous écrivions de temps en temps de nos nouvelles, et il n'y avait que six semaines que j'avais reçu de ses lettres, lorsqu'il m'arriva ce que je m'en vais vous conter.

« Le 31 juillet 1697, un jeudi, il m'en souviendra toute ma vie, feu M. de Sortoville, auprès de qui je logeais, et qui avait eu de la bonté pour moi, me pria d'aller à un pré, près des Cordeliers, et d'aider à presser ses gens qui faisaient du foin ; je n'y fus pas un quart d'heure, que vers les deux heures et demie, je me sentis tout d'un coup étourdi et pris d'une faiblesse ; je m'appuyai en vain sur ma fourche à foin, il fallut que je me misse sur un peu de foin, où je fus environ une demi-heure à reprendre mes esprits. Cela se passa, mais comme jamais rien de semblable ne m'était arrivé, j'en fus surpris et je craignis le commencement d'une maladie. Il ne m'en resta cependant que peu d'impression le reste du jour ; il est vrai que la nuit, je dormis moins qu'à l'ordinaire.

« Le lendemain à pareille heure, comme je menais au pré M. de St-Simon, petit-fils de M. de Sortoville, qui avait alors dix ans, je me trouvai en chemin, attaqué d'une pareille faiblesse ; je m'assis sur une pierre, à l'ombre. Cela se passa, et nous continuâmes notre chemin ; il ne m'arriva rien de plus ce jour-là et la nuit, je ne dormis guère.

« Enfin, le lendemain, deuxième jour d'août, étant dans le grenier où on serrait le foin que l'on apportait du pré, précisément à la même heure, je fus pris d'un pareil étourdissement, et d'une pareille faiblesse, mais plus grande que les autres. Je m'évanouis et perdis connaissance ; un des laquais s'en aperçut. On m'a dit qu'on me demanda alors qu'est-ce que j'avais, et que je répondis : « J'ai vu ce que je n'aurais jamais cru. » Mais il ne me souvient ni de la demande ni de la réponse ; cela cependant s'accorde à ce qu'il me souvient avoir vu alors, comme une personne nue à mi-corps, mais que je ne reconnus cependant point. On m'aida à descendre de l'échelle. Je me tenais bien aux échelons, mais comme je vis Desfontaines, mon camarade, au bas de l'échelle, la faiblesse me reprit, ma tête s'en alla entre deux échelons et je perdis encore connaissance. On me descendit et on me mit sur une grosse poutre qui servait de siège dans la grande place des Capucins ; je m'y assis, je n'y vis plus alors M. de Sortoville ni ses domestiques, quoique présents ; mais apercevant Desfontaines vers le pied de l'échelle qui me faisait signe de venir à lui, je me reculai sur mon siège comme pour lui faire place, et ceux qui me voyaient mais que je ne voyais point, quoique j'eusse les yeux ouverts, remarquèrent ce mouvement.

« Comme il ne venait point, je me levai pour aller à lui ; il s'avança vers moi, me prit le bras gauche de son bras droit, et me conduisit à trente pas de là, dans une rue écartée, me tenant ainsi accroché. Les domestiques, croyant que mon étourdissement était passé et que j'allais à quelques nécessités, s'en allèrent chacun à leur besogne, exepté un petit laquais qui vint dire à M. de Sortoville que je parlais tout seul. M. de Sorteville crut que j'étais ivre , il s'approcha, et m'entendis faire quelques questions et quelques réponses qu'il m'a dites depuis.

« Je fus près de trois quarts heure à causer avec Desfontaines. « Je vous ai promis, me dit-il, que si je mourais avant vous, je viendrais vous le dire. Je me noyai avant-hier à la rivière de Caen, à peu près à cette heure-ci ; j'étais à la promenade avec tels et tels, il faisait grand chaud, il nous prit envie de nous baigner, il me vint une faiblesse dans la rivière, et je tombai au fond. L'abbé de Ménil-Jean, mon camarade, plongea pour me reprendre, je saisis son pied ; mais soit qu'il eût peur que ce ne fût un saumon parce que je le serrais bien fort, soit qu'il voulût promptement remonter sur l'eau, il secoua si rudement le jarret qu'il me donna un grand coup sur la poitrine et me jeta au fond de la rivière, qui est là fort profonde. »

« Desfontaines me conta ensuite tout ce qui leur était arrivé dans la promenade, et de quoi ils s'étaient entretenus. J'avais beau lui faire des questions, s'il s'était sauvé, s'il était damné, s'il était en Purgatoire, si j'étais en état de grâce, et si je le suivrais de près, il continua son discours comme s'il ne m'avait point entendu et comme s'il n'eût point voulu m'entendre.

« Je m'approchai plusieurs fois pour l'embrasser, mais il me parut que je n'embrassais rien. Je sentais pourtant bien qu'il me tenait fortement par le bras et que lorsque je tâchais de détourner ma tête pour ne plus le voir, parce que je ne le voyais qu'en m'affligeant, il me secouait le bras, comme pour m'obliger à le regarder et à l'écouter.

« Il me parut plus grand que je ne l'avais vu, et plus grand même qu'il n'était lors de sa mort, quoiqu'il eût grandi depuis dix-huit mois que nous ne nous étions vus. Je le vis toujours à mi-corps et nu, la tête nue avec ses beaux cheveux blonds et un écriteau blanc entortillé dans ses cheveux sur son front, sur lequel il y avait de l'écriture, où je ne pus lire que ces mots : *In &c*.

« C'était son même son de voix ; il ne me parut ni gai ni triste , mais dans une situation calme et tranquille. Il me pria, quand son frère serait revenu, de lui dire certaines choses pour dire à son père et à sa mère. Il me pria de dire les sept psaumes qu'il avait eu en pénitence le dimanche précédent, qu'il n'avait pas encore récités. Ensuite, il me recommanda encore de parler à son frère, puis il me dit adieu, s'éloigna de moi en me disant : *jusques, jusques*, qui était le terme ordinaire dont il se servait quand nous nous quittions à la promenade pour aller chacun chez nous.

« Il me dit que lorsqu'il se noyait, son frère, en écrivant une traduction, s'était repenti de l'avoir laissé aller sans l'accompagner, craignant quelque accident. Il me peignit si bien où il s'était noyé et l'arbre de l'avenue de Louvigni où il avait écrit quelques mots, que deux ans après, me trouvant avec le feu chevalier de Gotot, un de ceux qui étaient avec lui lorsqu'il se noya, je lui marquai l'endroit même, et qu'en comptant les arbres d'un certain côté que Desfontaines m'avait spécifié, j'allais droit à l'arbre et je trouvais son écriture. Il me dit aussi que l'article des sept psaumes était vrai, et qu'au sortir de confession, ils s'étaient dit leurs pénitences. Son frère me dit qu'il était vrai qu'à cette heure-là, il écrivait sa version, et qu'il se reprocha de n'avoir pas accompagné son frère.

« Comme je passai près d'un mois sans pouvoir faire ce que m'avait dit Desfontaines à l'égard de son frère, il m'apparut encore deux fois avant dîner, à une maison de campagne où j'étais allé dîner, à une lieue d'ici. Je me trouvai mal ; je dis qu'on me laissât, que ce n'était rien, que j'allais revenir. J'allai dans le coin du jardin. Desfontaines m'ayant apparu, il me fit des reproches de ce que je n'avais pas encore parlé à son frère et m'entretint encore un quart d'heure sans vouloir répondre à mes questions.

« En allant le matin à Notre-Dame de la Victoire, il m'apparut encore, mais pour moins de temps, et me pressa toujours de parler à son frère, et me quitta en me disant toujours : *jusques, jusques*, et sans vouloir répondre à mes questions.

« C'est une chose remarquable, que j'eus toujours une douleur à l'endroit du bras qu'il m'avait saisi la première fois, jusqu'à ce que j'eusse parlé à son frère. Je fus trois jours que je ne dormais pas de l'étonnement où j'étais. Au sortir de la première conversation, je dis à M. de Varouville, mon voisin et mon camarade d'école, que Desfontaines avait été noyé, qu'il venait lui-même de m'apparaître et de me le dire. Il s'en alla, toujours courant chez les parents pour savoir si c'était vrai. On en venait de recevoir la nouvelle, mais par un malentendu, il comprit que c'était l'aîné. Il m'assura qu'il avait lu la lettre de Desfontaines, et il le croyait ainsi. Je lui soutins toujours que cela ne pouvait pas être et que Desfontaines lui-même m'était apparu. Il retourna, revint, et me dit en pleurant : « Cela n'est que trop vrai. »

« Il ne m'est rien arrivé depuis, et voilà mon aventure au naturel. On l'a contée diversement, mais je ne l'ai contée que comme je viens de vous le dire. Le feu chevalier de Gotot m'a dit que Desfontaines est aussi apparu à M. de Menil-Jean. Mais je ne le connais point, il demeure à vingt lieues d'ici, du côté d'Argentan, et je ne puis en rien dire de plus. »

Voilà un récit bien singulier et bien circonstancié, rapporté par M. l'abbé de St-Pierre, qui n'est nullement crédule et qui met tout son esprit et toute sa philosophie à expliquer les événements les plus extraordinaires par des raisonnements physiques, par le concours des atomes, des corpuscules, les écoulements des esprits insensibles et de la transpiration. Mais tout cela est tiré de si loin, et fait une violence si sensible aux sujets et à leurs circonstances, que les plus crédules ne sauraient s'y rendre.

Il est surprenant que ces messieurs qui se piquent de force d'esprit et qui rejettent avec tant de hauteur tout ce qui paraît surnaturel, soient si faciles à admettre des systèmes philosophique beaucoup plus incroyables que les faits mêmes qu'ils combattent. Ils se forment des doutes souvent très mal fondés et les attaquent par des principes encore plus incertains. Cela s'appelle réfuter une difficulté par une autre, résoudre un doute par des principes encore plus douteux.

Mais, dira-t-on, d'où vient que tant d'autres personnes qui s'étaient engagées de venir dire des nouvelles de l'immortalité de l'âme après leur mort, ne sont pas revenues ? Sénèque parle d'un philosophe stoïcien nommé Julius Canius, qui ayant été condamné à mort par Jules César, dit hautement qu'il allait apprendre la vérité de cette question qui les partageait, à savoir si l'âme était immortelle ou non. Et on ne lit pas qu'il soit revenu. La Motte le Vayer était convenu avec son ami Baranzan Barnabite que le premier d'entre eux qui mourrait, avertirait l'autre de l'état où il se trouverait. Baranzan mourut, et ne revint point.

De ce que les morts reviennent quelquefois, il serait imprudent de conclure qu'ils reviennent toujours. Et de même, ce serait mal raisonner que de dire qu'ils ne reviennent jamais, parce qu'ayant promis de revenir, ils ne sont pas revenus. Il faudrait pour cela, supposer qu'il est au pouvoir des âmes de revenir et d'apparaître quand elles veulent et si elles le veulent. Mais il paraît indubitable au contraire, que cela n'est point en leur pouvoir et que ce n'est que par une permission très particulière de Dieu, que les âmes séparées du corps, paraissent quelquefois aux vivants.

On voit dans l'histoire du mauvais riche, que Dieu ne voulut pas lui accorder la grâce qu'il lui demandait, de renvoyer sur la terre quelques-uns de ceux qui étaient avec lui dans l'Enfer. De pareilles raisons tirées de l'endurcissement ou de l'incrédulité des mortels, ont pu empêcher de même le retour de Julius Canus ou de Baranzan. Le retour des âmes et leur apparition n'est pas une chose naturelle ni qui soit du choix des trépassés. C'est un effet surnaturel et qui tient du miracle.

Saint Augustin[1] dit à ce sujet, que si les morts s'intéressent à ce qui regardent les vivants, et s'il est en leur pouvoir de revenir visiter les vivants, sainte Monique, sa mère, qui l'aimait si tendrement, et qui le suivait, par mer et par terre, pendant sa vie, ne manquerait pas de le visiter toutes les nuits et de le venir consoler dans ses peines ; car il ne faut pas s'imaginer qu'elle soit devenue moins compatissante depuis qu'elle est devenue bienheureuse : *Absit ut facta sit vita feliciore crudelis.*

Le retour des âmes, leurs apparitions, l'exécution des promesses que quelques personnes se

---

1. Aug. de cura gerend pro mortuis, c. 13. pag. 526.

sont faites de venir dire à leurs amis des nouvelles de ce qui se passe en l'autre monde, n'est pas en leur pouvoir. Tout cela est entre les mains de Dieu.

*
* *

CHAPITRE XL.

*Divers systèmes pour expliquer le retour
des revenants.*

La matière des revenants ayant fait dans le monde autant de bruit qu'elle en a fait, il n'est pas surprenant que l'on ait formé tant de divers systèmes, et qu'on ait proposé tant de manières pour expliquer leur retour et leurs opérations.

Les uns ont cru que c'était une résurrection momentanée, causée par l'âme du défunt qui rentrait dans son corps ou par le Démon qui le ranimait et le faisait agir pendant quelque temps, tandis que son sang gardait sa consistance et sa fluidité, et que ses organes n'étaient point entièrement corrompus et dérangés.

D'autres, frappés des suites de ce principe et des conséquences qu'on en pourrait tirer, ont mieux aimé supposer que ces vampires n'étaient pas vraiment morts ; qu'ils conservaient encore certaines semences de vie et que leurs âmes pouvaient de temps en temps les ranimer et les faire sortir de leurs tombeaux, pour paraître parmi les hommes, y prendre quelque nourriture, se rafraîchir, y renouveler leur suc nourricier et leurs esprits animaux en suçant le sang de leurs proches.

On a imprimé depuis peu une dissertation sur l'incertitude des signes de la mort et l'abus des enterrements précipités, par M. Jacques Benigne Vinslow, Docteur régent de la faculté de médecine de Paris, traduite et commentée par Jacques-Jean Bruhier, Docteur en médecine, à Paris, 1742,in-8°. Cet ouvrage peut servir à expliquer comment des personnes qu'on a crues mortes et qu'on a enterrées comme telles, se sont néanmoins trouvées vivantes assez longtemps après leurs obsèques et leur enterrement. Cela rendra peut-être le vampirisme moins incroyable.

M. Vinslow, Docteur et régent de la faculté de médecine de Paris soutint au mois d'avril 1740, une thèse où il demande si les expériences de chirurgie sont plus propres que toutes autres à découvrir des marques moins incertaines d'une mort douteuse. Il y soutint qu'il y a plusieurs rencontres où les marques de la mort sont très douteuses et il produit plusieurs exemples de personnes qu'on a crues mortes et qu'on a enterrées comme telles, qui néanmoins se sont ensuite trouvées vivantes.

M. Bruhier, Docteur en médecine, a traduit cette thèse en français et y a fait des additions savantes, fort propres à fortifier le sentiment de M. Vinslow. L'ouvrage est très intéressant pour la matière dont il traite, fort agréable à lire par la manière dont il est écrit. Je vais en extraire ce qui peut servir à mon sujet ; je m'attacherai principalement aux faits les plus certains et les plus singuliers, car pour les rapporter tous, il faudrait transcrire tout le livre.

On sait que Jean Duns, surnommé « Scot » ou « le docteur subtil », eut le malheur d'être enterré vivant à Cologne, et que quand on ouvrit son tombeau quelque temps après, on trouva qu'il s'était rongé le bras [1]. On raconte la même chose de l'empereur Zénon, qui se fit entendre du fond de son tombeau par des cris réitérés, à ceux qui le veillaient. Lancisi, célèbre médecin du pape Clément XI raconte qu'à Rome, il a été témoin d'une personne de distinction qui était encore vivante lorsqu'il écrivait, qui reprit le mouvement et le sentiment pendant qu'on chantait son service à l'église.

Pierre Zacchias, autre célèbre médecin de Rome, dit que dans l'hôpital du Saint-Esprit, un jeune homme étant attaqué de peste, tomba dans une syncope si entière qu'on le crut absolument mort. Dans le temps qu'on transportait son cadavre avec beaucoup d'autres au-delà du Tibre, le jeune homme donna quelques signes de vie. On le reporta à l'hôpital où il guérit. Deux jours après, il tomba

---

1. Ce fait est plus que douteux ; Bzovius, pour l'avoir avancé d'après quelques autres, fut traité de *Bovius*, c'est-à-dire, gros bœuf. Il vaut donc mieux s'en tenir à ce que Moreri en a pensé: « Les ennemis de Scot ont publié, dit-il, qu'ayant été attaqué d'apoplexie, il fut d'abord enterré, et que quelque temps après cet accident étant passé, il mourut désespéré, se rongeant les mains... Mais on a si bien réfuté cette calomnie autorisée par Paul Jove, Latome & Bzovius, qu'il ne se trouve plus personne qui veuille y ajouter foi ».

dans une pareille syncope. Pour cette fois, il fut réputé mort sans retour. On le mit parmi les autres destinés à la sépulture ; il revint une seconde fois, et vivait encore quand Zacchias écrivait.

On raconte qu'un nommé Guillaume Foxlei, âgé de quarante ans[1], s'étant endormi le 27 avril 1546, demeura plongé dans son sommeil quatorze jours et quatorze nuits, sans aucune maladie précédente. Il ne pouvait se persuader qu'il eût dormi plus d'une nuit ; il ne fut convaincu de son long sommeil que quand on lui fit voir un bâtiment commencé quelques jours avant son assoupissement, et qu'il vit achevé à son réveil. On dit que sous le pape Grégoire II, un écolier dormit sept ans de suite à Lubec. Lilius Giraldus[2] rapporte qu'un paysan dormit tout l'automne et tout l'hiver entier.

*
* *

CHAPITRE XLI.

Divers exemples de personnes enterrées encore vivantes.

Plutarque raconte, qu'un homme étant tombé de haut sur son col, on le crut mort, sans qu'il eût la moindre apparence de blessure. Comme on le

---

1. Larrey, dans Henri VIII, roi d'Angleterre, p. 536.
2. Lilius Giraldus, *Hist. Poët*. dialog. 8.

portait en terre au bout de trois jours, il reprit tout à coup ses forces et revint à lui : Asclépiade[1] ayant rencontre un grand convoi d'une personne qu'on portait en terre, obtint de voir et de toucher le mort. Il y trouva des signes de vie, et par le moyen de quelques remèdes, il le rappela sur le champ et le rendit sain à ses parents.

Il y a plusieurs exemples de personnes, qui ayant été enterrées, sont revenues ensuite et ont encore vécu longtemps en parfaite santé. On raconte en particulier[2], qu'une femme d'Orléans, enterrée dans le cimetière, avec une bague à son doigt qu'on n'avait pu tirer en la mettant dans le cercueil, la nuit suivante, un domestique attiré par l'espoir du gain ouvrit le tombeau, rompit le cercueil, et ne pouvant arracher la bague, voulut couper le doigt de la personne, qui jeta un grand cri. Le valet prit la fuite, la femme se débarrassa comme elle put de son drap mortuaire, revint chez elle, et survécut à son mari.

Mr Benard, maître chirurgien à Paris, atteste, qu'étant avec son père à la paroisse de Réal, on tira du tombeau, vivant et respirant, un religieux de saint François qui y était renfermé depuis trois ou quatre jours, et qui s'était rongé les mains autour de la ligature qui les lui assujetissait ; mais il mourut presque dans le moment qu'il eut pris l'air.

Plusieurs personnes ont parlé de cette femme

---

1. Cels. lib. 2. c. 6.
2. Le P. le Clerc ci-devant procureur des pensionnaires du collège de Louis le Grand.

d'un conseiller de Cologne [1], qui ayant été enterrée en 1571 avec une bague de prix, le fossoyeur ouvrit le tombeau la nuit suivante pour voler la bague. Mais la bonne dame l'empoigna et le força de la tirer du cercueil. Il se dégagea néanmoins de ses mains et s'enfuit. La ressuscitée alla frapper à la porte de sa maison ; on crut que c'était un fantôme et on la laissa assez longtemps languir à la porte. Enfin on lui ouvrit, on la réchauffa, et elle revint en parfaite santé et eut trois fils qui furent gens d'Eglise. Cet événement est représenté sur le sépulcre de la personne, dans un tableau où l'histoire est représentée, et de plus, écrite en vers allemands.

On ajoute que cette dame, pour convaincre ceux du logis que c'était elle-même, dit au valet qui vint à la porte, que les chevaux étaient montés au grenier, ce qui se trouva vrai ; et on voit encore aux fenêtres du grenier de cette maison, des têtes des chevaux en bois, en signe de la vérité de la chose.

François de Civile, gentilhomme normand [2], était capitaine de cent hommes dans la ville de Rouen, lorsqu'elle fut assiégée par Charles IX, et avait alors vingt-six ans. Il fut blessé à mort à la fin de l'assaut, et étant tombé dans le fossé, quelques pionniers le mirent dans une fosse avec un autre corps, et le couvrirent d'un peu de terre. Il y resta depuis onze heures du matin jusqu'à six heures et

1. Misson, *Voyage d'Italie*, tom. I. lettre. Goulart, *Des Histoires admirables & mémorables*, imprimé à Genève en 1678.

2. Misson, *Voyage*, tom. 3.

demie du soir, que son valet l'alla déterrer. Ce domestique lui ayant remarqué quelques signes de vie, le mit dans un lit où il demeura cinq jours et cinq nuits sans parler ni sans donner aucun signe de sentiment, mais aussi ardent de fièvre qu'il avait été froid dans la fosse. La ville ayant été prise d'assaut, les valets d'un officier de l'armée victorieuse, qui devaient loger dans la maison où était Civile, le jetèrent sur une paillasse dans une chambre de derrière, d'où les ennemis de son frère le jetèrent par la fenêtre sur un tas de fumier, où il demeura plus de trois fois vingt-quatre heures en chemise. Au bout de ce temps, un de ses parents, surpris de le trouver vivant, l'envoya à une lieue de Rouen[1], où il fut traité, et se trouva enfin parfaitement guéri.

Dans une grande peste qui attaqua la ville de Dijon en 1558, une dame nommée Nicole Lentillet, étant réputée morte de la maladie épidémique, fut jetée dans une grande fosse, où l'on enterrait les morts. Le lendemain de son enterrement, au matin, elle revint à elle, et fit de vains efforts pour sortir ; mais la faiblesse et le poids des autres corps dont ellle était couverte l'en empêchèrent. Elle demeura dans cette horrible situation pendant quatre jours, que les enterreurs l'en tirèrent et la ramenèrent chez elle, où elle se rétablit parfaitement.

Une demoiselle d'Ausbourg étant tombée en syncope[2], son corps fut mis sous une voûte pro-

---

1. Goulart, *loco citato*.
2. M. Graffe, Epître à Guill. Frabri, centurie a. observ. chirurg. 516.

fonde sans être couverte de terre ; mais l'entrée de ce souterrain fut murée exactement. Quelques années après, quelqu'un de la même famille mourut : on ouvrit le caveau, et l'on trouva le corps de la demoiselle tout à l'entrée de la clôture, n'ayant point de doigt à la main droite, qu'elle s'était dévorée de désespoir.

Le 25 de juillet 1688, mourut à Metz un garçon perruquier, d'une attaque d'apoplexie, sur le soir après avoir soupé. Le 28 du même mois, on l'entendit encore se plaindre plusieurs fois ; on le déterra. Il fut visité par les médecins et chirurgiens. Le médecin a soutenu après qu'il a été ouvert, qu'il n'y avait que deux heures qu'il était mort. Ceci est tiré d'un manuscrit d'un bourgeois contemporain, à Metz.

*
* *

CHAPITRE XLII.

*Exemples de personnes noyées,
qui sont revenues en santé.*

Voici des exemples de personnes noyées[1] et qui sont revenues plusieurs jours après qu'on les a crues mortes. Peclin raconte l'histoire d'un jardinier de Troninghalm, en Suède, qui était encore vivant, et âgé de soixante-cinq ans, lorsque l'auteur

---

1. Guill. Derham, extrait. Peclin. c. x de aëre & alim. def.

écrivait. Cet homme étant sur la glace pour secourir un autre homme qui était tombé dans l'eau, la glace se rompit sous lui, et il enfonça dans l'eau à la profondeur de dix-huit aunes. Ses pieds s'étant attachés au limon, il y demeura pendant seize heures avant qu'on le tirât hors de l'eau. En cet état, il perdit tout sentiment, si ce n'est qu'il crut entendre les cloches qu'on sonnait à Stockholm ; il sentit l'eau qui lui entrait non par la bouche, mais par les oreilles. Après l'avoir cherché pendant seize heures, on l'accrocha par la tête avec un croc et on le tira de l'eau ; on le mit dans des draps, on l'approcha du feu, on le frotta, on l'agita, enfin on le fit revenir. Le roi et la reine voulurent le voir et l'entendre, et lui firent une pension.

Une femme dans le même pays, après avoir été trois jours dans l'eau, fut de même rappelée à la vie par les mêmes moyens que le jardinier. Un autre nommé Janas, s'étant noyé à l'âge de dix-sept ans, fut tiré de l'eau sept semaines après ; on le réchauffa, et on lui fit revenir les esprits.

M. d'Egly, de l'Académie royale des Inscriptions et des Belles-Lettres de Paris, raconte qu'un Suisse, habile plongeur, s'étant enfoncé dans un creux de la rivière où il espérait trouver de beaux poissons, y demeura environ neuf heures. On le tira de l'eau après l'avoir blessé en plusieurs endroits avec des crocs. M. d'Egly voyant que l'eau bouillonnait, sortant de sa bouche, soutint qu'il n'était pas mort. On lui fit rendre de l'eau tant qu'on put pendant trois quarts d'heure, on l'enveloppa de linges chauds, on le mit dans le lit, on le saigna, et on le sauva.

On en a vu qui sont revenus après avoir été sept semaines dans l'eau, d'autres moins longtemps : par exemple, Gocellin, neveu d'un archevêque de Cologne, étant tombé dans le Rhin, y demeura quinze heures avant qu'on pût le retrouver. Au bout de ce temps, on le porta au tombeau de saint Suitbert, et il revint en santé[1].

Le même St Suitbert ressuscita encore un autre jeune homme noyé depuis plusieurs heures. Mais l'auteur qui raconte ces miracles n'est pas d'une grande autorité.

On rapporte plusieurs exemples de personnes noyées, qui ont demeuré pendant quelques jours sous les eaux et qui ensuite sont revenues en santé. Dans la seconde partie de la *Dissertation sur l'incertitude des signes de la mort*, par M. Bruhier, Docteur en médecine, imprimée à Paris en 1744, pages 102-103 et suiv., on montre qu'on en a vu qui ont été quarante-huit heures sous les eaux, d'autres pendant trois jours, d'autres pendant huit jours. Il y ajoute l'exemple des chrysalides insectes, qui passent tout l'hiver sans donner le moindre signe de vie, et les insectes aquatiques, qui demeurent tout l'hiver dans le limon sans mouvement ; ce qui arrive aussi aux grenouilles et aux crapauds. Les fourmis mêmes, contre l'opinion commune, sont pendant l'hiver dans un état de mort, qui ne cesse qu'au printemps. Les hirondelles dans les pays septentrionaux, s'enfoncent par pelotons dans les lacs et dans les étangs, même dans les ri-

---

1. Vita S. Suitberti apud Surium. I. Martii.

vières, dans la mer, dans le sable, dans des trous de muraille, dans le creux des arbres, le fond des cavernes, pendant que d'autres hirondelles passent la mer pour chercher des climats plus chauds et plus tempérés.

Ce qu'on vient de dire des hirondelles qui se trouvent au fond des lacs, des étangs et des rivières, se remarque tout communément dans la Silésie, la Pologne, la Bohême et la Moravie. On pêche même quelquefois des cigognes comme mortes, qui ont le bec fiché dans l'anus les une des autres. On en a vu beaucoup de cette sorte aux environs de Genève, et même aux environs de Metz en l'année 1467.

On peut y joindre les cailles et les hérons ; on a trouvé des moineaux et des coucous pendant l'hiver, dans des creux d'arbre, sans mouvement et sans apparence de vie, lesquels étant réchauffés, ont repris leurs esprits et leur vol. On sait que les hérissons, la marmotte, les loirs et les serpents vivent sous la terre sans respirer, et que la circulation du sang ne se fait en eux que très faiblement pendant tout l'hiver. On dit même que l'ours dort presque pendant tout ce temps.

*
* *

CHAPITRE XLIII.

*Exemples de femmes qu'on a crues mortes,
et qui sont revenues.*

De fort habiles médecins prétendent[1], que dans la suffocation de matrice, une femme peut vivre trente jours sans respirer. Je sais qu'une fort honnête femme fut pendant trente-six heures sans donner aucun signe de vie. Tout le monde la croyait morte, et on voulait l'ensevelir. Son mari s'y opposa toujours. Au bout de trente-six heures, elle revint, et a vécu longtemps depuis. Elle racontait qu'elle entendait fort bien tout ce qu'on disait d'elle, et savait qu'on voulait l'ensevelir. Mais son engourdissement était tel, qu'elle ne pouvait le surmonter et aurait laissé faire tout ce qu'on aurait voulu sans la moindre résistance.

Ceci revient à ce que dit saint Augustin du prêtre Prétextat, qui dans ses absences d'esprit et ses syncopes, entendait comme de loin ce qu'on disait, et cependant se serait laissé brûler et couper les chairs sans opposition, et sans aucun sentiment.

Corneille le Bruyn[2] dans ses voyages, raconte qu'il vit à Damiette, en Egypte, un Turc qu'on appelait « l'enfant mort », parce que sa mère étant grosse de lui, tomba malade, et comme on la crut morte, on l'enterra assez promptement suivant la coutume du pays, où l'on ne laisse que peu de

---

1. Le Clerc, *Histoire de la Médecine*.
2. Corneille le Bruyn, t. I pag. 579.

temps les morts sans les enterrer, surtout en temps de peste. Elle fut mise dans un caveau que ce Turc avait pour la sépulture de sa famille.

Sur le soir, quelques heures après l'enterrement de cette femme, il vint dans l'esprit du Turc, son mari, que l'enfant dont elle était enceinte pourrait bien encore être vivant. Il fit donc ouvrir le caveau, et trouva que sa femme s'était délivrée et que son enfant était vivant ; mais la mère était morte. Quelques uns disaient qu'on avait entendu crier l'enfant et que ce fut sur l'avis qu'on en donna au père qu'il fit ouvrir le tombeau. Cet homme surnommé « l'enfant mort » vivait encore en 1677. Le Bruyn croit que la femme était morte lorsqu'elle l'enfanta. Mais il n'aurait pas été possible qu'étant morte, elle mit son enfant au monde. On doit se souvenir qu'en Egypte, où ceci est arrivé, les femmes ont une facilité extraordinaire d'accoucher, comme le témoignent les Anciens et les Modernes, et que cette femme était simplement enfermée dans un caveau, sans être couverte de terre.

Une femme grosse, de Strasboug, réputée morte, fut enterrée dans un souterrain[1]. Au bout de quelque temps, ce caveau ayant été ouvert pour y mettre un autre corps, on trouva la femme hors de son cercueil, couchée par terre, ayant entre les mains un enfant dont elle s'était délivrée, et dont elle tenait le bras dans la bouche, comme si elle eût voulu le manger.

---

1. Cronstaud, Philosoph. veter. restit.

Une autre femme espagnole, épouse de François Arevallos de Suasse[1], étant morte, ou réputée telle, dans les derniers mois de sa grossesse, fut mise en terre. Son mari, qu'on avait envoyé chercher à la campagne où il était pour affaire, voulut voir sa femme à l'église et la fit exhumer. A peine eut-on ouvert le cercueil, qu'on ouït le cri d'un enfant, qui faisait effort pour sortir du sein de sa mère.

On l'en tira vivant, et il a vécu longtemps depuis, sous le nom d'«enfant de la terre». On l'a vu depuis, lieutenant général de la ville de Xerez de la frontière en Espagne. On pourrait multiplier à l'infini, les exemples de personnes enterrées toutes vivantes et d'autres qui sont revenues, comme on les portait au tombeau, ou qui ont été tirées du tombeau par des cas fortuits.

On peut consulter sur cela, le nouvel ouvrage de messieurs Vinslow et Bruyer, et les auteurs qui ont traité cette matière exprès[2]. Ces messieurs les médecins tirent de là une conséquence fort sage et fort judicieuse, qui est qu'on ne doit enterrer les hommes que quand on est bien assuré de leur mort, surtout dans les temps de peste, et dans certaines maladies qui font perdre tout à coup le mouvement et le sentiment.

*
* *

---

1. Gaspard Reïes, campus Elysius jucund.
2. Page 167. des additions de M. Bruhier.

CHAPITRE XLIV.

Peut-on faire l'application de ces exemples aux revenants de Hongrie.

On peut tirer avantage de ces exemples et de ces raisonnements en faveur du vampirisme, en disant que les revenants de Hongrie, de Moravie et de Pologne, etc., ne sont pas réellement morts ; qu'ils vivent dans leurs tombeaux, quoique sans mouvement et sans respiration. Le sang qu'on leur trouve beau et vermeil, la flexibilité de leurs membres, les cris qu'ils poussent lorsqu'on leur perce le cœur ou qu'on leur coupe la tête, prouvent qu'ils vivent encore.

Ce n'est pas là la principale difficulté qui m'arrête. C'est de savoir comment ils sortent de leurs tombeaux, comment ils y rentrent sans qu'il paraisse qu'ils ont remué la terre et qu'ils l'ont remise en son premier état ; comment ils paraissent revêtus de leurs habits, qu'ils vont, qu'ils viennent, qu'ils mangent. Si cela est, pourquoi retourner dans leurs tombeaux ? Que ne demeurent-ils parmi les vivants ? Pourquoi sucer le sang de leurs parents ? Pourquoi infester et fatiguer des personnes qui doivent leur être chères et qui ne les ont pas offensés ? Si tout cela n'est qu'imagination de la part de ceux qui sont molestés, d'où vient que ces vampires se trouvent dans leurs tombeaux sans corruption, pleins de sang, souples et maniables ; qu'on leur trouve les pieds crottés le lendemain du jour qu'ils ont couru et effrayé les gens du voisinage et qu'on ne remarque rien de pareil dans les autres cadavres enterrés dans le même temps dans le même cimetière ? D'où vient qu'ils ne reviennent plus et n'infestent plus quand on les a brûlés ou empalés ? Sera-ce encore l'imagination des vivants et leurs préjugés, qui les rassureront après ces exécutions faites ? D'où vient que ces scènes se renouvellent si souvent dans ces pays, qu'on ne revient point de ces préjugés et que l'expérience journalière, au lieu de les détruire, ne fait que les augmenter et les fortifier ?

*
* *

CHAPITRE XLV.

Morts qui mâchent comme des porcs dans leurs tombeaux, et qui dévorent leur propre chair.

C'est une opinion fort répandue dans l'Allemagne, que certains morts mâchent dans leurs tombeaux et dévorent ce qui se trouve autour d'eux ; qu'on les entend même manger comme des porcs, avec un certain cri sourd, et comme grondant et grunissant.

Un auteur allemand [1] nommé Michel Rauff a composé un ouvrage intitulé *De masticatione*

---

1. Mich. Rauff, altera Dissert. art. lvij. page 98, 99 & art. l. x. pag. 100.

mortuorum in tumulis, des morts qui mâchent dans leurs tombeaux. Il suppose comme une chose sûre et certaine, qu'il y a certains morts qui ont dévoré les linges et tout ce qui était à portée de leur bouche, et même qui ont dévoré leur propre chair dans leurs tombeaux. Il remarque[1] qu'en quelques endroits d'Allemagne, pour empêcher les morts de mâcher, on leur met sous le menton, dans le cercueil, une motte de terre. Qu'ailleurs, on leur met dans la bouche une petite pièce d'argent et une pierre. Ailleurs, on leur serre fortement la gorge avec un mouchoir. L'auteur cite quelques écrivains allemands qui font mention de cet usage ridicule, et il en rapporte plusieurs autres, qui parlent des morts qui ont dévoré leur propre chair dans leur sépulcre. Cet ouvrage a été imprimé à Leipzig en 1728. Il parle d'un auteur nommé Philippe Rehrius qui imprima en 1679, un traité sur le même titre *De masticatione mortuorum*.

Il aurait pu y ajouter le fait de Henri, comte de Salm[2], qui ayant été cru mort, fut inhumé tout vivant. L'on ouït pendant la nuit, dans l'église de l'abbaye de Haute-Seille où il était enterré, de grands cris ; et le lendemain, son tombeau ayant été ouvert, on le trouva renversé et le visage en bas, au lieu qu'il avait été enterré sur son dos et le visage en haut.

---

1. De Nummis in ore defunctorum repertis art. ix. à Beyermuller, &.
2. Richer. Senon. tom. 3 Spicileg. Dacherij, pag. 392.

Il y a quelques années qu'à Bar-le-Duc, un homme ayant été inhumé dans le cimetière, on ouït du bruit dans sa fosse. Le lendemain, on le déterra et on trouva qu'il s'était mangé les chairs des bras, ce que nous avons appris de témoins oculaires. Cet homme avait bu de l'eau-de-vie et avait été enterré comme mort. Rauff parle d'une femme de Bohême[1] qui, en 1355, avait mangé dans sa fosse, la moitié de son linceul sépulcral. Du temps de Luther, un homme mort et enterré, et une femme de même, se rongèrent les entrailles. Un autre mort en Moravie, dévora les linges d'une femme enterrée près de lui.

Tout cela est fort possible ; mais que les vrais morts dans leurs tombeaux remuent les mâchoires et se divertissent à mâcher ce qui se trouve autour d'eux, c'est une imagination puérile, semblable à ce que les anciens Romains disaient de leur *Manducus*, qui était une figure grotesque d'homme ayant une bouche énorme, avec des dents proprotionnées que l'on faisait mouvoir par ressorts et craquer les dents les unes contre les autres, comme si cette figure famélique eût demandé à manger. On en faisait peur aux enfants et on les menaçait des *Mandicus*[2] :

> *Tandem que venis ad pulpita nostrum*
> *Exodium, cùm personæ pallenis hiatum*
> *In gremio matris fastidit rusticus infans.*

---

1. Rauff. art. 42. p. 43.
2. Juvenal, Sat. 3. v. 174.

On voit quelques restes de cet ancien usage dans certaines processions, où l'on porte une espèce de serpent qui ouvre et ferme par intervalles, une vaste gueule armée de dents, dans laquelle on jette quelques gâteaux, comme pour le rassasier.

*
* *

CHAPITRE XLVI.

Exemple singulier d'un revenant de Hongrie.

L'exemple le plus remarquable que Rauff cite[1] est celui d'un nommé Pierre Plogojovits, enterré depuis six semaines dans un village de Hongrie nommé Kisolova. Cet homme apparut la nuit, à quelques-uns des habitants du village pendant leur sommeil, et leur serra tellement le gosier, qu'en vingt-quatre heures, ils en moururent. Il périt ainsi neuf personnes tant vieilles que jeunes, dans l'espace de huit jours.

La veuve du même Plogojovits déclara, que son mari, depuis sa mort, lui était venu demander ses souliers ; ce qui l'effraya tellement, qu'elle quitta le lieu de Kisolova pour se retirer ailleurs.

Ces circonstances déterminèrent les habitants du village à tirer de terre le corps de Plogojovits et à le brûler, pour se délivrer de ses infestations. Ils s'adressèrent à l'officier de l'empereur, qui

1. Rauff. art 12. p. 15.

commandait dans le territoire de Gradisca en Hongrie, et au curé du même lieu, pour obtenir la permission d'exhumer le corps de Pierre Plogojovits. L'officier et le curé firent beaucoup de difficultés d'accorder cette permission ; mais les paysans déclarèrent que si on leur refusait de déterrer le corps de cet homme, qu'ils ne doutaient point qu'il ne fût un vrai vampire (c'est ainsi qu'ils appellent les revenants ou rédivives), ils seraient obligés de quitter le village et de se retirer où ils pourraient.

L'officier de l'empereur qui a écrit cette relation, voyant qu'il ne pouvait les arrêter ni par menaces ni par promesses, se transporta avec le curé de Gradisca au village de Kisolova, et ayant fait exhumer Pierre Plogojovits, ils trouvèrent que son corps n'exhalait aucune mauvaise odeur, qu'il était entier et comme vivant, à l'exception du bout du nez, qui paraissait un peu flétri et desséché ; que ses cheveux et sa barbe étaient crûs, et qu'à la place de ses ongles qui étaient tombés, il lui en était venu de nouveaux ; que sous la première peau qui paraissait comme morte et blanchâtre, il en paraissait une nouvelle, saine et de couleur naturelle ; ses pieds et ses mains étaient aussi entiers qu'on les pouvait souhaiter dans un homme bien vivant. Ils remarquèrent aussi dans sa bouche du sang tout frais, que ce peuple croyait que ce vampire avait sucé aux hommes qu'il avait fait mourir.

L'officier de l'empereur et le curé ayant diligemment examiné toutes ces choses, et le peuple qui était présent en ayant conçu une nouvelle indignation et s'étant de plus en plus persuadé qu'il était la vraie cause de la mort de leurs compatriotes, accoururent aussitôt chercher un pieu bien pointu qu'ils lui enfoncèrent dans la poitrine, d'où il sortit quantité de sang frais et vermeil, de même que par le nez et par la bouche. Il rendit aussi quelque chose par la partie de son corps que la pudeur ne permet pas de nommer. Ensuite, les paysans mirent le corps sur un bûcher et le réduisirent en cendres.

M. Rauff[1], de qui nous tenons ces particularités cite plusieurs auteurs qui ont écrit sur la même matière et ont rapporté des exemples de ces morts qui ont mangé dans leurs tombeaux. Il cite en particulier Gabriel Rzaczinoki dans son histoire des curiosités naturelles du royaume de Pologne, imprimée en 1721, à Sandomir.

*
* *

CHAPITRE XLVII.

Raisonnement sur cette matière.

Ces auteurs ont beaucoup raisonné sur ces événements : 1. Les uns les ont crus miraculeux. 2. Les autres les ont regardés comme de purs effets d'une imagination vivement frappée ou d'une forte pré-

---

1. Rauff. art. 21. pag. 14.

vention. 3. D'autres ont cru qu'il n'y a rien que de très naturel et de très simple, ces persrsonnes n'étant pas mortes et agissant naturellement sur les autres corps. 4. D'autres ont prétendu que c'était l'ouvrage du Démon même. Entre ceux-ci, quelques-uns ont avancé [1] qu'il y avait certains démons bénins, différents des démons malfaisants et ennemis des hommes, à qui ils ont attribué des opérations badines et indifférentes, à la distinction des mauvais démons, qui inspirent aux hommes le crime et le péché, les maltraitent, les font mourir, et qui leur causent une infinité de maux. Mais quels plus grands maux peut-on avoir à craindre des vrais démons et des esprits plus malins, que ceux que les revenants de Hongrie causent aux personnes qu'ils sucent et font mourir ? 5. D'autres veulent que ce ne soit pas les morts qui mangent leurs propres chairs ou leurs habits, mais, ou des serpents, ou des rats, des taupes, des loups cerviers, ou d'autres animaux vorares, ou même ce que les païens nommaient *striges* [2], qui sont des oiseaux qui dévorent les animaux et les hommes, et en sucent le sang. Quelques-uns ont avancé que ces exemples se remarquaient principalement dans les femmes et surtout en temps de peste ; mais on a des exemples de revenants de tout sexe, et principalement des hommes. Quoique ceux qui sont morts de peste, de poison, de

---

1. Rudiger, Physico Div. l. I. c. 4. Theophrast. Paracels. Georg Agricola, de anim subterran. pag. 76.
2. Ovid. l. 6 Vide Delvio, disquisit. magic. l. I. p. 6, & l. 3. p. 355.

rage, d'ivresse et de maladie épidémique soient plus sujets à revenir, apparemment parce que leur sang se coagule plus difficilement et que quelquefois, on en enterre qui ne sont pas bien morts, à cause du danger qu'il y a de les laisser longtemps sans séputure, de peur de l'infection qu'ils causeraient.

On ajoute que ces vampires ne sont connus que dans certains pays comme la Hongrie, la Moravie, la Silésie, où ces maladies sont plus communes et où les peuples étant mal nourris, sont sujets à certaines incommodités causées ou occasionnées par le climat ou la nourriture, et augmentées par le préjugé, l'imagination et la frayeur, capables de produire ou d'accroître les maladies les plus dangereuses, comme l'expérience journalière ne le prouve que trop. Quant à ce quelques-uns avancent, qu'on entend ces morts manger et mâcher comme des porcs dans leurs tombeaux, cela est manifestement fabuleux et ne peut être fondé que sur des préventions ridicules.

*
* *

CHAPITRE XLVIII.

Les vampires ou revenants sont-ils véritablement morts ?

Le sentiment de ceux qui tiennent que tout ce qu'on raconte des vampires est un pur effet de l'imagination, de la fascination, ou de cette maladie que les Grecs nomment *phrenesis* ou *coribantisme*, et qui prétendent par là expliquer tous les phénomènes du vampirisme, ne persuaderont jamais que ces maladies du cerveau puissent produire des effets aussi réels que ceux que nous avons racontés. Il est impossible que tout à coup, plusieurs personnes croient voir ce qui n'est point et qu'elles meurent, en si peu de temps, d'une maladie de pure imagination. Et qui leur a révélé qu'un tel vampire est entier dans son tombeau, qu'il est plein de sang, qu'il y vit, en quelque sorte, après sa mort ? N'y aura-t-il pas un homme de bon sens, dans tout un peuple, qui soit exempt de cette fantaisie, ou qui se soit mis au-dessus des effets de cette fascination, de ces sympathies et antipathies, et de cette magie naturelle ? Et puis, qui nous expliquera clairement et distinctement ce que ces grands termes signifient, et la manière de ces opérations si occultes et si mystérieuses ? C'est vouloir expliquer une chose obscure et douteuse par une autre plus incertaine et plus incompréhensible.

Si ces personnes ne croient rien de tout ce qu'on raconte des apparitions, du retour, des actions des vampires, ils perdent bien inutilement leur temps en proposant des systèmes et formant des raisonnements, pour expliquer ce qui ne subsiste que dans l'imagination de certaines personnes prévenues et frappées. Mais si tout ce qu'on raconte, ou du moins une partie, est vrai, ces systèmes et ces raisonnements ne satisferont pas aisément les esprits qui veulent des preuves d'une autre valeur que celles-là.

Voyons donc si le système, qui veut que ces vampires ne soient pas vraiment morts, est bien fondé. Il est certain que la mort consiste dans la séparation de l'âme et du corps, et que ni l'un ni l'autre ne périt ni n'est anéanti par la mort ; que l'âme est immortelle, et que le corps, destitué de son âme, demeure encore quelque temps en son entier et ne se corrompt que par parties, quelquefois en peu de jours et quelquefois dans un plus long espace de temps. Quelquefois même, il demeure sans corruption pendant plusieurs années, ou même plusieurs siècles, soit par un effet de son bon tempérament, comme dans Hector et dans Alexandre le Grand, qui demeurèrent plusieurs jours sans corruption [1], ou par le moyen de l'art de l'embaumement, ou enfin par la qualité du terrain où ils sont enterrés, qui a la faculté de dessécher l'humidité radicale et les principes de la corruption. Je ne m'arrête pas à prouver toutes ces choses qui ne sont assez connues d'ailleurs.

Quelquefois, le corps sans être mort et sans être abandonné de son âme raisonnable, demeure comme mort et sans mouvement, du moins avec un mouvement si lent et une respiration si faible, qu'elle est parfois imperceptible, comme il arrive dans la pâmoison, dans la syncope, dans certaines maladies assez communes aux femmes, dans l'extase (comme nous l'avons remarqué dans l'exem-

1. Homer. de Hectore, Iliad. 24. v. 411. Plutarch. de Alexandro in ejus vita.

ple de Prétextat, prêtre de Calame). Nous avons aussi rapporté plus d'un exemple de personnes tenues pour mortes, et enterrées ; j'y puis ajouter celui de M. l'abbé Salin, prieur de St-Christophe, en Lorraine [1], qui étant dans le cercueil et prêt à être porté en terre, fut ressuscité par un de ses amis, qui lui fit avaler un verre de vin de Champagne.

On raconte plusieurs exemples de même nature. On peut voir [2] dans les causes célèbres, celui d'une fille qui devint enceinte pendant une longue syncope, ou pâmoison (nous en avons déjà parlé). Pline cite [3] un grand nombre d'exemples de personnes qu'on a crues mortes, et qui sont revenues et ont encore vécu longtemps. Il parle d'un jeune homme, qui s'étant endormi dans une caverne, y demeura quarante ans sans s'éveiller. Nos historiens [4] parlent des sept dormants, qui dormirent de même pendant cent cinquante années, depuis l'an de Jésus-Christ 253 jusqu'en 403. On dit que le philosophe Epiménides dormit dans une caverne pendant cinquante-sept ans ou, selon d'autres, pendant quarante-sept ou seulement quarante ans ; car les Anciens ne sont pas d'accord sur le nombre d'années. On assure même que ce philosophe était le maître de faire absenter son âme et de la rappeler quand il le voulait.

---

1. Vers l'an 1680. Il mourut après l'an 1694.
2. Causes célèbres, t. 8. pag. 585.
3. Plin. Hist. natur. lib. 7. c. 52.
4. S. Gregor. Turon de gloria Martyr. c. 95.

On raconte la même chose d'Aristée de Proconèse. Je veux bien avouer que cela est fabuleux ; mais on ne peut contester la vérité de plusieurs autres histoires de personnes qui sont revenues en vie après avoir paru mortes pendant des trois, quatre, cinq, six et sept jours. Pline reconnaît qu'il y a plusieurs exemples de personnes mortes, qui ont apparu après avoir été enterrées. Mais il n'en veut point parler, parce que, dit-il, il ne rapporte que des œuvres naturelles et non des prodiges : *Post sepulturam quoque vivorum exempla sunt, nisi quòd naturæ opera, non prodigia sectamur.* Nous croyons qu'Hénoch et Elie sont encore vivants ; plusieurs ont cru que saint Jean l'Evangéliste n'était pas mort [1], mais qu'il vivait encore dans son tombeau. Platon et saint Clément d'Alexandrie [2] racontent que le fils de Zoroastre était ressuscité douze jours après sa mort, et lorsque son corps eut été porté sur le bûcher. Phlégon dit [3] qu'un soldat syrien de l'armée d'Antiochus, après avoir été tué aux Thermopyles, parut en plein jour au camp des Romains et parla à plusieurs personnes ; et Plutarque rapporte [4], qu'un nommé Thespésius, tombé d'un toit, ressuscita le troisième jour après qu'il fut mort de sa chute.

Saint Paul écrivant aux Corinthiens [5], semble

---

1. J'ai traité cette matière dans une dissertation particulière à la tête de l'Evangile de St Jean.
2. Plato, de Republ. lib. 10. Clemens Alexandr. lib. 5 stromat.
3. Phleg. de mirabil. c. 3.
4. Plutarch. de sera Numinis vindicta.
5. I. Cor. xiij. 2.

supposer que quelquefois, l'âme se transporte hors du corps, pour se rendre où elle est en esprit. Par exemple, il dit qu'il a été transporté jusqu'au troisième ciel et y a entendu des choses ineffables ; mais il ajoute qu'il ne sait si c'est en corps ou seulement en esprit : *five in corpore, five extra corpus, nescio, Deus scit*. Nous avons déjà cité St Augustin[1] qui parle d'un prêtre de Calame nommé Prétextat, qui, au son de la voix de quelques personnes qui se lamentaient, s'extasiait de telle sorte qu'il ne respirait plus et ne sentait plus rien, et qu'on lui aurait brûlé et coupé les chairs sans qu'il s'en fût aperçu. Son âme était absente, ou tellement occupée de ces lamentations que la douleur ne lui était plus sensible. Dans la pâmoison, dans la syncope, l'âme ne fait plus ses fonctions ordinaires; elle est cependant dans le corps et continue de l'animer, mais elle ne s'aperçoit pas de sa propre action.

Un curé du diocèse de Constance, nommé Bayer, m'écrit qu'en 1728, ayant été pourvu de la cure de Rutheim, il fut inquiété un mois après, par un spectre ou un mauvais génie sous la forme d'un paysan mal fait, mal vêtu, de mauvaise mine et d'une puanteur insupportable, qui vint frapper à la porte d'une manière insolente ; et étant entré dans son poêle, lui dit qu'il était envoyé de la part d'un officier du prince de Constance, son évêque, pour une certaine commission qui se trouva absolument fausse. Il demanda ensuite à manger. On

---

1. Aug. lib. 14. de Civit. Dei c. 24.

lui servit de la viande, du pain et du vin. Il prit la viande à deux mains et la dévora avec les os, disant : «Voyez comme je mange la chair et les os. Faîtes-en de même.» Puis il prit le vase où était le vin et l'avala tout d'un trait; puis il en demanda d'autre, qu'il but de même. Après cela, il se retira sans dire adieu au curé, et la servante qui le conduisait à sa chambre lui ayant demandé son nom, il répondit : «Je suis né à Rutsingue et mon nom est Georges Raulin», ce qui était faux. En descendant l'escalier, il dit en menaçant le curé en allemand : « Je te ferai voir qui je suis. »

Il passa tout le reste du jour dans le village, se faisant voir à tout le monde. Vers minuit, il revint à la porte du curé, criant trois fois d'une voix terrible : « Monsieur Bayer, et ajoutant, je vous apprendrai qui je suis. » En effet, pendant trois ans, il revint tous les jours vers quatre heures après midi et pendant toutes les nuits jusqu'au point du jour.

Il paraissait sous diverses formes : tantôt sous la figure d'un chien barbet, tantôt sous celle d'un lion ou d'une autre animal terrible, tantôt sous la forme d'un homme, tantôt sous celle d'une femme ou d'une fille, pendant que le curé était à table ou au lit, le sollicitant à l'impudicité. Quelquefois, il faisait dans toute la maison, un facas comme d'un tonnelier qui relie des tonneaux. Quelquefois, on aurait dit qu'il voulait renverser tout le logis par le grand bruit qu'il y causait. Pour avoir des témoins de tout ceci, le curé fit souvent venir le marguillier et d'autres personnes du village pour en rendre témoignage. Le spectre répandait, partout où il était, une puanteur insupportable.

Enfin, le curé eut recours aux exorcismes, mais ils ne produisirent aucun effet. Et comme on désespérait presque d'être délivré de ces vexations, il fut conseillé sur la fin de la troisième année, de se munir d'une branche bénite le jour des Palmes et d'une épée aussi bénite à cet effet, et de s'en servir contre le spectre. Il le fit une et deux fois, et depuis ce temps, il ne fut plus molesté. Ceci est attesté par un religieux capucin, témoin de la plupart de ces choses, le 29 août 1749.

Je ne garantis pas toutes ces circonstances. Le lecteur judicieux en tirera les inductions qu'il jugera à propos. Si elles sont vraies, voilà un vrai revenant qui boit, qui mange, qui parle, qui donne des marques de sa présence pendant trois ans entiers, sans aucune apparence de religion. Voici un autre exemple d'un revenant qui ne se manifesta que par des faits.

On m'écrit de Constance du 8 août 1748, que sur la fin de l'année 1746, on entendit comme des soupirs qui partaient du coin de l'imprimerie du sieur Lahart, un des conseillers de la ville de Constance. Les garçons de l'imprimerie n'en firent que rire au commencement ; mais l'année suivante 1747, dans les premiers jours de janvier, on entendit plus de bruit qu'auparavant. On frappait rudement contre la muraille, vers le même coin où l'on avait d'abord entendu quelques soupirs ; on en vint même jusqu'à donner des soufflets aux imprimeurs et à jeter leurs chapeaux par terre. Ils eurent recous aux capucins, qui vinrent avec les livres propres à exorciser l'esprit. L'exorcisme achevé, ils s'en retournèrent, et le bruit cessa pendant trois jours.

Au bout de ce terme, le bruit recommença, plus fort qu'auparavant. L'esprit jeta les caractères de l'imprimerie contre les fenêtres. On fit venir de dehors un exorciste fameux qui exorcisa l'esprit pendant huit jours. Un jour, l'esprit donna un soufflet à un jeune garçon, et on vit de nouveau les caractères de l'imprimerie jetés contre les vitres. L'exorciste étranger n'ayant rien pu faire par ses exorcismes, s'en retourna chez lui.

L'esprit continua son manège, donnant des soufflets aux uns, jetant des pierres et d'autres choses aux autres, en sorte que les compositeurs furent obligés d'abandonner ce coin de l'imprimerie. Ils se rangèrent au milieu de la chambre, et n'y furent pas plus en repos:

On fit donc venir d'autres exorcistes, dont l'un avait une particule de la vraie croix, qu'il mit sur la table. L'esprit ne laissa pas d'inquiéter à l'ordinaire les ouvriers de l'imprimerie et de souffleter si violemment le frère capucin qui accompagnait l'exorciste, qu'ils furent tous deux contraints de se retirer dans leur couvent. Il en vint d'autres, qui ayant mêlé beaucoup de sable et de cendres dans un seau d'eau, bénirent l'eau et en jetèrent par aspersion dans toute l'imprimerie. Ils répandirent aussi le sable et la cendre sur le pavé et, s'étant munis d'épées, tous les assistants commencèrent à frapper en l'air, à droite et à gauche par toute la chambre, pour voir s'ils pourraient atteindre le revenant et pour remarquer s'il laisserait quelque vestige de ses pieds sur le sable ou sur la cendre qui couvrait le pavé. On s'aperçut enfin qu'il s'était guindé sur le haut du fourneau, et on y remarqua sur les angles, des vestiges de ses pieds et de ses mains, imprimés sur la cendre et sur le sable béni.

On vint à bout de le dénicher de là, et bientôt on s'aperçut qu'il s'était glissé sous la table et avait laissé sur le pavé, des marques de ses pieds et de ses mains. La grande poussière qui s'était élevée parmi tous ces mouvements dans la boutique, fit que chacun se dispersa et qu'on cessa de le poursuivre. Mais le principal exorciste, ayant arraché un aix de l'angle où le bruit s'était d'abord fait entendre, trouva dans un trou de la muraille, des plumes, trois os enveloppés dans un linge sale, des pièces de verre et une aiguille de tête. Il bénit un feu qu'on alluma et y fit jeter tout cela. Mais ce religieux était à peine rentré dans son couvent, qu'un garçon de l'imprimeur vint lui dire que l'aiguille de tête s'était d'elle-même tirée des flammes jusqu'à trois fois, et qu'un garçon qui tenait une pincette et qui remettait cette aiguille au feu, fut violemment frappé sur la joue. Les restes de ce qu'on avait trouvé ayant été apportés au couvent des capucins, y furent brûlés sans aucune résistance. Mais le garçon qui les avait avait apportés vit une femme toute nue sur la place publique, et on ouït ce jour-là, et les jours suivants, comme de grands gémissements dans la place de Constance.

Quelques jours après, les infestations recommencèrent dans la maison de l'imprimeur, le revenant donnant des soufflets, jetant des pierres et molestant les domestiques en diverses manières. Le sieur Lahart, maître de la maison, reçut une blessure considérable à la tête ; deux garçons qui étaient couchés dans le même lit, furent renversés par terre, de manière que la maison fut entièrement abandonnée pendant la nuit. Un jour de dimanche, une servante emportant quelques linges de la maison, fut attaquée à coups de pierres. Une autre fois, deux garçons furent jetés à bas d'une échelle.

Il y avait dans la ville de Constance, un bourreau qui passait pour sorcier. Le religieux qui m'écrit le soupçonna d'avoir quelque part dans ce manège. Il commença à exhorter ceux qui veillaient avec lui dans la maison, à mettre leur confiance en Dieu et à s'affermir dans la foi. Il leur fit entendre à mots couverts, que le bourreau pourrait bien être de la partie. On passa ainsi la nuit dans la maison, et sur les dix heures du soir, un des compagnons de l'exorciste se jeta à ses pieds, fondant en larmes et lui découvrit que cette même nuit, lui et un de ses compagnons avaient été envoyés pour consulter des bourreaux dans le Turgau, et cela par l'ordre du sieur Lahart imprimeur, dans la maison duquel tout ceci se passait.

Cet aveu surprit étrangement le bon Père, et il déclara qu'il ne continuerait point à exorciser s'ils ne l'assuraient qu'ils n'avaient point parlé aux bourreaux pour faire cesser l'infestation. Ils protestèrent qu'ils ne leur avaient pas parlé. Le père capucin fit ramasser tout ce qu'il trouva dans la maison de choses enveloppées et empaquetées, et les rapporta dans son couvent.

La nuit suivante, deux domestiques essayèrent de passer la nuit dans la maison de l'imprimeur; mais ils furent renversés de leur lit et contraints d'aller coucher ailleurs. On fit ensuite venir un paysan du village d'Ahnaustorf qui passait pour bon exorciste. Il passa la nuit dans la maison infestée, buvant, chantant et criant. Il reçut des coups de bâton et des soufflets, et fut obligé d'avouer qu'il ne pouvait rien contre cet esprit.

La veuve d'un bourreau se présenta ensuite pour faire les exorcismes; elle commença à user de fumigations dans tout le logis pour en chasser les mauvais esprits. Mais avant qu'elle les eût achevées, voyant que le maître du logis était frappé sur le visage et sur le corps par l'esprit, elle se sauva dans sa maison sans demander son salaire.

On appela ensuite le curé de Valburg qui passait pour habile exorciste. Il vint avec quatre autres curés séculiers et continua les exorcismes pendant trois jours, sans aucun succès. Il se retira dans sa paroisse, imputant au peu de foi des assistants l'inutilité de ses prières.

Pendant ce temps, un des quatre prêtres fut frappé d'un couteau, puis d'une fourchette; mais il n'en fut pas blessé. Le fils du sieur Lahart, maître du logis, reçut sur la mâchoire un coup d'un cierge pascal, qui ne lui fit aucun mal. Tout cela n'ayant servi de rien, on fit venir les bourreaux du voisinage. Deux de ceux qui allaient les quérir furent bien battus, et accablés de pierres. Un autre se sentit la cuisse extrêmement serrée, en sorte qu'il en fut incommodé assez longtemps. Les bourreaux ramassèrent avec soin tous les paquets et tout ce qu'ils trouvèrent d'enveloppé dans la maison et en mirent d'autres en la place ; mais l'esprit les enleva et les jeta sur la place publique. Après cela, les bourreaux persuadèrent au Sr Lahart de rentrer hardiment avec ses gens dans sa maison. Il le fit, mais la première nuit, comme ils étaient à souper, un de ses ouvriers nommé Salomon fut blessé au pied avec grande effusion de sang. On renvoya donc chercher le bourreau, qui parut fort surpris que la maison ne fût pas encore entièrement délivrée ; mais lui-même, dans le moment, fut attaqué d'une grêle de pierres, de soufflets et d'autres coups, qui le contraignirent de se sauver promptement.

Quelques hérétiques du voisinage, informés de tout ceci, vinrent un jour à la boutique du libraire, et ayant voulu lire dans une bible catholique qui était là, furent bien battus et souffletés ; mais ayant pris la bible calviniste, ils n'en souffrirent aucun mal. Deux hommes de Constance étant entrés dans la boutique du libraire par pure curiosité, l'un fut aussitôt renversé par terre, l'autre se sauva au plus vite. Un autre y étant entré de même par curiosité, fut puni de sa présomption par une quantité d'eau qu'on lui jeta sur le corps.

Une fille d'Ausbourg, parente du Sr Lahart imprimeur, en fut chassée à grands coups et poursuivie jusque dans la maison voisine où elle entra.

Enfin, les infestations cessèrent le huitième jour de février. Ce jour-là, le spectre ouvrit la porte de la boutique, y entra, y fit quelques dérangements, en sortit, ferma la porte, et depuis ce temps, on n'y a rien entendu.

*
* *

CHAPITRE XLIX.

Exemple d'un nommé Curma renvoyé au monde.

Saint Augustin raconte à ce sujet[1], qu'un paysan nommé Curma, qui avait un petit emploi dans le village de Tullié proche d'Hippone, étant tombé malade, fut quelques jours sans sentiment et sans parole, n'ayant qu'"un petit reste de souffle et de respiration qui empêchèrent qu'on l'enterrât. Au bout de plusieurs jours, il commença à ouvrir les yeux, et envoya demander ce qu'on faisait chez un autre paysan du même lieu, nommé Curma comme lui. On lui rapporta qu'il venait d'expirer, au même instant que lui-même était revenu et ressuscité de son profond assoupissement.

Alors, il commença à parler et à raconter ce

---

1. August. lib. de cura pro mortuis, c. 12. page 524.

qu'il avait vu et ouï, que ce n'était pas Curma *le Curial*[1], mais Curma *le Maréchal*, qui devait être amené ; il ajouta que, parmi ceux qu'il avait vu traiter en différentes manières, il en avait reconnu quelques-uns de sa connaissance qui étaient décédés, et d'autres ecclésiastiques encore vivants qui lui avaient conseillé de venir à Hippone et de se faire baptiser par l'évêque Augustin ; que, suivant leur avis, il avait reçu le baptême en vision ; après cela, il avait été introduit dans le Paradis, mais qu'il n'y était pas demeuré longtemps et qu'on lui avait dit que s'il voulait y demeurer, il fallait qu'il se fît baptiser. Il répondit : « Je le suis », mais on lui dit qu'il ne l'avait été qu'en vision et qu'il fallait aller à Hippone pour recevoir réellement ce sacrement. Il y vint dès qu'il fut guéri et fut baptisé avec les autres cathécumènes.

Saint Augustin ne fut informé de cette aventure qu'environ deux ans après. Il envoya quérir Curma et apprit de sa bouche ce que je viens de raconter. Or il est certain que Curma ne vit rien par les yeux corporels de tout ce qui lui fut représenté en vision : ni la ville d'Hippone, ni l'évêque Augustin, ni les ecclésiastiques qui lui conseillèrent de se faire baptiser, ni ces personnes vivantes et mortes qu'il vit et reconnut. On peut donc croire que ce sont là des effets de la puissance de Dieu, qui se sert du ministère des anges pour avertir, pour consoler, pour effrayer les mortels, selon la profondeur de ses jugements.

---

1. *Curialis*, ce mot signifie un petit emploi dans un village.

Saint Augustin demande ensuite si les morts ont connaissance de ce qui se passe en cette vie. Il en doute et montre qu'au moins ils n'en ont aucune connaissance par des voies ordinaires et naturelles. Il remarque qu'on dit que Dieu a retiré du monde, par exemple, Josias[1], afin qu'il ne fût pas témoin des maux qui devaient arriver à sa nation ; et que nous disons tous les jours, qu'un tel est heureux d'être sorti du monde pour ne pas ressentir les maux qui sont arrivés à sa famille ou à sa patrie. Or si les morts ne savent pas ce qui se passe en ce monde, comment sont-ils en peine, si leurs corps sont enterrés ou non ? Comment les saints entendent-ils nos prières et pourquoi demandons-nous leur intercession ?

Il est donc vrai que les morts peuvent apprendre ce qui se passe sur la terre, ou par le ministère des anges, ou par celui des morts qui arrivent en l'autre monde, ou par la révélation de l'esprit de Dieu, qui leur découvre ce qu'il juge à propos et ce qu'il est expédient qu'ils apprennent. Dieu peut aussi quelquefois envoyer des hommes morts depuis longtemps aux hommes vivants, comme il permit que Moïse et Elie parussent à la Transfiguration du Seigneur et comme une infinité de saints ont apparu aux vivants. L'invocation des saints a toujours été enseignée et pratiquée dans l'Eglise, ce qui suppose qu'ils entendent nos prières, qu'ils sont touchés de nos besoins, qu'ils peuvent nous aider par leur intercession. Mais la manière dont tout cela se fait n'est pas distincte-

---

1. IV. Reg. 18. & seq.

ment connue ; ni la raison ni la révélation ne nous fournissent rien de certain sur les moyens dont il se plaît à Dieu de servir pour leur découvrir nos besoins.

Lucien, dans son dialogue intitulé *Philopseudès*, ou l'amateur du mensonge, raconte quelque chose de semblable [1]. Un nommé Eucratès ayant été conduit dans les enfers, fut présenté à Pluton, qui se fâcha contre celui qui le lui présentait, lui disant : « Celui-là n'a pas encore achevé sa course, son tour n'est pas encore venu. Qu'on fasse venir Démile, car le fil de sa vie est achevé. » On renvoya donc Eucratès au monde, où il annonça que Démile mourrait bientôt. Démile demeurait au voisinage, déjà un peu malade.

Mais un moment après, on ouït le bruit de ceux et celles qui pleuraient sa mort. Lucien se raille de tout ce qu'on disait sur cette matière ; mais il convient que c'était l'opinion commune de son temps. Il dit au même endroit, qu'on a vu un homme retourner à la vie après avoir été tenu pour mort pendant vingt jours.

L'histoire de Curma que nous venons de voir, me fait souvenir d'une autre presque semblable, rapportée par Plutarque dans son livre de l'âme [2], d'un certain Enarque, qui étant mort, ressuscita peu après et raconta que les démons qui emmenaient son âme furent sévèrement réprimandés

---

1. Lucian. in Philopseud. p. 830.
2. Plutarch. de anima, apud Euseb. de præp. Evang. lib. II, c. 18.

par leur chef, qui leur dit qu'ils s'étaient mépris, et que c'était Nicandre et non Enarque qu'ils devaient emmener. Il les envoya à Nicandre, qui fut aussitôt saisi de la fièvre et mourut dans la journée. Plutarque tenait ce récit d'Enarque même, qui, pour confirmer ce qu'il avançait, lui dit : « Vous guérirez certainement et bientôt de la maladie dont vous êtes attaqué. »

Saint Grégoire le Grand raconte [1] une chose à peu près semblable à celle que nous venons de voir. Un homme illustre et qualifié nommé Etienne, bien connu de St Grégoire et de Pierre, son intercuteur, avait coutume de lui raconter, qu'étant allé pour affaires à Constantinople, il y mourut ; et comme le médecin qui devait l'embaumer ne se trouva pas ce jour-là dans la ville, il fallut laisser le corps toute la nuit sans l'enterrer. Pendant cet intervalle, Etienne fut conduit devant le juge qui présidait aux enfers, où il vit bien des choses dont il avait entendu parler, mais qu'il ne croyait point. Comme on l'eut présenté au juge, celui-ci refusa de le recevoir, disant : « Ce n'est pas celui-là que j'ai ordonné d'emmener ici, mais Etienne le maréchal. » En conséquence de cet ordre, l'âme du mort fut aussitôt ramenée dans son corps, et au même instant, Etienne, l'ouvrier en fer, expira ; ce qui confirma tout ce que le premier racontait de l'autre vie.

La peste ravageant la ville de Rome dans le temps que Narsès était gouverneur de l'Italie, un

1. Gregor. Dial. l. 4, cap. 36.

jeune Liburnien berger de profession, et d'un caractère bon et tranquille, fut attaqué de la peste dans la maison de l'avocat Valérien son maître. Comme on le croyait presque mort, il revint à lui tout à coup et raconta qu'il avait été transporté au ciel, où il avait appris les noms de ceux qui devaient mourir de la peste dans la maison de son maître ; les lui ayant nommés, il prédit à Valérien qu'ils les survivrait et pour le convaincre qu'il disait vrai, il lui fit voir qu'il avait acquis par infusion, la connaissance de plusieurs sortes de langues. En effet, lui qui n'avait jamais ni su ni parlé que l'italien, parla grec à son maître et d'autres langues à ceux qui les savaient.

Après avoir vécu en cet état pendant deux jours, il tomba dans une espèce d'accès de rage, et s'étant pris les mains entre les dents, il mourut une seconde fois et fut suivi de ceux qu'il avait nommés. Son maître, qui survécut, justifia pleinement sa prédiction. Les hommes et les femmes, extasiés et extasiées, demeurent quelquefois pendant plusieurs jours sans aliment, sans respiration et sans mouvement du cœur, comme s'ils étaient morts. Tauler, fameux contemplatif, soutient qu'un homme peut demeurer en extase pendant une semaine, un mois ou même une année. On a vu une abbesse qui, dans l'extase où elle tombait souvent, perdait l'usage de ses fonctions naturelles et passait trente jours consécutifs en extase, sans prendre aucune nourriture et sans avoir aucun sentiment. Les exemples de ces extases ne sont pas rares dans les vies des saints, quoiqu'elles ne soient pas toutes de même qualité ni de même durée.

Les femmes, dans les passions hystériques, demeurent de même quelquefois plusieurs jours comme mortes, sans voix, sans sentiment, sans pouls. Galien parle d'une femme, qui fut pendant six jours en cet état. Voyez le traité de l'*Incertitude des signes de la mort*, t. 2, pp. 404, 407 et suiv. Quelques-unes passent dix jours entiers sans mouvement, sans sentiment, sans respiration, sans prendre aucune nourriture.

On a vu de ces personnes qui étaient comme mortes et sans mouvement, qui avaient pourtant l'usage de l'ouïe fort bon, entendaient ce qu'on disait autour d'elles, faisaient effort pour parler et pour témoigner qu'elles n'étaient pas mortes, mais qui ne pouvaient ni parler ni donner aucuns signes de vie [1].

Je pourrais ajouter ici une infinité d'extases de saints personnages de tout sexe, qui dans leurs ravissements en Dieu dans l'oraison, demeuraient immobiles, sans sentiment, presque sans respiration et qui ne sentaient rien de ce que l'on faisait sur eux ni autour d'eux.

*
* *

---

1. *Incertitude des signes de la mort*, I. 2. pag. 504, 505 506, 514.

CHAPITRE L.

Exemples de personnes qui s'extasient quand elles veulent, et qui demeurent sans aucun sentiment.

Jérôme Cardan dit [1] qu'il tombait extasié quand il voulait ; il avoue qu'il ignore si, comme le prêtre Prétextat, il ne sentirait pas de grandes blessures, mais il ne sentait ni la douleur de la goutte ni les tiraillements qu'on lui faisait. Il ajoute : « Le prêtre de Calame entendait la voix de ceux qui criaient autour de lui, mais comme de fort loin. Pour moi, dit Cardan, j'entends la voix, mais légèment, et sans comprendre ce que l'on dit. Et quand je veux m'extasier, je sens autour du cœur comme une séparation de l'âme du reste de mon corps, et cela se communique comme par une petite porte à toute la machine, principalement par la tête et par le cervelet. Alors je n'ai point de sentiment, sinon que je suis hors de moi-même. »

On pourrait rapporter ici ce qu'on raconte des peuples de la Laponie [2], qui, lorsqu'ils veulent apprendre ce qui se passe fort loin du lieu où ils sont, envoient leurs démons ou leurs âmes par le moyen de certaines cérémonies magiques, et par le son d'un tambour sur lequel on frappe, ou sur un bouclier peint d'une certaine manière. Puis, tout

---

1. Hieron Cardanus, l. 8. de varietate rerum, p. 34.

2. Olaus mag. l. 3 Epitom. Hist. septent. Perecer de variis divinat. generib. pag. 282.

d'un coup, le Lapon tombe en extase et demeure comme sans vie et sans mouvement, quelquefois pendant vingt-quatre heures. Mais il faut qu'il demeure pendant tout ce temps quelqu'un près de lui, pour empêcher qu'on ne le touche, qu'on ne l'appelle, et qu'on ne l'éveille : le mouvement même d'une mouche le réveillerait, et alors on dit qu'il mourrait aussitôt, ou serait emporté par le Démon. Nous en avons déjà parlé ci-devant, dans la dissertation sur les apparitions.

Nous avons aussi remarqué que les serpents, les vers, les mouches, les escargots, les marmottes, les loirs demeuraient comme morts pendant tout l'hiver ; qu'on a trouvé dans des blocs de pierre, des crapauds, des serpents et des huîtres vivantes qui y étaient enfermés depuis plusieurs années, et peut-être depuis plus d'un siècle. Le cardinal de Retz, dans ses mémoires, raconte[1], qu'étant à Minorque, le gouverneur de l'île fit tirer du fond de la mer, à force de bras et de câbles, des rochers, qui étant rompus à grands coups de masses, renfermaient des huîtres vivantes qu'on lui servit à table et qui furent trouvées très bonnes.

On trouve sur les côtes de Sicile, de Malte, de Sardaigne, d'Italie, etc. des poissons nommés *dactiles*, ou *dattes*, ou *dales*, parce qu'ils ont la forme de dattes de palmiers. Ce poison s'insinue dans la pierre par un trou qui n'est pas plus grand que le trou que fait une aiguille. Lorsqu'il y est entré, il se nourrit de la pierre, y grossit, de sorte

---

1. *Mémoires du Cardinal de Retz*, tom. 3. l. 4. p. 297.

qu'il n'en peut plus sortir, à moins que l'on ne casse la pierre et qu'on ne l'en tire. Alors on le lave, on le nettoie, et on le fait cuire pour le servir à table. Il a toute la figure d'une datte de palmier ou du doigt de la main, d'où lui vient le nom de *dactylos* qui, en Grec signifie doigt.

Je suppose encore que dans plusieurs personnes, la mort est causée par la coagulation du sang, qui se gèle et se fige dans leurs veines comme il arrive dans ceux qui ont mangé de la ciguë, ou qui ont été mordus par certains serpents. Mais il y en a d'autres dont la mort est causée par une trop grande ébullition de sang, comme dans les maladies aiguës et dans certains poisons, et même, dit-on, dans certaines espèces de pestes, et quand on est mort d'une mort violente ou qu'on a été étouffé dans les eaux.

Ces premiers morts ne peuvent revenir à la vie sans un miracle évident ; il faudrait pour cela rétablir la fluidité du sang et rendre au cœur son mouvement péristaltique. Mais dans le second genre de mort, on peut quelquefois les faire revivre sans miracle, en levant l'empêchement qui retarde le mouvement du cœur ou qui le suspend, comme nous le voyons dans les pendules à qui l'on rend le mouvement en ôtant un corps étranger, un cheveu, un bout de fil, un atome, un corps presqu'imperceptible qui les arrête.

*
* *

CHAPITRE LI.

Application de ces exemples aux vampires.

En supposant ces faits que je crois incontestables, ne pourra-t-on pas croire que les vampires de Hongrie, de Silésie et de Moravie, sont de ces hommes qui sont morts de maladies chaudes et qui ont conservé dans leurs tombeaux un reste de vie, à peu près comme ces animaux dont nous avons parlé et comme ces oiseaux qui s'enfoncent pendant l'hiver dans les lacs ou les marais de la Pologne et des pays septentrionaux ? Ils sont sans respiration et sans mouvement, mais non toutefois sans vie. Ils reprennent leur mouvement et leur activité lorsqu'au retour du printemps, le soleil échauffe les eaux, ou lorsqu'on les approche d'un feu modéré, ou qu'on les apporte dans un poêle échauffé d'une chaleur tempérée : alors on les voit revivre et faire leurs fonctions ordinaires que le froid avait suspendues.

Ainsi les vampires dans leurs tombeaux reprennent la vie après un certain temps, et leur âme ne les abandonne absolument qu'après l'entière dissolution et la décomposition des parties de leur corps, et lorsque les organes étant absolument brisés, corrompus et dérangés, elle ne peut plus faire par leur moyen aucunes fonctions vitales. D'où vient que les peuples des pays dont nous avons parlé, les empalent, leur coupent la tête, les brûlent, pour ôter à leurs âmes toute espérance de les animer de nouveau, et de s'en servir pour molester les vivants.

Pline parlant[1] de l'âme d'Hermotime de Clazomène, qui s'absentait de son corps et racontait diverses choses éloignées qu'elle disait avoir vues et qui, en effet, ne pouvaient être connues que d'une personne qui y avait été présente, dit que les ennemis d'Hermotime nommés *cantandes*, brûlèrent ce corps qui ne donnait presqu'aucun signe de vie, et ôtèrent ainsi à l'âme le moyen de revenir loger dans son étui : *donec cremato corpore interim semianimi, remeanti animæ velut vaginam ademerint.*

Origène avait sans doute puisé dans les Anciens ce qu'il enseigne[2], que les âmes qui de leur nature sont spirituelles, prennent au sortir de leur corps terrestre un autre corps subtil, d'une forme toute semblable au corps grossier qu'elles viennent de quitter, qui est à leur égard comme une espèce de fourreau ou d'étui et que c'est avec ce corps subtil qu'elles apparaissent quelquefois autour de leur tombeau. Il fonde son sentiment sur ce qui est dit dans l'évangile du Lazare et du mauvais riche[3], qui ont tous les deux des corps, puisqu'ils se parlent et se voient, et que le mauvais riche demande une goutte d'eau pour rafraîchir sa langue.

Je ne défends pas ce raisonnement d'Origène, mais ce qu'il dit d'un corps subtil qui a la forme

---

1. Plin. *Hist. natur.* lib. 7. c. 52.
2. Orig. *de Resurrect.* fragment lib. I. p. 35. nov. édit. *Et contra Celsum*, lib. 7. pag. 679.
3. Luc, xvj, 22, 23.

du corps terrestre dont l'âme était revêtue avant sa mort, est tout-à-fait semblable au sentiment des Anciens dont nous avons parlé chap. IV.

Que les corps qui sont morts de maladie violente ou qui ont été exécutés pleins de santé, ou qui sont simplement évanouis, végètent sous la terre et dans leurs tombeaux ; que leurs barbes, leurs cheveux et leurs ongles croissent ; qu'ils rendent du sang ; qu'ils soient souples et maniables ; qu'ils ne sentent point mauvais ; qu'ils rendent des excréments ou choses semblables, ce n'est pas ce qui nous embarrasse. La végétation du corps humain peut produire tous ces effets ; qu'ils mangent même et qu'ils dévorent ce qui est autour d'eux. La rage dont un homme enterré tout vivant est transporté, lorsqu'il se réveille de son engourdissement ou de sa syncope, doit naturellement le porter à ces excès de violence. Mais la grande difficulté est d'expliquer comment les vampires sortent de leurs tombeaux pour venir infester les vivants, et comment ils y rentrent ; car toutes les relations que nous voyons supposent la chose comme certaine, sans nous en raconter ni la manière ni les circonstances, qui seraient pourtant ce qu'il y aurait de plus intéressant dans ce récit.

Comment un corps couvert de quatre ou cinq pieds de terre, n'ayant aucun jeu pour se mouvoir et se débarrasser, enveloppé de linges, couvert d'ais, peut-il se faire jour et revenir sur la terre et y causer les effets que l'on raconte ; et comment après cela, retourne-t-il en son premier état et rentre-t-il sous la terre, où on le trouve sain, entier, plein de sang, et dans la situation d'un corps vivant ? Dira-t-on que ces corps pénètrent les terres sans les ouvrir, comme l'eau et les vapeurs qui entrent dans la terre ou qui en sortent, sans en déranger sensiblement les parties ? Il serait à souhaiter que les relations que l'on nous a données du retour des vampires, se fussent mieux expliquées sur ce sujet.

En supposant que leurs corps ne bougent de leurs tombeaux, que ce sont seulement leurs fantômes qui apparaissent aux vivants, quelle sera la cause qui produira ces fantômes, qui les animera ? Sera-ce l'âme de ces défunts, qui ne les a pas encore abandonnés, ou quelque démon, qui les fera paraître sous un corps emprunté et fantastique ; si ce sont ces corps fantastiques, comment viennent-ils sucer le sang des vivants ? Nous retombons toujours dans l'embarras, savoir si ces apparitions sont naturelles ou miraculeuses.

Un prêtre de bon esprit m'a raconté il y a peu de temps que voyageant dans la Moravie, il fut invité par M. Jeanin, chanoine de la cathédrale d'Olmuz, de l'accompagner à leur village nommé Liebava, où il était nommé commissaire par le consistoire de l'évêché, pour informer sur le fait d'un certain fameux vampire, qui avait causé beaucoup de désordre dans ce village de Liebava, quelques années auparavant.

L'on procéda, l'on ouït des témoins ; on observa les règles ordinaires de droit. Les témoins déposèrent qu'un certain habitant notable du lieu de Liebava avait souvent inquiété les vivants dudit lieu pendant la nuit ; qu'il était sorti du cimetière et avait paru dans plusieurs maisons, il y avait environ trois ou quatre ans ; que ses visites importunes étaient cessées parce qu'un étranger hongrois passant par le village dans le temps de ces bruits, s'était vanté de les faire passer et de faire disparaître le vampire. Pour satisfaire à sa promesse, il monta sur le clocher de l'église et observa le moment auquel le vampire sortait de son tombeau, laissant auprès de sa fosse les linges dans lesquels il était enseveli, puis allait par le village, inquiéter les habitants.

Le Hongrois l'ayant vu sortir de sa fosse, descend promptement du clocher, enlève les linges du vampire et les emporte avec lui sur la tour. Le vampire étant revenu de faire ses tours et ne trouvant plus ses habits, crie beaucoup contre le Hongrois, qui lui fait signe du haut de la tour, s'il veut ravoir ses habits, qu'il vienne les chercher. Le vampire se met en devoir de monter au clocher, mais le Hongrois le renverse de l'échelle et lui coupe la tête avec une bêche. Telle fut la fin de cette tragédie.

Celui qui m'a raconté cette histoire n'a rien vu ; ni lui ni ce seigneur qui était envoyé pour commissaire. Ils ouïrent seulement le rapport des paysans du lieu, gens fort ignorants, fort supersticieux, fort crédules et infiniment prévenus sur le fait du vampirisme.

Comme nous tenons tout ce qu'on dit sur ce fait pour vain et frivole, plus il y a d'absurdité et de contradiction dans les différents récits qu'on en a fait, plus il y aura de preuves pour nous confirmer dans le jugement que nous en portons.

Mais supposant qu'il y ait quelque réalité dans le fait de ces apparitions des vampires, les attribuera-t-on à Dieu, aux anges, aux âmes de ces revenants, ou au Démon ? Dans cette dernière supposition, dira-t-on que le Démon subtilisera ces corps et leur donnera la puissance de pénétrer les terres sans les déranger, de se glisser à travers les fentes et les joints d'une porte, de passer par le trou d'une ferrure, de s'allonger, de s'appetisser, de se réduire à la nature de l'air ou de l'eau pour pénétrer les terres ; enfin de les mettre en l'état où nous croyons que seront les corps des bienheureux après la résurrection et où était celui de Notre Sauveur après sa résurrection, qui ne se laissait voir qu'à ceux à qui il jugeait à propos et qui, sans ouvrir les portes [1], parut tout à coup au milieu de ses disciples : *Jesus venit januis clausis*.

Mais quand on avouerait que le Démon pourrait ranimer ces corps et leur donner le mouvement pour quelque temps, pourrait-il aussi allonger, diminuer, raréfier, subtiliser les corps de ces revenants, et leur donner la faculté de pénétrer la terre, les portes, les fenêtres ? Il n'y a nulle apparence qu'il ait reçu de Dieu ce pouvoir et l'on ne conçoit pas même qu'un corps terrestre, matériel et grossier puisse être réduit en cet état de subtilité et de spiritualité, sans détruire la configuration de ses parties et sans ruiner l'économie de

---

1. Ican xx. 26.

sa structure ; ce qui serait contre l'intention du Démon et mettrait ce corps hors d'état d'apparaître, de se faire voir, d'agir et de parler, et enfin d'être mis en pièces et brûlé, comme il se voit et se pratique communément dans la Moravie, dans la Pologne et dans la Silésie. Ces difficultés subsistent envers ceux dont nous avons parlé, qui étant excommuniés, se levaient de leurs tombeaux et sortaient de l'église à la vue de tout le monde.

Il faut donc demeurer dans le silence sur cet article, puisqu'il n'a pas plu à Dieu de nous révéler ni quelle est l'étendue du pouvoir du Démon ni la manière dont ces choses peuvent se faire. Il y a même beaucoup d'apparence que tout ce qu'on en dit n'est qu'une illusion ; et quand il y aurait en cela quelque réalité, nous pourrions bien nous consoler de notre ignorance à cet égard, puisqu'il y a tant de choses naturelles qui se passent dans nos corps et autour de nous, dont la cause et la manière nous sont inconnues.

*
* *

CHAPITRE LII.

Examen du sentiment qui veut que le Démon fascine les yeux de ceux à qui les vampires apparaissent.

Ceux qui ont recours à la fascination des sens pour expliquer ce qu'on raconte de l'apparition des vampires se jettent dans un plus grand embarras que ceux qui reconnaissent de bonne foi la réalité de ces événements, car la fascination consiste, ou dans la suspension des sens, qui ne peuvent voir ce qui se passe à leur vue comme celle dont furent frappés ceux de Sodome [1] qui ne pouvaient découvrir la porte de Loth, quoiqu'elle fût devant leurs yeux ; ou celle des disciples d'Emaüs, dont il est dit [2] que leurs yeux étaient retenus pour ne pas reconnaître Jésus-Christ qui leur parlait en chemin et qu'ils ne reconnurent qu'à la fraction du pain ; ou elle consiste dans un objet représenté aux sens d'une façon différente de ce qu'il est en lui-même, comme celle des Moabites [3], qui crurent voir les eaux teintes du sang des Israëlites, quoiqu'il n'y eût que de simples eaux sur lesquelles les rayons du soleil étaient réfléchis et les faisaient paraître rougeâtres ; ou celle des soldats syriens envoyés pour prendre Elisée [4] que ce prophète conduisit jusque dans Samarie, sans qu'ils reconnussent ni le prophète ni cette vile.

Cette fascination, de quelque manière qu'on la conçoive, est certainement au-dessus des forces ordinaires et connues des hommes. Par conséquent, aucun homme ne peut naturellement la produire ; mais est-elle au-dessus des forces naturelles d'un ange ou d'un démon ? C'est ce

---

1. Genes. xix, ij.
2. Luc. xxiv. 16.
3. III. Reg. iij. 23.
4. IV. Reg. iv. 19, 20.

qui nous est inconnu et qui nous oblige de suspendre notre jugement sur cette question.

Il y a une autre sorte de fascination, qui consiste en ce que la vue d'une personne, ou d'une chose, la louange qu'on lui donne, l'envie qu'on lui porte, produisent dans l'objet certains mauvais effets, contre lesquels les Anciens avaient grand soin de se prémunir et de précautionner leurs enfants en leur faisant porter au col des préservatifs ou amulettes.

On pourrait sur cela, apporter un grand nombre de passages des Grecs et des Latins, et j'apprends qu'encore aujourd'hui, en plusieurs endroits de la chrétienté, l'on est dans la persuasion de l'efficace de ces fascinations. Mais il faut avouer trois choses : la première, que l'effet de ces fascinations prétendues est très douteux ; la seconde, que quand il serait certain, il est très difficile, pour ne pas dire impossible, de l'expliquer ; et la troisième enfin, qu'il ne peut raisonnablement s'appliquer à la matière des apparitions ni des vampires.

Si les vampires ou les revenants ne sont pas réellement ressuscités ni leurs corps spiritualisés et subtilisés, comme nous croyons l'avoir prouvé, et si nos sens ne sont pas trompés par la fascination, comme nous venons de le voir, je doute qu'il y ait d'autre parti à prendre dans cette question que de nier absolument le retour de ces vampires, ou de croire qu'ils ne sont qu'endormis ou engourdis ; car s'ils sont véritablement ressuscités et si tout ce qu'on nous raconte de leur retour est véritable, s'ils parlent, s'ils agissent, s'ils raisonnent, s'ils sucent le sang des vivants, ils doivent savoir ce qui se passe en l'autre vie, et ils devraient en instruire leurs parents et leurs amis, ce qu'ils ne font pas. Au contraire, ils les traitent en ennemis, ils les tourmentent, leur ôtent la vie, leur sucent le sang, les font périr de langueur.

Si ce sont des prédestinés et des bienheureux, d'où vient qu'ils inquiètent et tourmentent les vivants, leurs plus proches parents, leurs enfants, et cela à propos de rien et simplement pour mal faire ? Si ce sont des personnes à qui il reste quelque chose à expier dans le Purgatoire et qui aient besoin des prières des vivants, que ne s'expliquent-ils pas sur leur état ? Si ce sont des réprouvés et des damnés, que viennent-ils faire sur la terre ? Peut-on comprendre que Dieu leur permette de venir ainsi, sans raison, sans nécessité, molester leurs familles et leur causer la mort ?

Si ces revenants sont réellement morts, en quelque état qu'ils soient dans l'autre monde, ils jouent un fort mauvais personnage, et le soutiennent encore plus mal.

*
* *

CHAPITRE LIII.

*Exemples de ressuscités qui racontent
ce qu'ils ont vu dans l'autre vie.*

Nous venons de voir que les vampires ou revenants ne parlent jamais de l'autre vie, ne demandent ni messes ni prières, ne donnent aucun avis aux vivants pour les porter à la correction de leurs mœurs ni pour les amener à une meilleure vie. C'est assurément un grand préjugé contre la réalité de leur retour de l'autre monde ; mais leur silence sur cet article peut favoriser l'opinion qui veut qu'ils ne soient pas véritablement morts.

Il est vrai que nous ne lisons pas non plus que Lazare, ressuscité par Jésus-Christ [1], ni le fils de la veuve de Naïm [2], ni celui de la femme de Sunam ressuscité par Elisée [3], ni cet Israëlite qui reçut la vie par l'attouchement du corps du même prophète Elisée [4], aient après leur résurrection rien découvert aux hommes de l'état des âmes en l'autre monde.

Mais nous voyons dans l'Evangile[5] que le mauvais riche, ayant prié Abraham de lui permettre d'envoyer quelqu'un dans le monde pour avertir ses frères de mieux vivre et prendre garde de ne pas tomber dans le malheureux état où il se trouvait lui-même, il lui fut répondu : « Ils ont la Loi et les Prophètes, ils peuvent les écouter et suivre leurs instructions. » Et comme le mauvais riche insistait en disant : « Si quelqu'un revenait de l'autre vie, ils en seraient plus touchés. » Abraham répondit : « S'ils n'ont pas voulu écouter ni Moïse ni les Prophètes, ils n'écouteront pas davantage un

1. Joan. II. 14.
2. Luc. vij. II. 12.
3. IV. Reg. iv. 25.
4. IV. Reg. xiij. 21.
5. Luc. xvj. 24.

homme qui reviendrait de l'autre monde. » Le mort ressuscité par saint Stanislas répondit de même à ceux qui lui demandaient des nouvelles de l'autre vie : « Vous avez la Loi, les Prophètes et l'Evangile ; écoutez-les. »

Les païens décédés qui sont revenus en vie, et quelques chrétiens qui sont de même retournés au monde par une espèce de résurrection et qui ont vu ce qui se passait hors de ce monde, ne sont pas demeurés dans le silence. Ils ont raconté au long ce qu'ils ont vu et entendu au sortir de leurs corps.

Nous avons déjà touché l'histoire d'un nommé Eros Arménien, du pays de Pamphilie[1], qui ayant été blessé dans une bataille, fut trouvé dix jours après parmi les morts. On le porta dans la maison, sans connaissance et sans mouvement. Deux jours après, quand on voulut le mettre sur le bûcher pour le brûler, il ressuscita, commença à parler et à raconter de quelle manière les hommes étaient jugés après leur mort, et comment les bons étaient récompensés, et les méchants punis et tourmentés.

Il dit que son âme, étant séparée du corps, se rendit en grande compagnie dans un lieu agréable, où ils virent comme deux grandes ouvertures qui donnaient entrée à ceux qui venaient de dessus la terre et deux autres ouvertures pour aller au Ciel. Il vit, en cet endroit, des juges qui examinaient ceux qui venaient de ce monde et envoyaient en haut, à la droite, ceux qui avaient bien vécu et renvoyaient en bas, à la gauche, ceux qui se trou-

---

1. Plato, lib. 10, *de Rep.* pag. 614.

vaient coupables de crimes. Chacun d'eux portait derrière soi un écriteau, où était marqué ce qu'il avait fait de bien ou de mal, la cause de sa condamnation ou de son absolution.

Quand le tour d'Eros fut venu, les juges lui dirent qu'il fallait qu'il retournât sur la terre, pour annoncer aux hommes ce qui se passait dans l'autre vie, et qu'il eût à bien observer toutes choses pour en rendre un compte fidèle aux vivants. Il fut donc témoin de l'état malheureux des méchants, qui devait durer pendant mille ans, et des délices dont jouissaient les justes; que tant les bons que les méchants recevaient ou la récompense ou la peine de leurs bonnes ou mauvaises actions, dix fois plus grande que n'était la mesure de leurs crimes ou de leurs vertus.

Il remarqua entre autres, que les juges demandaient où était un nommé Andée, homme célèbre dans la Pamphilie pour ses crimes et sa tyrannie. On leur répondit qu'il n'était pas encore venu et qu'il ne viendrait pas. En effet, s'étant présenté à grande peine et par de grands efforts sur la grande ouverture dont on a parlé, il fut repoussé et renvoyé en bas avec d'autres scélérats comme lui, que l'on tourmentait de mille manières différentes et que l'on repoussait toujours avec violence lorsqu'ils s'efforçaient de remonter.

Il vit de plus les trois Parques, filles de la Nécessité ou du Destin. Ces filles sont : Lachésis, Clotho et Atropos. Lachésis annonçait les choses passées, Clotho, les présentes, et Atropos, les futures. Les âmes étaient obligées de comparaître devant ces trois déesses. Lachésis jetait les sorts en l'air et chaque âme saisissait celui qu'elle pouvait atteindre ; ce qui n'empêchait pas que chacun ne pût encore choisir le genre de vie qui était le plus conforme à la justice et à la raison.

Eros ajoutait qu'il avait remarqué des âmes qui cherchaient à entrer dans des animaux : par exemple, Orphée, en haine du sexe féminin qui l'avait fait mourir, entra dans un cygne et Thamiris, dans un rossignol. Ajax, fils de Télamon, choisit le corps d'un lion, en haine de l'injustice des Grecs qui lui avaient refusé les armes d'Hector, qu'il prétendait lui être dues. Agamemnon, par chagrin des traverses qu'il avait essuyées dans la vie, choisit le corps de l'aigle. Atalande choisit la vie des Athlètes, charmée des honneurs dont ils sont comblés ; Thersite, le plus laid des mortels, celle d'un singe. Ulysse, ennuyé des maux qu'il avait soufferts sur la terre, demanda de vivre en homme privé et sans embarras. Il eut peine à trouver un sort pour ce genre de vie. Il le rencontra enfin, jeté par terre et négligé, et le ramassa avec joie.

Eros assurait aussi qu'il y avait des âmes de bêtes, qui entraient dans le corps des hommes, et au contraire, que les âmes des méchants entraient dans des animaux farouches et cruels, et les âmes des justes, dans des animaux doux, apprivoisés et domestiques.

Après ces diverses métempsychoses, Lachésis donnait à chacun son gardien et son défenseur, qui le conduisait et le gardait pendant le cours de sa vie. Eros fut ensuite conduit au fleuve d'oubli qui ôte la mémoire de toutes choses, mais on l'empêcha d'en boire. Enfin il disait qu'il ne saurait dire comment il était revenu en vie.

Platon, après avoir rapporté cette fable — comme il l'appelle — ou cette apologue, en conclut que l'âme est donc immortelle, et que pour arriver à la vie bienheureuse, nous devons vivre dans la justice, qui nous conduit aux Cieux, où nous jouirons de cette béatitude de mille ans qui nous est promise.

On voit ici : 1. Qu'un homme peut vivre assez longtemps sans donner aucun signe de vie, sans manger, sans respirer. 2. Que les Grecs croyaient la métempsychose, la béatitude pour les justes, et les peines de mille ans pour les méchants. 3. Que le destin n'empêchait pas que l'homme ne pût faire le bien ou le mal. 4. Qu'il avait un génie, ou un ange, qui le gardait et le conduisait. Ils croyaient un jugement après la mort, et que les âmes des justes étaient reçues dans ce qu'ils appelaient *les champs Elisés*.

*
* *

CHAPITRE LIV.

Les traditions des païens sur l'autre vie viennent des Hébreux et des Egyptiens.

Toutes ces traditions se voient clairement dans Homère et dans Virgile, et dans les autres auteurs grecs et latins. Elles venaient sans doute originairement des Hébreux, ou plutôt des Egyptiens, dont les Grecs avaient pris leur religion, qu'ils avaient ajustée à leur goût. Les Hébreux parlent des *réphaims* [1], des géants impies « qui gémissent sous les eaux. » Salomon dit [2] que les méchants descendront dans l'abîme avec les *réphaïms*. Isaïe, décrivant l'arrivée du roi de Babylone dans les enfers, dit [3] « que les Géants se sont levés pour venir par honneur au-devant de lui, et lui ont dit : *Tu as donc été percé de plaies aussi bien que nous ? Ton orgueil a été précipité dans l'Enfer ; ton lit sera la pourriture, et ta couverture seront les vers.* »
Ezéchiel décrit de même [4] la descente du roi d'Assyrie dans les enfers : « Le jour qu'Assuerus est descendu dans l'Enfer, j'ai ordonné un deuil général, j'ai fermé sur lui l'abîme, j'ai arrêté le cours de ses fleuves. Vous voilà enfin réduit au fond de la terre avec les arbres d'Eden ; vous y

1. Job. xxvj. 5.
2. Prov. ix. 18.
3. Isa. xiv. 9 & seq.
4. Ezech. xxxj. 15.

dormirez avec tous ceux qui ont été tués par l'épée : là se trouve Pharaon avec toute son armée, etc. » Dans l'Evangile[1], il y a un grand abîme entre le sein d'Abraham et le séjour du mauvais riche, et de ceux qui lui ressemblent.

Les Egyptiens nommaient *Amenthès*, c'est-à-dire « celui qui reçoit et qui donne », ce que les Grecs nommaient *Adès*, ou l'Enfer, ou le royaume d'Adès, de Pluton. Ils croyaient qu'Amenthès recevait les âmes des hommes lorsqu'ils mouraient, et les leur rendait lorsqu'ils revenaient au monde ; qu'à la mort de l'homme, son âme passe dans les corps de quelqu'autre animal par la métempsychose, premièrement, dans un animal terrestre, puis dans un animal aquatique, ensuite dans un oiseau ; enfin, après avoir animé toutes les sortes d'animaux, il rentre au bout de trois mille ans dans le corps d'un homme.

C'est des Egyptiens qu'Orphée, Homère et les autres Grecs ont pris le sentiment de l'immortalité de l'âme, ainsi que l'antre des nymphes décrit par Homère, qui dit qu'il y a deux portes, l'une au Nord, par laquelle les âmes entrent dans le creux, l'autre au Midi, par où elles sortent de l'antre des nymphes.

Un certain Thespésius, natif de Solos en Cilicie, fort connu de Plutarque[2], ayant passé une grande partie de sa vie dans la débauche, s'étant entièrement ruiné, se mit, pour vivre, à exercer toutes sortes de mauvais métiers, et fit si bien, qu'il

1. Luc. xvj. 26.
2. Plutarch. dehis quisera a Numine puniantur.

amassa quelque chose, mais il perdit absolument sa réputation. Ayant envoyé consulter l'oracle d'Amphiloque, il lui fut répondu que ses affaires iraient mieux après sa mort. Peu de temps après, il tomba du haut de sa maison, se rompit le col et mourut. Trois jours après, comme on était prêt de faire ses funérailles, il ressuscita, et changea tellement de vie, que l'on ne connaissait personne en Cilicie ni plus pieux ni plus homme de bien que lui.

Comme on lui demandait la raison d'un tel changement, il disait qu'au moment de sa chute, il ressentit la même chose qu'un pilote qui est renversé du haut du tillac dans la mer; qu'après cela, son âme se sentit élevée jusqu'aux étoiles dont il admira la grandeur immense et l'éclat admirable; que les âmes, sorties du corps, se guindent dans l'air et sont enfermées dans une espèce de globe, ou de tourbillon enflammé, d'où s'étant échappées, les unes s'élèvent en haut avec une rapidité incroyable, les autres pirouettent dans l'air et sont mues en divers sens, tantôt en haut, et tantôt en bas. La plupart lui paraissaient très embarrassées, et poussaient des gémissements et des cris affreux; les autres, en moindre nombre, s'élevaient et se réjouissaient avec leurs semblables. Enfin, il apprit qu'Adrastée, fille de Jupiter et de la nécessité, ne laissait rien impuni et qu'elle traitait chacun selon son mérite. Il entre sur cela dans un grand détail et raconte les divers supplices dont les scélérats sont tourmentés dans l'autre vie.

Il ajoute qu'un homme de sa connaissance lui

avait dit : « Vous n'êtes pas mort, mais par la permission de Dieu, votre âme est venue en ce lieu et a laissé dans votre corps toutes ses facultés. » A la fin, il fut renvoyé dans son corps comme par un canal, et poussé par un souffle impétueux.

On peut faire sur ce récit deux réflexions : la première, sur cette âme qui quitta son corps pour trois jours, puis y revint pour continuer à l'animer ; la seconde, sur la certitude de l'Oracle, qui promettait à Thespésius une vie plus heureuse quand il serait mort.

Dans la guerre de Sicile [1] entre César et Pompée, Gabienus, commandant de la flotte de César, ayant été pris, fut décapité par ordre de Pompée. Il demeura tout le jour sur le bord de la mer, sa tête ne tenant plus au corps que par un filet. Sur le soir, il pria qu'on fît venir Pompée ou quelqu'un des siens, parce qu'il venait des enfers et qu'il avait des choses de conséquence à lui communiquer. Pompée y envoya plusieurs de ses amis auxquels Gabienus déclara que la cause et le parti de Pompée étaient agréables aux dieux des enfers et qu'il réussirait selon ses désirs, qu'il avait ordre de lui annoncer cela, « et pour preuve de la vérité de ce que je dis, je dois mourir aussitôt. » Ce qui arriva. Mais on ne voit pas que le parti de Pompée ait réussi ; on sait au contraire, qu'il succomba et que César fut victorieux. Mais le dieu des enfers, c'est-à-dire le Démon, le trouvait fort bon pour lui, puisqu'il lui envoyait tant de malheureuses victimes de la vengeance et de l'ambition.

1. Plin. *Hist. natur.* lib. 7, c. 52.

CHAPITRE LV.

Exemples de chrétiens ressuscités et renvoyés au monde. Vision de Vetin, moine d'Augie.

On lit dans un ancien ouvrage, écrit du temps de saint Augustin[1] qu'un homme, ayant été écrasé dans la ville d'Upsal en Afrique, sous une muraille qui tomba sur lui, sa femme courut à l'église pour invoquer St Etienne, pendant qu'on disposait tout pour enterrer l'homme qui passait pour mort. Tout d'un coup, on le vit qui ouvrait les yeux et faisait quelque mouvement du corps ; après un certain temps, il se leva en son séant, et raconta que son âme, ayant quitté son corps, avait rencontré une foule d'autres âmes de morts dont il connaissait les uns et non pas les autres ; qu'un jeune homme en habit de diacre étant entré dans la chambre où il était, avait écarté tous ces morts et lui avait dit jusqu'à trois fois : « Rendez ce que vous avez reçu. » Il comprit enfin qu'il voulait parler du Symbole, qu'il récita sur le champ. Il récita encore l'oraison dominicale ; puis le diacre (saint Etienne) lui fit le signe de la croix sur le cœur et lui dit de se lever en pleine santé.

Un jeune homme cathécumène[2] qui était mort depuis trois jours, ayant été ressuscité par les prières de St Martin, racontait qu'après sa mort, il

1. Lib. I. de miracul. sancti Stephani, cap. 4. pag. 28, lib. 7, oper. S. Augus. in appendice.
2. Sulpit. Sever. in vita S. Martini, n. 3.

avait été présenté devant le tribunal du souverain Juge, qui l'avait condamné et envoyé avec une grande troupe dans des lieux ténébreux ; qu'alors, deux anges ayant représenté au Juge que c'était un homme pour qui St Martin avait intercédé, le Juge ordonna aux anges de le renvoyer au monde et de le rendre à St Martin ; ce qui fut exécuté. Il fut baptisé et vécut, depuis, assez longtemps.

Saint Salvi, évêque d'Albi [1], ayant été attaqué d'une grosse fièvre, passa pour mort. On le lava, on le revêtit, on le mit sur un brancard, et l'on passa la nuit en prières auprès de lui. Le lendemain matin, on le vit remuer ; il parut s'éveiller d'un profond sommeil. Il ouvrit les yeux, et levant les yeux au ciel, il dit : « Ah, Seigneur, pourquoi m'avez-vous renvoyé en ce séjour ténébreux ? » Il se leva, entièrement guéri, mais sans vouloir parler.

Quelques jours après, il raconta comme deux anges l'avaient envoyé au Ciel, où il avait vu la gloire du Paradis, et avait été renvoyé malgré lui, pour vivre encore sur la terre. Saint Grégoire de Tours prend Dieu à témoin, qu'il avait appris cette histoire de la propre bouche de saint Salvi.

Un moine d'Augie-la-Riche, nommé Vetin ou Guetin, qui vivait en 824 étant tombé malade, était couché sur son lit, les yeux fermés ; mais n'étant pas encore endormi, il vit entrer un démon sous la forme d'un clerc d'une horrible difformité, qui, lui montrant des instruments de supplice qu'il tenait en main, le menaçait de lui en faire

---

1. Gregor Turon. lib. 7. c. 1.

bientôt ressentir les rigoureux effets. En même temps, il vit entrer dans sa chambre une multitude de mauvais esprits portant des instruments comme pour lui bâtir un tombeau ou un cercueil et l'y enfermer.

Aussitôt, il parut des personnages sérieux et d'un air grave en habits religieux, qui firent sortir ces démons. Puis Vetin vit un ange environné de lumière, qui vint se présenter au pied de son lit et le conduisit par un chemin très agréable, entre des montagnes d'une hauteur extraordinaire, au pied desquelles coulait un grand fleuve, dans lequel était une grande multitude de damnés qui souffraient des tourments divers, selon la qualité et l'énormité de leurs crimes. Il en vit plusieurs de sa connaissance, entre autres des prélats, des prêtres coupables d'incontinence, qui étaient attachés par le dos à des pieux et brûlés par un feu allumé au-dessous d'eux ; les femmes, leurs complices, souffraient le même tourment, vis-à-vis d'eux.

Il y vit aussi un moine, qui s'était laissé aller à l'avarice et qui avait possédé de l'argent en propre, qui devait expier son crime dans un cercueil de plomb, jusqu'au jour du Jugement. Il y remarqua des abbés, des évêques, et même l'empereur Charlemagne, qui expiaient leurs fautes par le feu, mais qui en devaient être délivrés dans un certain temps. Il y remarqua aussi la demeure des bienheureux dans le Ciel, chacun dans son rang et selon ses mérites. L'ange du Seigneur lui déclara ensuite les crimes qui étaient les plus communs et les plus odieux aux yeux de Dieu. Il nomma en particulier la sodomie comme le crime le plus abominable.

Après l'office de la nuit, l'abbé vint visiter le malade, qui lui raconta tout au long cette vision, et l'abbé la fit écrire aussitôt. Vetin vécut encore deux jours, et ayant prédit qu'il n'avait plus que le troisième jour à vivre, il se recommanda aux prières des religieux, reçut le saint viatique et mourut en paix le 31 d'octobre 824.

*
* *

CHAPITRE LVI.

Vision de Bertholde rapportée par Hincmar, archevêque de Reims.

Le fameux Hincmar[1], archevêque de Reims, dans une lettre circulaire qu'il écrivait aux évêques ses suffragants et aux fidèles de son diocèse, raconte qu'un homme nommé Bertholde qui était de sa connaissance, étant tombé malade et ayant reçu tous les sacrements, fut pendant quatre jours sans prendre aucune nourriture. Le quatrième jour, il demeura si faible, qu'à peine lui trouvait-on un peu de palpitation et de respiration. Sur le minuit, il appela sa femme et lui dit de faire venir promptement son confesseur.

Le prêtre n'était encore que dans la cour de devant le logis, lorsque Bretholde dit : « Mettez ici

1. Hincmar, lib. 2. pag. 805.

un siège, car le prêtre va venir. » Il entra et dit quelques prières, auxquelles Bertholde répondit ; puis il lui raconta la vision qu'il avait eue : « Au sortir de ce monde, dit-il, j'ai vu quarante et un évêques, entre lesquels étaient Ebbon, Leopardelle et Enée, qui étaient couverts de mauvais habits noirs, sales et brûlés par les flammes. Pour eux, ils étaient tantôt brûlés par les flammes et tantôt gelés d'un froid insupportable. Ebbon lui dit : « Allez vers mes clercs et mes amis et dîtes-leur d'offrir pour nous le saint sacrifice. » Bertholde obéit, et retournant où il avait vu les évêques, il les trouva bien vêtus, rasés, baignés et pleins de joie.

Un peu plus loin, il vit le roi Charles [1], qui était comme rongé de vers. Ce prince le pria d'aller dire à Hincmar de le soulager dans ses maux. Hincmar dit la messe pour lui et le roi Charles se trouva soulagé. Il vit ensuite l'évêque Jeffé (d'Orléans), qui était sur un puits, et quatre démons qui le plongeaient dans la poix bouillante, puis le jetaient dans une eau glacée. On pria pour lui et il fut soulagé. Il vit ensuite le comte Othaire, qui était de même dans les tourments. Bertholde pria la femme d'Othaire, ses vassaux et ses amis de faire pour lui des prières et des aumônes, et il fut délivré de ses tourments. Bretholde reçut après cela la sainte communion et commença à se mieux porter, avec espérance de vivre encore quartoze ans, comme le lui avait promis celui qui l'avait conduit et qui lui avait montré ce que nous venons de raconter.

1. Apparemment Charles le Chauve, mort en 875.

CHAPITRE LVII.

Vision de saint Fursi.

La vie de St Fursi [1], qui a été écrite peu après sa mort, arrivée vers l'an 653, rapporte plusieurs visions de ce saint homme. Etant tombé grièvement malade et ne pouvant plus se remuer, il se vit au milieu des ténèbres, comme soulevé par les mains de trois anges qui l'enlevèrent hors du monde, puis l'y ramenèrent et firent rentrer son âme dans son corps pour y achever ce à quoi Dieu le destinait. Alors, il se trouva au milieu de plusieurs personnes qui le pleuraient comme mort et lui racontèrent comment la veille, tout d'un coup, il était tombé en défaillance, en sorte qu'on le crut décédé. Il aurait souhaité avoir quelques personnes intelligentes pour leur raconter ce qu'il avait vu. Mais n'ayant personne auprès de lui que des gens rustiques, il demanda et reçut la communion du corps et du sang du Sauveur, et vécut encore trois jours.

Le mardi suivant, il tomba dans une pareille défaillance au milieu de la nuit ; ses pieds devinrent froids, et élevant les mains pour prier, il reçut la mort avec joie, puis il vit descendre les mêmes trois anges qui l'avaient déjà conduit. Ils l'élevèrent comme la première fois, mais au lieu des chants mélodieux et agréables qu'il avait ouïs, il

---

1. Vita Sti. Fursci, apud Bolland. 16 Januarii. pag. 37, 38. Item pag. 47, 48 facul. xj Bened. pag. 299.

n'entendit que des hurlements effroyables des démons, qui commencèrent à combattre contre lui et à lui lancer des traits enflammés. L'ange du Seigneur les recevait sur son bouclier et les éteignait. Le Démon reprocha à Fursi quelques mauvaises pensées et quelques faiblesses humaines ; mais les anges le défendirent, disant : « S'il n'a point commis de péchés capitaux, il ne périra point. »

Le Démon, ne pouvant rien lui reprocher qui fût digne de la mort éternelle, il vit deux saints de son pays, saint Béan et saint Médan, qui le consolèrent et lui annoncèrent les maux dont Dieu devait punir les hommes, à cause principalement des péchés des docteurs qui sont dans l'Eglise, et des princes qui gouvernent les peuples ; les docteurs pour leur négligence à annoncer la parole de Dieu, et les princes pour les mauvais exemples qu'ils donnent à leurs peuples. Après quoi ils le renvoyèrent dans son corps.

Il y rentra avec répugnance et commença à raconter ce qu'il avait vu. On lui versa de l'eau vive sur le corps et il sentit une grande chaleur entre les deux épaules. Après cela, il se mit à prêcher par toute l'Hibernie ; et Bede le Vénérable [1] dit qu'il y avait dans son monastère un ancien moine, qui disait avoir appris d'une personne très grave et très digne de foi, qu'elle avait ouï raconter ces visions par saint Fursi lui-même. Ce saint ne doutait pas que son âme ne fût séparée de son corps lorsqu'il fut ravi en extase.

1. Beda, lib. 3, Hist. c. 19.

CHAPITRE LVIII.

Vision d'un protestant d'York, et autres.

Voici un autre exemple arrivé en 1698 à un prétendu réformé[1]. Un ministre de la province d'York, du lieu nommé Hipley, et qui s'appelait Henri Vatz, étant tombé le 15 août en apoplexie, fut mis le 17 dans un cercueil pour être enterré. Mais, comme on allait le mettre dans la fosse, il jeta un grand cri qui effraya tous les gens du convoi ; on le tira promptement hors du cercueil, et dès qu'il fut revenu à lui, il raconta plusieurs choses surprenantes qu'il disait lui avoir été révélées pendant son extase, qui dura quarante-huit heures. Le 24 du même mois, il fit un discours fort touchant à ceux qui l'avaient accompagné le jour qu'on le portait au tombeau.

On traitera, si l'on veut, tout ce que nous venons de raconter, de visions et de contes ; mais on ne peut nier qu'on ne reconnaisse dans ces résurrections et dans ces récits des hommes revenus après leur mort vraie ou apparente, la créance de l'Eglise sur l'Enfer, sur le Paradis, sur le Purgatoire, l'efficace des prières pour les morts, et les apparitions des anges et des démons, qui tourmentent les damnés et les âmes à qui il reste quelque chose à expier dans l'autre vie.

On y voit aussi ce qui a un rapport visible à la matière dont nous traitons ici, des personnes réel-

---

1. Larrey, *Hist. de Louis XIV*, an. 1698. p. 681.

lement mortes, et d'autres, tenues pour mortes, qui reviennent en santé et vivent encore assez longtemps. Enfin, on y remarque les sentiments sur l'état des âmes après cette vie, à peu près les mêmes chez les Hébreux, les Egyptiens, les Grecs, les Romains, les peuples barbares, et les chrétiens. Si les revenants de Hongrie ne parlent pas de ce qu'ils ont vu en l'autre vie, c'est ou qu'ils ne sont pas vraiment morts, ou plutôt que tout ce qu'on raconte des revenants est fabuleux et chimérique. J'ajouterai encore ici quelques exemples qui serviront à constater la croyance de la primitive Eglise au sujet des apparitions.

Sainte Perpétue, qui souffrit le martyre en Afrique en 202 ou 203, étant en prison pour la foi, vit son frère nommé Dinocrate qui était mort, âgé d'environ sept ans, d'un cancer à la joue. Elle le vit comme dans un fort grand éloignement, en sorte qu'ils ne pouvaient s'approcher. Il était comme dans un réservoir d'eau, mais dont les bords étaient plus élevés que lui, en sorte qu'il ne pouvait atteindre à l'eau dont il paraissait fort altéré. Perpétue en fut très péniblement touchée, et commença à prier Dieu avec beaucoup de larmes et de gémissements pour son soulagement. Quelques jours après, elle vit en esprit le même Dinocrate, bien vêtu, lavé et rafraîchi, et l'eau de la piscine où il était, qui ne lui venait plus que jusqu'au nombril, et au bord, une coupe dans laquelle il buvait, sans que l'eau en diminuât, et la peau du cancer de sa joue bien guérie, en sorte qu'il n'en restait plus que la cicatrice. Elle comprit par là que Dinocrate était hors de peine.

Dinocrate était là apparemment [1] pour expier quelques fautes qu'il avait commises depuis son baptême, car Perpétue dit un peu plus haut qu'il n'y avait que son père qui fût demeuré dans l'infidélité.

La même sainte Perpétue, étant dans la prison quelques jours avant son martyre [2], eut une vision du diacre Pomponius, qui avait souffert le martyre quelque temps auparavant, et qui lui dit : « Venez, nous vous attendons. » Il la mena par un chemin fort tortueux et fort difficile jusque dans l'amphithéâtre, où elle eut à combattre contre un Egyptien fort laid, accompagné de quelques autres hommes comme lui. Perpétue se trouva changée en homme, et commença à combattre nue, aidée de quelques hommes fort bien faits, qui étaient venus à son service et à son secours.

Alors elle vit paraître un homme d'une taille extraordinaire, qui cria à haute voix : « Si l'Egyptien remporte la victoire sur celui-ci, il la tuera de son épée ; mais si elle le surmonte, elle aura pour récompense cette branche ornée de pommes d'or. » Perpétue commença à le combattre, et l'ayant terrassé, lui marche sur la tête. Le peuple lui cria victoire, et Perpétue, s'approchant de celui qui tenait la branche dont on a parlé, il la lui mit en main et lui dit : « La paix soit avec vous. » Alors Perpétue s'éveilla et comprit qu'elle aurait à combattre non contre les bêtes, mais contre le Démon.

1. Aug. l. I. *de origine animæ*.
2. *Ibid.* pag. 97.

Sature, un des compagnons du martyre de sainte Perpétue, eut aussi une vision qu'il raconta ainsi : « Nous avions souffert le martyre et nous étions dégagés de cette chair mortelle. Quatre anges nous portèrent vers l'Orient, sans nous toucher. Nous arrivâmes en un lieu où brillait une clarté immense. Perpétue était à mon côté ; je lui dis : « Voilà ce « que le Seigneur nous promettait. »

« Nous entrâmes dans un grand jardin rempli d'arbres et de fleurs ; les quatre anges qui nous avaient portés nous mirent entre les mains d'autres anges, qui nous menèrent par un chemin fort spacieux, dans un lieu où nous trouvâmes Joconde, Saturnin et Artaze, qui avaient souffert avant nous, et qui nous invitèrent à venir saluer le Seigneur. Nous les suivîmes et vîmes au milieu de ce lieu, le Tout-Puissant, environné d'une lumière immense, et nous ouïmes qu'on disait sans cesse autour de lui : « Saint, Saint, Saint. » On nous éleva vers lui ; nous nous arrêtâmes devant son trône, nous lui donnâmes le baiser, il nous passa la main sur le visage. Nous sortîmes et nous vîmes devant la porte, l'évêque Optat et le prêtre Aspase, qui se jetèrent à nos pieds. Nous les relevâmes, nous nous embrassâmes ; nous reconnûmes en ce lieu, plusieurs de nos frères et quelques martyrs. » Telle fut la vision de Sature.

Voilà des visions de toutes sortes, de saints martyrs et de saints anges. On raconte de St Exupère, évêque de Toulouse [1], qu'ayant conçu le dessein

---

1. *Ibid.* pag. 132.

de transférer les reliques de St Saturnin, ancien évêque de cette église, pour les placer dans une nouvelle église bâtie en son honneur, il avait peine à se résoudre à tirer ce saint corps du tombeau, craignant de déplaire au saint ou de diminuer l'honneur qui lui était dû. Mais dans ce doute, il eut une vision qui lui fit entendre que cette translation ne pouvait ni nuire au respect qui était dû aux cendres du saint martyr, ni préjudicier à son honneur ; qu'au contraire, elle contribuerait au salut des fidèles et à la plus grande gloire de Dieu.

Quelques jours avant que St Cyprien, évêque de Carthage, souffrît le martyre en 258[1], il eut une vision, n'étant pas encore entièrement endormi, dans laquelle un jeune homme d'une taille extraordinairement grande sembla le conduire au prétoire, devant le proconsul assis sur son tribunal. Ce magistrat, ayant aperçu Cyprien, commença à écrire la sentence avant qu'il l'eût interrogé à l'ordinaire. Cyprien ne savait ce que portait la sentence. Mais le jeune homme dont on a parlé et qui était derrière le juge, fit signe à Cyprien en ouvrant la main et l'étendant en forme d'épée, qu'il était condamné à avoir la tête tranchée.

Cyprien comprit aisément ce qu'il voulait dire par ce signe, et ayant demandé avec beaucoup d'instance qu'on lui accordât un jour de délai pour mettre ordre à ses affaires, le juge lui ayant accordé sa demande, écrivit de nouveau sur ses tablettes ; et le jeune homme, par le mouvement

---

1. Acta Martyr Sincera, p. 212. Vita & passio S. Cypriani, p. 268.

de sa main, lui fit connaître qu'on lui avait accordé un jour de délai. Ces prédictions furent exactement suivies de l'effet. On en voit beaucoup d'autres dans les ouvrages de St Cyprien.

Saint Fructueux, évêque de Tarragone[1], qui souffrit le martyre en 259, fut vu après sa mort, montant au Ciel avec ses diacres, qui avaient souffert avec lui. Ils apparurent comme étant encore attachés aux pieux après lesquels ils avaient été brûlés. Ils furent vus par deux chrétiens, qui les montrèrent à la femme et à la fille d'Emilien, qui les avait condamnés. Le saint se fit voir à Emilien lui-même et aux chrétiens qui avaient enlevé leurs cendres, et leur ordonna de les rassembler toutes en un même lieu.

On voit de pareilles apparitions[2] dans les Actes de St Jacques, de St Marien, martyrs, et de quelques autres, qui souffrirent dans la Numidie en 259. On en remarque de pareilles[3] dans les Actes des saints Montan, Lucius, et autres martyrs d'Afrique en 259 ou 260, et dans ceux de saint Vincent, martyr en Espagne en 304, et dans la vie de St Théodore, martyr en 306, dont St Grégoire de Nysse a écrit la passion. Tout le monde sait ce qui arriva à Sebaste en Arménie, dans le martyre des fameux quarante martyrs dont St Basile le Grand a écrit l'éloge. L'un des quarante, vaincu par l'excès du froid qui était extrême, se jeta dans un bain chaud qui était préparé là auprès. Alors, celui qui les

---

1. *Ibid.* p. 219 & 221.
2. *Ibid.* p. 226.
3. *Item*, p. 231, 232, 233, 237.

gardait, ayant aperçu les anges qui apportaient des couronnes aux trente-neuf qui avaient persévéré dans leurs souffrances, se dépouilla, se joignit à eux, et se déclara chrétien.

Tous ces exemples prouvent invinciblement, au moins que dans les premiers siècles de l'Eglise, les plus grands et les plus savants évêques, les saints martyrs, et le commun des fidèles, étaient très persuadés de la possibilité et de la réalité des apparitions.

*
* *

CHAPITRE LIX.

Conclusion de cette dissertation.

Pour reprendre en peu de mots tout ce que nous avons rapporté dans cette dissertation, nous y avons montré qu'une résurrection proprement dite, d'une personne morte depuis un temps considérable et dont le corps était ou corrompu, ou puant, ou prêt à se corrompre, comme celui de Pierre, enterré depuis trois ans et ressuscité par saint Stanislas, ou celui de Lazare, qui était depuis quatre jours dans le tombeau et déjà sentant une odeur cadavéreuse ; qu'une telle résurrection est un ouvrage de la seule toute-puissance de Dieu.

Que des personnes noyées, tombées en syncope, en léthargie, ou extasiées, ou tenues pour mortes, de quelque manière que ce soit, peuvent être guéries et rappelées à la vie, à leur première santé, sans aucun miracle, mais par les seules forces de la médecine, ou par une industrie naturelle, ou par la patience, attendant que la nature se rétablisse d'elle-même en son premier état, que le cœur reprenne son mouvement, et que le sang coule librement de nouveau dans les artères, les veines, et les esprits vitaux et animaux dans les nerfs.

Que les oupires, ou vampires, ou revenants de Moravie, de Hongrie, de Pologne, etc., dont on raconte des choses si extraordinaires, si détaillées, si circonstanciées, revêtues de toutes les formalités capables de les faire croire et de les prouver même juridiquement par-devant les juges, et dans les tribunaux les plus sévères et les plus exacts ; que tout ce qu'on dit de leur retour à la vie, de leurs apparitions, du trouble qu'elles causent dans les villes et dans les campagnes, de la mort qu'ils donnent aux personnes en leur suçant le sang ou en leur faisant signe de les suivre ; que tout cela n'est qu'illusion, et une suite de l'imagination frappée et fortement prévenue. L'on ne peut citer aucun témoin sensé, sérieux, non prévenu, qui puisse témoigner avoir vu, touché, interrogé, senti, examiné de sang-froid ces revenants, qui puisse assurer la réalité de leur retour et des effets qu'on leur attribue.

Je ne nierai point que des personnes ne soient mortes de frayeur, s'imaginant voir leurs proches qui les appelaient au tombeau ; que d'autres n'aient cru ouïr frapper à leurs portes, les harceler, les inquiéter, en un mot leur causer des maladies mortelles, et que ces personnes interrogées juridiquement, n'aient répondu qu'elles avaient vu et ouï ce que leur imagination frappée leur avait représenté. Mais je demande des témoins non préoccupés, sans frayeur, sans intérêt, sans passion, qui assurent, après de sérieuses réflexions, qu'ils ont vu, ouï, interrogé ces vampires, et qu'ils ont été témoins de leurs opérations ; et je suis persuadé qu'on n'en trouvera aucun de cette sorte.

J'ai en main une lettre, qui m'a été écrite de Varsovie le 3 février 1745 par M. Sliviski, Visiteur de la province des prêtres de la mission de Pologne. Il me mande, qu'ayant étudié avec grand soin cette matière et s'étant proposé de composer sur ce sujet une dissertation théologique et physique, il avait ramassé des mémoires dans cette vue ; mais que les occupations de Visiteur et de Supérieur de la maison de sa congrégation de Varsovie ne lui avaient pas permis d'exécuter son projet. Qu'il a, depuis, recherché inutilement ces mémoires, qui probablement, sont demeurés entre les mains de quelques-uns de ceux à qui il les avait communiqués. Qu'il y avait, parmi ces mémoires, deux résolutions de Sorbonne, qui défendaient l'une et l'autre de couper la tête et de sévir contre les corps des prétendus oupires. Il ajoute qu'on pourrait trouver ces décisions dans les registres de Sorbonne, depuis l'an 1700 jusqu'en 1710. Je rapporterai ci-après une décision de Sorbonne sur ce sujet, de l'an 1693.

Il dit de plus, qu'en Pologne, on est si persuadé de l'existence des oupires, qu'on regarderait presque comme hérétiques, ceux qui penseraient autrement. Il y a plusieurs faits sur cette matière, qu'on regarde comme incontestables et l'on cite pour cela une infinité de témoins : « Je me suis, dit-il, donné la peine d'aller jusqu'à la source et d'examiner ceux qu'on citait pour témoins oculaires ; il s'est trouvé qu'il n'y avait personne qui osât affirmer d'avoir vu les faits dont il s'agissait, et que ce n'étaient que des rêveries et des imaginations causées par la peur et par des discours mal fondés. » C'est ce que m'écrit ce sage et judicieux prêtre.

J'ai encore, depuis, reçu une autre lettre de Vienne en Autriche, écrite le 3 août 1746 par un baron lorrain[1] qui a toujours suivi son prince. Il me dit qu'en 1732, Sa Majesté Impériale, alors Son Altesse Royale de Lorraine, se fit donner plusieurs procès-verbaux sur des cas arrivés en Moravie. Je les ai encore, les ai lus et relus, et à dire vrai, je n'y ai pas trouvé l'ombre de vérité ni même de probabilité de ce qui était avancé. Ce sont cependant ces actes que l'on regarde en ce pays-ci comme l'Evangile.

*
* *

---

1. M. le baron Toussaint.

CHAPITRE LX.

*Impossibilité morale que les revenants
sortent de leurs tombeaux.*

J'ai déjà proposé l'objection, formée sur l'impossibilité que ces vampires sortent de leurs tombeaux et y rentrent, sans qu'il y paraisse qu'ils ont remué la terre en sortant ou en rentrant. On n'a jamais pu répondre à cette difficulté et l'on n'y répondra jamais. Dire que le Démon subtilise et spiritualise les corps des vampires, c'est une chose avancée sans preuve et sans vraisemblance.

La fluidité du sang, la couleur vermeille, la souplesse des vampires, ne doivent pas surprendre, non plus que les ongles et les cheveux qui leur croissent, et leur corps qui demeure sans corruption. On voit tous les jours des corps qui n'éprouvent point la corruption et qui conservent une couleur vermeille après leur mort. Cela ne doit pas paraître étrange dans ceux qui meurent sans maladie et de mort subite, ou de certaines maladies connues aux médecins, qui n'ôtent pas la fluidité du sang ni la souplesse des membres.

A l'égard de l'accroissement des cheveux et des ongles dans les corps qui ne sont point corrompus, la chose est toute naturelle. Il demeure dans ces corps, une certaine circulation lente et imperceptible des humeurs, qui cause cet accroissement des ongles et des cheveux, de même que nous voyons tous les jours, les oignons ordinaires et les cayeux croître et pousser, quoique sans aucune nourriture ni humidité tirée de la terre.

On en peut dire autant des fleurs, et en général, de tout ce qui dépend de la végétation, dans les animaux et dans les plantes.

La persuasion où sont les peuples de la Grèce du retour des broucolaques, n'est pas mieux fondée que celle des vampires et des revenants. Ce n'est que l'ignorance, la prévention, la terreur des Grecs, qui ont donné naissance à cette vaine et ridicule créance, et qui l'ont entretenue jusqu'aujourd'hui. La relation que nous avons rapportée d'après M. Tournefort, témoin oculaire et bon philosophe, peut suffire pour détromper ceux qui voudraient s'intéresser à les soutenir.

L'incorruption ou l'incorruptibilité des corps des décédés dans l'excommunication est encore moins fondée que le retour des vampires et les vexations des vivants, causées par les broucolaques ; l'Antiquité n'a rien cru de semblable. Les Grecs schismatiques et les hérétiques séparés de l'Eglise romaine, qui sont certainement morts dans l'excommunication, devraient donc, suivant ce principe, demeurer sans corruption, ce qui est contre l'expérience et répugne au bon sens ; et si les Grecs prétendent être la vraie Eglise, tous les catholiques romains qui sont séparés de communion d'avec eux, devraient donc demeurer aussi incorruptibles. Les exemples cités par les Grecs, ou ne prouvent rien, ou prouvent trop. Ces corps qui n'ont pas été corrompus étaient-ils réellement excommuniés ou non ? S'ils n'étaient pas nommément et réellement excommuniés, leur incorruption ne prouve rien ; et quand ils auraient été vraiment et réellement excommuniés, encore faudrait-il prouver qu'il n'y avait point d'autre cause de leur incorruption, ce qu'on ne prouvera jamais.

De plus, une chose aussi équivoque que l'incorruption ne peut pas être employée en preuve dans une matière aussi sérieuse que celle-ci. L'on convient que souvent, les corps des saints sont préservés de corruption ; cela passe pour certain chez les Grecs comme chez les Latins. L'on ne peut donc pas conclure que cette même incorruption soit une preuve qu'une personne est excommuniée.

Enfin, cette preuve est univoque et générale, ou seulement particulière : je veux dire, tous les excommuniés demeurent sans corruption, ou seulement quelques-uns. On ne peut pas soutenir que tous ceux qui meurent dans l'excommunication sont incorruptibles. Il faudrait, pour cela, que tous les Latins envers les Grecs, et les Grecs envers les Latins, fussent incorruptibles, ce qui n'est pas. Cette preuve est donc frivole et ne conclut rien. Je me défie beaucoup de toutes ces histoires que l'on rapporte pour prouver cette prétendue incorruption des personnes excommuniées. Si on les examinait de près, on y trouverait sans doute bien du faux.

*
* *

CHAPITRE LXI.

Ce qu'on raconte des corps des excommuniés qui sortent de l'Eglise, est sujet à de très grandes difficultés.

Quelque respect que j'aie pour saint Grégoire le Grand, qui rapporte des exemples de personnes mortes excommuniées qui sortaient de l'Eglise à la vue de tout le monde, et quelque considération que méritent les autres auteurs que j'ai cités et qui racontent d'autres faits semblables, et même plus incroyables, je ne puis me persuader que nous ayons ces histoires avec toutes leurs circonstances ; et après les raisons de douter que j'ai rapportées à la suite de ces histoires, je crois pouvoir dire encore, que Dieu, pour inspirer aux peuples une plus grande terreur des excommunications, et un plus grand respect pour les sentences et les censures de l'Eglise, a voulu dans ces occasions, pour des raisons qui ne nous sont pas bien connues, faire éclater sa puissance, opérer des miracles à la vue des fidèles ; car comment expliquer tout cela sans recourir au miracle ?

Tout ce qu'on dit des personnes mortes, qui mâchent sous le terre dans leurs tombeaux, est si pitoyable et si puéril, qu'il ne mérite pas une réputation sérieuse. Tout le monde convient, qu'il n'arrive que trop souvent qu'on enterre des personnes qui ne sont pas bien mortes. On n'en a que trop d'exemples dans toutes les histoires anciennes et modernes. La thèse de M. Vinslow et les notes que M. Bruyer y a ajoutées, sont très propres pour prouver qu'il y a peu de signes certains d'une véritable mort, hors la puanteur et la putréfaction d'un corps, au moins commencée. On a une infinité d'exemples de personnes qu'on a crues mortes et qui sont revenues, même après avoir été mises en terre. Il y a je ne sais combien de maladies où le malade demeure longtemps sans parole, sans mouvement, sans respiration sensible. Il y a des noyés qu'on a crus morts, et qu'on a fait revenir en les saignant et en les soulageant.

Tout cela est connu et peut servir à expliquer comment on a pu tirer du tombeau quelques vampires, qui ont parlé, hurlé, jeté du sang ; tout cela parce qu'ils n'étaient pas encore morts. On les a fait mourir en les décapitant, en leur perçant le cœur, en les brûlant, et en cela on a eu très grand tort ; car le prétexte qu'on a pris de leur prétendu retour pour inquiéter les vivants, les faire mourir, les maltraiter, n'est pas une raison suffisante pour les traiter comme on l'a fait. D'ailleurs, leur prétendu retour n'a jamais été prouvé ni constaté d'une manière qui puisse autoriser personne à user d'une pareille inhumanité, ni à déshonorer, faire mourir ignominieusement, sur des accusations vagues, frivoles, non prouvées, des personnes certainement innocentes de la chose dont on les charge.

Car rien n'est plus mal fondé que ce qu'on dit des apparitions, des vexations, des troubles causés par les prétendus vampires et par les brucolaques. Je ne suis pas surpris que la Sorbonne ait condamné les exécutions sanglantes et violentes que l'on exerce sur ces sortes de corps morts ; mais il est étonnant, que les puissances séculières et les magistrats n'emploient pas leur autorité et la sévérité des lois pour les réprimer.

Les dévouements magiques, les fascinations, les évocations dont nous avons parlé, sont des œuvres de ténèbres, des opérations de Satan, si elles ont quelque réalité, ce que j'ai peine à croire pour les dévouements et les évocations des mânes ou des âmes des personnes mortes ; car pour les fascinations ou les illusions des sens, il semble qu'il est malaisé de n'en pas admettre quelques-unes, comme lorsqu'on croit voir ce qui n'est pas, ou qu'on ne voit pas ce qui est présent à nos yeux, ou qu'on croit entendre ce qui ne frappe pas nos oreilles, ou au contraire. Mais dire que le Démon peut donner la mort à une personne, parce qu'on a formé sa statue en cire ou qu'on lui a donné son nom avec quelques cérémonies superstitieuses et qu'on l'a dévouée, en sorte que la personne se sente mourir à mesure que la figure de cire se consume, c'est donner au Démon trop de pouvoir, et à la magie trop d'efficace. Dieu peut, quand il veut, lâcher la bride à l'ennemi du genre humain, et lui permettre de nous causer le mal que lui-même ou ses suppôts cherchent à nous faire ; mais il serait ridicule de croire que la magie puisse déterminer le souverain maître de la nature à permettre au Démon de nous nuire, ou de s'imaginer que le magicien ait le pouvoir de faire agir contre nous le Démon, indépendamment de Dieu.

L'exemple de ce paysan de Delme qui donna son enfant au Diable et à qui le Diable ôta la vie, puis la lui rendit, est un de ces faits extraordinaires et presque incroyables que l'on rencontre quelquefois dans l'Histoire, et que ni la Théologie ni la Philosophie ne savent comment expliquer. Etait-ce un démon qui animait le corps de cet enfant, ou était-ce l'âme de cet enfant qui était rentrée dans son corps par la permission de Dieu ? Par quelle autorité le Démon a-t-il pu ôter la vie à cet enfant, puis la lui rendre ? Dieu l'a pu permettre pour punir l'impiété du malheureux père, qui s'était donné au Démon pour contenter une passion honteuse et criminelle. Et encore, comment l'a-t-il pu contenter avec un démon qui lui parut sous la forme d'une fille qu'il aimait ? Dans tout cela, je ne vois que ténèbres et difficultés, que je laisse résoudre à de plus habiles et plus hardis que moi.

Extrait d'une lettre adressée de Pologne aux Parisiens, le 9 janvier 1693. *

Une jeune fille était depuis quelque temps tourmentée par un esprit, et, toute excitée sous l'effet de la douleur qu'elle ressentait, elle se mit à crier en demandant du secours, et dit que cet esprit avait pour elle le visage de sa mère, morte peu de temps auparavant. Cette jeune fille était visiblement affaiblie et épuisée de maigreur. On

* [Cette lettre et les deux articles qui la suivent, sont donnés en latin dans le texte et ont été traduits, pour la présente édition, par Mr Pierre Monat. — *n.d.e.*]

se transporta au tombeau de sa mère, et on y trouva un cadavre sans rigidité, flexible, enflé et encore coloré ; quand on eut coupé la tête et ouvert le cœur, il s'écoula une grande quantité de sang, et la jeune fille guérit de sa maladie de langueur, et actuellement, elle se porte bien.

Des prêtres dignes de foi ont assité à cette exécution et ont examiné la jeune fille, qui leur a raconté toute l'histoire.

On demande ce que doit faire le confesseur et comment il doit agir, tant envers ceux qui pratiquent ces exécutions qu'envers ceux qui demandent qu'on ouvre un tombeau pour couper la tête d'un cadavre, quand il s'agit d'un cas comme celui-ci.

Solution des Docteurs de la Sorbonne.

Nous, soussignés, estimons que ceux qui font ces exécutions, tout comme ceux qui demandent à faire ouvrir les tombeaux dans cette intention, commettent une faute très grave ; et que les confesseurs doivent admonester les personnes de ce genre et leur expliquer le mal qu'elles commettent en ces occasions, et leur refuser l'absolution si elles persévèrent dans cette pratique perverse. Cet avis est fondé sur deux arguments : l'un est tiré de l'honneur qui est dû aux corps des défunts, l'autre du cas particulier dont il s'agit.

D'abord, on a toujours accordé honneur et respect aux corps des défunts, si bien que l'on considère comme un rôle de la religion qu'ils soient toujours tenus en honneur et que l'on veuille que leurs tombeaux soient inviolables. (voir dans le *Code* l'article *Sur les viols de sépultures* l. 19, t. 19), où une peine est prévue contre ceux qui violent la sainteté des tombeaux ; où il est dit qu'ils sont sacrilèges et qu'il faut engager des poursuites contre eux en tant que tels, puisqu'ils osent détruire et emporter quelque chose des monuments où reposent les corps des fidèles. « Leur audace (ce sont les termes du *Code*) va jusqu'à s'en prendre aux tombeaux des défunts et aux tombes consacrées ; alors que le fait de soulever la pierre, de rejeter la terre et d'arracher le gazon a toujours été considéré par nos ancêtres comme tout proche du sacrilège. Veillant à tout cela, et voulant empêcher que le culte des défunts ne sombre dans l'abomination, nous interdisons ces pratiques en les punissant du châtiment réservé aux sacrilèges. »

Plus grande encore est l'audace, et, dans la rigueur de toute législation, elle mérite une peine encore plus grande, lorsqu'on s'en prend aux tombeaux non seulement pour les détruire ou pour en arracher quelque ornement, mais pour couper la tête des défunts qui gisent dans ces tombeaux.

Dans le *Droit Canon*, ceux qui enlèvent une partie, ou plusieurs, au corps d'un défunt, sont excommuniés *ipso facto*. Et le pape Boniface VIII, qui a promulgé une loi *Contre les détestables exhumations des tombeaux*, veut que l'on ne puisse être relevé de cette excommunication que par le Siège apostolique, et dit que c'est impiété et cruauté que de traiter ainsi le corps des défunts : « Que les corps des défunts ne soient pas traités avec impiété et cruauté ».

Il est vrai que ce chapitre traite de ceux qui découpent en morceaux les corps de ceux qui sont morts en dehors de leur patrie, afin de les ramener plus facilement ; il est certain aussi que le cas proposé n'a pas, en sa faveur, pareille justification, et mérite donc d'être condamné avec une plus grande sévérité. Et assurément le fondement de cette règle canonique n'est rien d'autre que la règle générale selon laquelle il faut avoir du respect pour les corps des défunts. C'est ce que nous apprend sa glose : « Pour la foi catholique, la nature de l'homme mérite le respect, et c'est pourquoi, même après la mort, le corps humain ne peut être l'objet d'une estimation. »

Dans le texte lui-même (*Que les défunts*. 15,5), il était écrit, avant ces mots : « Celui qui n'a pas eu de respect pour la nature de l'homme mérite d'être condamné dans son argent, dans son honneur et dans ses biens. » Cela s'applique à ceux qui ont fait injure à un mort. Peuvent s'appliquer au même problème plusieurs autres canons qu'on trouve chez Antonius (Livre 35, III, 12) et dans les *Canons de la Pénitence*, 8, 4, ligne 7...

En second lieu, l'intention qui préside à ces ouverture de tombeaux accompagnées d'une exécution rend le cas plus grave encore ; en effet, dit-on, on fait cela pour echapper aux persécutions du Démon et pour retrouver la santé, on mange du pain fait avec le sang qui a coulé des cadavres (ou que l'on fait couler) en coupant la tête du défunt qui gît dans son tombeau. Il y a donc lieu de présumer que cela se fait en vertu d'un pacte avec le Démon, et qu'un maléfice est chassé par l'autre. En effet, ce pain mêlé de sang, tout comme cette décapitation, ne peuvent, selon les lois de la nature, rendre la santé à une personne proche de la mort, ni chasser le démon qui la tourmente. Et l'on ne peut dire non plus qu'il y ait là un miracle de Dieu. Le seul récit de ce qui a été fait à la mère de la jeune fille dont il s'agit montre suffisamment que ce n'est pas Dieu qui inspire cette pratique pour donner la santé à la fille susdite. Il faut donc supposer qu'il y a un pacte secret avec le Démon et il faut dire que le Démon lui-même recule en présence d'un maléfice de cette espèce, qu'il a lui-même inspiré.

Gerson, dans un opuscule composé contre la doctrine d'un médecin de Montpellier, dit que la Faculté de Paris a argumenté ainsi (*Sess.* pr. 4) : « Toute pratique dont on attend un résultat autre que celui d'une méthode naturelle ou d'un miracle divin doit être réprouvée par la raison, et doit être vivement suspectée de provenir d'un pacte explicite ou caché avec les démons. Telle est la définition qu'a donné la Faculté sacrée de Théologie de l'Université de Paris. »

Puisqu'il en est ainsi, on ne peut chasser un maléfice par un autre (St Thomas 4, 34, 3 ; *Décret* de la Faculté de Paris que rapporte à la fin de ses œuvres, le Maître des Sentences, art. 6, *Qu'il est licite...*) ni non plus de permettre de chasser un maléfice par un autre.

Il s'ensuit deux conséquences : cette pratique doit être condamnée puisqu'elle est rejetée par l'un et par l'autre droit ainsi que par la loi divine, qui dit que l'on ne doit pas faire le mal pour qu'arrive le bien. En second lieu, après consultation de médecins pieux et expérimentés, si on ne peut mettre en lumière une cause naturelle de cette maladie, et qu'elle ne peut être soulagée ni soignée par aucun remède naturel, il faut s'en remettre totalement à la divine providence. Il vaut mieux, en effet, endurer ces maux avec patience, et même s'exposer à la mort, que d'offenser Dieu. Dans ce cas, on pourrait avoir recours à d'autres moyens pour se défendre contre la persécution du Diable (ceux-ci sont indiqués dans le chapitre *Si par sorcelleries*, 33, qu. 2 : « Si par sorcelleries ou maléfices, avec la permission d'une décision de Dieu, cachée, mais jamais injuste, et sous l'effet de l'action du Diable... ») Il faut exhorter ceux à qui cela arrive, à faire une confession de tous leurs péchés, à Dieu et à un prêtre, le cœur contrit et l'esprit humilié ; puis à satisfaire au Seigneur en versant des larmes et en répandant de larges aumônes, en priant et en jeûnant, enfin, par les exorcismes et autres secours de la médecine ecclésiastique, tels ministres de l'Eglise, dans la mesure où le Seigneur le permettra, s'occuperont de les soigner. Tel est également l'avis de Bartholomée de Spina, ancien Maître du Sacré Palais, dans son traité *Sur les vampires*, ch 33 : « Ceux qui, pour soigner les maléfices de cette espèce et les autres observeraient ce qu'enseigne le chapitre 33, qu. 2. *Si par sorcelleries...* seraient facilement guéris par la miséricorde de Dieu. »

délibéré en Sorbonne, 1693.

G. Fromageau.
C. de Precelles.
Thomas Durieraz.

*Autre solution d'un docteur parisien
pour résoudre
la difficultée exposée.*

Il semble qu'on ne doive pas permettre que l'on ouvre les tombeaux, que l'on coupe la tête, que l'on ouvre le cœur d'un défunt, que l'on recueille le sang de son corps, qu'on en fasse du pain, qu'on en mange ou qu'on en boive, ni que l'on fasse aucune des choses susdites, pour quelque raison que ce soit et sous quelque prétexte que ce soit. Il semble qu'il s'agit de pratiques mauvaises et superstitieuses qui ont été inventées et enseignées par le Démon et n'ont en elles-mêmes aucune vertu ni aucune efficacité pour diminuer ou supprimer pareille persécution du Démon. Mais c'est lui qui produit les effets attribués à ces pratiques et ceux qu'elles semblent avoir ; et leur usage suppose que l'on a fait quelque pacte avec lui, auquel il adhère, du moins implicitement, en conduisant à pratiquer ces exécutions. Peut-être ceux qui ont l'habitude de procéder à ces exécutions et qui connaissent souvent des personnes en butte à ces tourments ont-ils quelque commerce avec le Démon ; et les confesseurs doivent leur demander par quels moyens ils savent que telles personnes sont tourmentées et qui leur a appris à avoir recours à ce remède. Et il faut conduire de telles personnes à recourir à Dieu par de fréquentes oraisons, à implorer le secours et l'intercession de la Bienheureuse Vierge Marie, des saints anges et des autres saints ; à se mettre en état de grâce par une confession, afin qu'il n'y ait rien en leur conscience par quoi ils puissent donner prise au Démon ; à communier dévotement, à faire célébrer des messes à leurs intentions, jeûner, faire l'aumône et accomplir d'autres bonnes œuvres. Il serait bon également qu'ils aient recours à des exorcismes, des bénédictions, aux prières instituées par l'Eglise et utilisées pour exorciser et empêcher le Diable de faire du mal aux hommes. Enfin un grand remède consiste à donner de l'argent pour que le peuple malheureux soit bien instruit et connaisse les mystères et les vérités de la religion et toutes les obligations auxquelles nous soumet la religion chrétienne, et qu'il vive ainsi de façon chrétienne et pieuse ; en effet, lorsque Dieu est connu, adoré, servi fidèlement, le Démon a peu de puissance et les superstitions n'ont pas de place. Voir l'ouvrage de Vallensis (Droit Canon, liv. 3, tit. 30, § 9. *Paroisses et paroissiens*) où sont prévues une amende et une peine civile de cent pièces d'or, ainsi qu'une inculpation de crime capital pour ceux qui violent les tombeaux.

*
* *

CHAPITRE LXII.

Remarques sur la dissertation touchant l'esprit revenu à St-Maur-des-Fossés.

La dissertation suivante * sur l'apparition arrivée à St-Maur, près Paris en 1706, m'était entièrement inconnue. Un ami qui prenait quelque part à mon ouvrage sur les apparitions, me fit demander par lettres, si je trouverais bon qu'on la fît imprimer à la suite de mon écrit ; j'y consentis sans peine, sur le témoignage qu'il me rendit que c'était l'ouvrage d'une main habile et qui méritait qu'on la préservât de l'oubli où il était tombé. J'ai appris depuis, qu'elle était imprimée au quatrième tome du *Traité des superstitions* du R.P. le Brun de l'Oratoire.

Après l'impression, un religieux habile m'écrit d'Amiens en Picarde [1] qu'il a remarqué dans cette dissertation cinq ou six propositions qui lui paraissaient fausses.

1. Lettre du R. P. Richard, dominicain d'Amiens, du 29 juill. 1746.

* [cf. *infra*, p. 299. — *n.d.e.*]

1. Ce que dit l'auteur, que tous les saints docteurs conviennent qu'il ne reste aux démons aucun moyen de nous tromper que la suggestion que Dieu leur a laissée pour exercer notre vertu.

2. A l'égard de ces prodiges et de ces maléfices si ordinaires que le peuple attribue au sortilège et au commerce avec le Démon, il est constant qu'on ne peut les opérer que par la magie naturelle. C'est le sentiment de la plupart des Pères de l'Eglise qui en ont parlé.

3. Toute la part qu'ont les démons dans les pratiques criminelles de ceux qu'on appelle communément sorciers, est la suggestion, par laquelle ils les invitent à la recherche abominable de toutes les causes naturelles qui peuvent nuire au prochain.

4. Quoique ceux qui ont voulu soutenir cette erreur populaire du retour des âmes du Purgatoire aient fait leurs efforts pour s'appuyer sur différents passages tirés de St Augustin, de St Jérôme, de St Thomas, etc., il est constant que tous ces Pères ne parlent que du retour des âmes bienheureuses pour manifester la gloire de Dieu.

5. De quoi ne peut-on pas croire l'imagination capable, après une si forte preuve de son pouvoir ? Peut-on douter, que parmi toutes les apparitions prétendues qu'on raconte, elle n'opère seule toutes celles qui ne viennent pas des anges et des âmes bienheureuses, et qui ne sont pas de la malice des hommes ?

6. Après avoir suffisamment établi que toutes les apparitions qui ne peuvent pas être attribuées à

des anges ou à des âmes bienheureuses ne sont produites que par l'une de ces trois causes : premièrement, la force de l'imagination ; secondement, l'extrême subtilité des sens ; et troisièmement, la dépravation des organes tels qu'ils sont dans la folie et dans les fièvres chaudes.

Le religieux qui m'écrit soutient que la première proposition est fausse ; que les anciens Pères de l'Eglise attribuent au Démon la plupart des effets extraordinaires qui se font par certains tons de voix, par des figures, des fantômes ; que les exorcistes, dans la primitive Eglise, chassaient les démons, de l'aveu même des païens ; que les anges et les démons ont souvent apparu aux hommes ; que personne n'a parlé plus fortement des apparitions, des observations et du pouvoir du Démon que les anciens Pères ; que l'Eglise a toujours employé les exorcismes sur les enfants présentés au baptême et contre les obsédés et possédés du Démon. Ajoutez que l'auteur de la dissertation ne cite aucun Père pour appuyer sa proposition générale.

La seconde proposition est encore fausse, car si l'on doit attribuer à la magie naturelle tout ce qu'on attribue aux sorciers, il n'est donc plus de sorciers proprement dits, et l'Eglise se trompe dans les prières qu'elle fait contre eux.

La troisième proposition est fausse par la même raison.

La quatrième est encore plus fausse et absolument contraire à saint Thomas, qui parlant des morts en général qui apparaissent, dit que cela arrive, ou par miracle, ou par une permission toute particulière de Dieu, ou par l'opération des bons ou des mauvais anges.

La cinquième proposition est encore fausse et contraire au Pères, au sentiment du commun des fidèles et aux usages de l'Eglise. Si toutes les apparitions qui ne viennent pas des anges ou des bienheureux, ou de la malice des hommes, ne viennent que de l'imagination, que deviennent toutes les apparitions des démons racontées par les saints et arrivées aux saints? Que deviennents en particulier les histoires des saints solitaires, de St Antoine, de St Hilarion, etc.[1]? Que deviennent les prières et les cérémonies de l'Eglise contre les démons qui obsèdent, qui possèdent, qui infestent, qui apparaissent souvent dans les obsessions, les possessions et infestations ?

La sixième proposition est fausse par les mêmes raisons et par beaucoup d'autres qu'on pourrait ajouter.

« Voilà, ajoute le R. P. qui m'écrit, ce qui me fait douter si la troisième dissertation a été ajoutée aux deux autres de votre aveu. J'ai soupçonné que l'imprimeur, de son chef, ou persuadé par des gens mal intentionnés, aurait bien pu l'avoir ajoutée de lui-même et sans votre participation, quoique sous votre nom ; car, me disais-je à moi-même, ou le R. P. approuve cette dissertation, ou il ne l'approuve pas, il paraît qu'il l'approuve puisqu'il

---

1. L'auteur a prévenu cette objection dès le commencement de sa dissertation.

dit qu'elle vient d'une main habile et qu'il veut la préserver de l'oubli.

« Or comment approuve-t-il une dissertation fausse en elle-même, contraire à lui-même ? Quand il ne l'approuverait pas, n'est-ce pas trop que d'unir à son ouvrage une méchante pièce remplie de mensonges, de déguisements, de raisonnements faux et faibles, opposée à la créance commune, aux usages et aux prières de l'Eglise, dangereuse par conséquent, et tout à fait favorable aux esprits forts et incrédules dont le siècle est rempli ? Ne devrait-il pas plutôt la combattre et en montrer la faiblesse, la fausseté, les dangers ? Voilà, mon R. P., toute ma difficulté. »

D'autres personnes m'ont fait dire qu'ils auraient souhaité que je traitasse la matière des apparitions dans le goût de l'auteur de cette dissertation, c'est-à-dire, en pur philosophe, et dans la vue d'en détruire la créance et la réalité, plutôt que dans le dessein d'appuyer la créance des apparitions si bien marquées dans les écritures de l'Ancien et du Nouveau Testament, dans les Pères, et dans les usages et prières de l'Eglise. L'auteur dont nous parlons a cité les Pères, mais en général, et sans en marquer les témoignages et les passages exprès et formels ; je ne sais s'il en fait grand cas et s'il est fort versé dans leur lecture. Cela ne paraît guère dans son ouvrage.

Le grand principe sur lequel roule toute cette troisième dissertation est que, depuis la venue et de Jésus-Christ, tout le pouvoir du Démon est borné à séduire, à inspirer et à persuader le mal ;

mais que pour le reste, il est lié comme un lion ou un chien dans sa prison : il peut aboyer, il peut menacer ; mais il ne peut pas mordre, à moins qu'on ne veuille s'approcher de lui et se livrer à lui, comme l'a dit saint Augustin [1]: *mordere omninò non potest nisi volentem*.

Mais prétendre que Satan ne peut pas nuire ni à la santé de l'homme et des animaux ni aux fruits de la terre, ni nous attaquer par ses ruses, sa malice, sa fureur contre nous, ni tourmenter les personnes qu'il obsède ou qu'il possède ; que les magiciens et les sorciers ne peuvent user de sortilèges et de charmes pour causer aux hommes et aux animaux des maladies mortelles, et la mort même ; c'est attaquer directement la foi de l'Eglise, les saintes Ecritures, les pratiques les plus sacrées, et les sentiments non seulement des saints Pères et des meilleurs théologiens, mais aussi les lois et les ordonnances des princes et les arrêts des parlements les plus respectables.

Je ne citerai point ici les exemples tirés de l'Ancien Testament, l'auteur s'étant borné à ce qui s'est passé depuis la mort et la résurrection du Sauveur, parce que, dit-il, Jésus-Christ a détruit le royaume de Satan et que le prince du monde est déjà jugé : *Princeps hujus mundi jam judicatus est* [2].

St Pierre, St Paul, St Jean et les évangélistes, bien instruits des paroles du Fils de Dieu et du sens qu'on doit leur donner, nous enseignent que Satan a demandé les apôtres de Jésus-Christ, pour

---

1. Aug. Serm. de temp. 197.
2. Joan. xvj. 11.

les cribler comme on crible le froment[1], c'est-à-dire pour les éprouver par les persécutions et les faire renoncer à la foi. St Paul ne se plaint-il pas de « l'ange de Satan » qui lui donna des soufflets[2] ? Ceux qu'il livra à Satan pour leurs crimes[3] ne souffrirent-ils rien dans leurs corps ? Ceux qui communiaient indignement et qui étaient frappés de maladies ou même de mort, ne souffraient-ils pas ces châtiments par l'opération du Démon[4] ? L'apôtre avertit les Corinthiens de ne pas se laisser surprendre par Satan qui se transfigure quelquefois en ange de lumière[5]. Le même apôtre parlant aux Thessaloniens, leur dit que l'antéchrist paraîtra avant le dernier jour[6] « selon l'opération de Satan, par un pouvoir extraordinaire, par des prodiges et des signes trompeurs. » Dans l'Apocalypse, le Démon est l'instrument dont Dieu se sert pour punir les mortels et pour leur faire boire le calice de sa colère. St Pierre ne nous dit-il pas[7] que le diable rôde autour de nous comme un lion rugissant, toujours prêt à nous dévorer ; et St Paul aux Ephésiens[8], « que nous avons à combattre non contre des hommes de chair et de sang, mais contre les principautés et contre les puissances, contre les princes du monde, c'est-à-dire de ce

1. Luc. xxij. 31.
2. II. Cor. xj. 7.
3. I. Tim. j. 2.
4. I. Cor. xj. 30.
5. II. Cor. II. ii & xj. 14.
6. II. ad. Thess. II.
7. I. Pet. vi. 8.
8. Ephes. vj.

siècle ténébreux, contre les esprits de malice répandus en l'air ? »

Les Pères des premiers siècles parlent souvent du pouvoir que les chrétiens exerçaient contre les démons, contre ceux qui se disaient remplis de l'esprit de Python, contre les magiciens et les autres suppôts du Démon, principalement contre les possédés qui étaient alors assez fréquents, et que l'on a vus encore de temps en temps dans l'Eglise et hors de l'Eglise ; on a toujours employé contre eux, et avec succès, les exorcismes et les autres prières de l'Eglise. Les empereurs et les rois ont employé leur autorité et la rigueur des lois contre ceux qui se sont dévoués aux démons et qui ont usé de sortilèges, de charmes et des autres moyens que le Démon utilise pour séduire, pour faire périr les hommes, les animaux, ou les fruits de la campagne.

On pourrait ajouter aux remarques du R.P. dominicain diverses autres propositions tirées du même ouvrage ; par exemple, ce que dit l'auteur, « que les anges connaissent toutes les choses d'ici-bas, car si c'est par le moyen des espèces que Dieu leur communique tous les jours, comme le croit St Augustin, il n'y a pas lieu de croire qu'ils ne connaissent tous les besoins des hommes, et qu'ils ne puissent, pour les consoler et les fortifier, se rendre sensibles à eux par la permission de Dieu, sans en recevoir toujours un ordre exprès. »

Cette proposition est hasardée ; il n'est pas certain que les anges connaissent toutes les choses d'ici-bas. Jésus-Christ dans *St Matthieu*, XXIV, 36, dit que les anges ne savent pas le jour de son avènement. Il est encore plus douteux que les anges puissent apparaître sans un ordre exprès de Dieu, et que St Augustin l'ait ainsi enseigné.

Il dit un peu après, « que les démons ont souvent apparu avant Jésus-Christ, « sous des figures « fantastiques qu'ils prenaient de la même ma- « nière que les prennent les anges », c'est-à-dire sous des corps aériens qu'ils organisaient ; au lieu qu'à présent, et depuis la venue de Jésus-Christ, les prodiges et les maléfices si ordinaires que le peuple attribuait au sortilège et au commerce avec les démons, il est constant qu'ils ne peuvent être opérés que par la magie naturelle, qui est la connaissance des effets secrets par des causes naturelles, et plusieurs par la seule subtilité de l'art. C'est le sentiment de la plupart des Pères qui en ont parlé. »

Cette proposition est fausse, et contraire à la doctrine et à la pratique de l'Eglise ; et il n'est pas vrai que ce soit le sentiment de la plupart des Pères ; il aurait dû en citer quelques-uns.

Il dit que « le livre de Job et le cantique d'Ezéchias sont remplis de témoignages que le Saint-Esprit semble avoir voulu nous donner, que nos âmes ne peuvent revenir sur la terre après notre mort, jusqu'à ce que Dieu en ait fait des anges. »

Il est vrai que les saintes Ecritures parlent de la résurrection et du retour des âmes dans leur corps comme d'une chose impossible selon le cours naturel. L'homme ne peut ni se ressusciter ni ressusciter son semblable, sans un effet de la

Toute-Puissance de Dieu. Les âmes des trépassés ne peuvent pas non plus apparaître aux vivants sans l'ordre ou la permission de Dieu. Mais il est faux de dire « que Dieu fasse de nos âmes des anges et qu'alors elles pourront apparaître aux vivants. » Nos âmes ne deviendront jamais anges ; mais J-C nous dit qu'après notre mort, nos âmes seront comme les anges de Dieu, *Matth.* XXII. 30, c'est-à-dire spirituelles, immortelles, et exemptes de toutes les faiblesses et des besoins de la vie présente ; mais il ne dit pas que nos âmes doivent devenir des anges.

Il avance que ce qu'a dit J-C, « que les esprits n'ont « ni chair ni os », loin de faire croire que les esprits puissent revenir, prouve au contraire évidemment qu'ils ne peuvent, sans miracle, se rendre sensibles aux hommes, puisqu'il faut absolument une substance corporelle et des organes pour se faire entendre, ce qui ne convient pas aux âmes qui ne peuvent naturellement être soumises à nos sens. »

Cela n'est pas plus impossible que ce qu'il a dit ci-devant des apparitions des anges, puisque nos âmes après la mort du corps « sont semblables aux anges », selon l'Evangile. Il reconnaît lui-même avec St Jérôme contre Vigilance, que les saints qui sont dans le Ciel apparaissent quelquefois visiblement aux hommes.

D'où vient que les animaux « ont aussi bien que nous la mémoire, mais non pas les réflexions qui l'accompagnent, qui ne partent que de l'âme qu'ils n'ont pas ? »

La mémoire n'est-elle pas la réflexion sur ce que l'on a vu, fait ou ouï ; et dans les animaux, la mémoire n'est-elle pas suivie de la réflexion [1], puisqu'ils se vengent de ceux qui leur ont fait du mal, qu'ils évitent ce qui les a incommodés, qu'ils prévoient ce qui peut leur en arriver s'ils tombent dans les mêmes fautes, etc ?

Après avoir parlé de la palingénésie naturelle, il conclut : « Ainsi l'on voit combien il y a peu de raison de les attribuer au retour des âmes ou aux démons, comme ont fait quelques ignorants. »

Si ceux qui opèrent les merveilles de la palingénésie naturelle et qui admettent le retour naturel des fantômes dans les cimetières et dans les champs de bataille, ce que je ne crois point qui arrive naturellement, montraient que ces fantômes parlent, agissent, se meuvent, annoncent l'avenir, et font ce qu'on rapporte du retour des âmes ou des autres apparitions, soit des bons, soit des mauvais anges, on pourrait conclure qu'il n'y a point de raison de les attribuer aux âmes, aux anges et aux démons ; mais 1. on n'a jamais pu faire paraître le fantôme d'un homme mort par aucun secret de l'art. 2. Quand on aurait pu susciter son ombre, on ne lui aurait jamais inspiré la pensée ni le raisonnement, comme on voit que les âmes, les anges et les démons qui apparaissent, raisonnent et agissent, comme intelligents et

---

1. L'auteur, comme on le voit, n'est pas cartésien, puisqu'il donne aux animaux même de la réflexion. Mais s'ils réfléchissent, ils choisissent ; d'où il suit conséquemment qu'ils sont libres.

doués de connaissance du passé, du présent, et quelquefois de l'avenir.

Il nie que les âmes du Purgatoire reviennent, car si elles pouvaient revenir, « il n'y aurait personne qui ne reçût de pareilles visites de la part de ses parents et ses amis, puisque toutes les âmes seraient dans la même disposition. Il y a bien de l'apparence, dit-il, que Dieu leur accorderait la même permission ; et si elles avaient cette permission, toutes les personnes de bon sens ne comprennent pas pourquoi elles accompagneraient toutes leurs apparitions de toutes les folies dont on les circonstancie dans les histoires. »

On peut répondre que le retour des âmes ne peut dépendre ni de leur disposition, ni de leur volonté, mais de la volonté de Dieu qui accorde cette permission à qui il veut, quand il veut, et comme il veut.

Le mauvais riche demanda le retour de Lazare au monde[1] pour avertir ses frères de ne pas tomber dans le même malheur que lui ; mais il ne put l'obtenir. Il y a une infinité d'âmes dans le même cas et dans la même disposition, qui ne peuvent obtenir la permission de revenir ni par elles-mêmes ni par d'autres[2].

Si l'on a accompagné certains récits du retour des âmes de quelques circonstances peu sérieuses, cela ne fait rien contre la vérité de la chose ; pour une relation imprudemment embellie par des

---

1. Luc, xiij, 13. 14.
2. D'où l'auteur l'a-t-il appris ?

circonstances peu certaines, il y en a mille d'écrites très sensément, très sérieusement, et d'une manière très conforme à la vérité.

Il soutient que toutes les apparitions qui ne peuvent pas être attribuées à des anges ou à des âmes bienheureuses, ne sont produites que par l'une de ces trois causes : la force de l'imagination, l'extrême subtilité des sens et la dépravation des organes, tels qu'ils sont dans la folie et dans les fièvres chaudes.

Cette proposition est téméraire et a été réfutée ci-devant par le R. P. Richard.

L'auteur raconte tout ce qu'il a dit de l'esprit de St-Maur, en réduisant le mouvement du lit en présence des trois personnes bien éveillées, les cris redoublés d'une personne qu'on ne voyait pas, d'une porte bien vérouillée, des coups redoublés donnés sur les murailles des vitres poussées avec violence en présence de trois personnes, sans qu'on vît l'auteur de ce mouvement ; il réduit tout cela au dérangement de l'imagination, à la subtilité de l'air, aux vapeurs causées dans le cerveau d'un malade. Que ne niait-il tous ces faits ? Pourquoi se donnait-il la peine de composer avec tant de soin une dissertation pour expliquer un phénomène qui, selon lui, n'a ni vérité ni réalité ?

Pour moi, je suis bien aise d'avertir le public, que je n'adopte ni approuve la dissertation de l'anonyme ; que je l'ai jamais vue que depuis l'impression ; que je n'en connais point l'auteur ; que je n'y prends nulle part et n'ai nul intérêt à la défendre. Si la matière des apparitions était purement philosophique, et qu'on pût, sans donner atteinte à la religion, la réduire en problème, je m'y serais pris autrement pour la détruire et j'aurais donné effort à mon raisonnement et à mon imagination.

*
* *

CHAPITRE LXIII.

DISSERTATION D'UN ANONYME,

Sur ce qu'on doit penser de l'apparition des esprits, à l'occasion de l'aventure arrivée à St-Maur en 1706.

Vous m'avez prévenu, Monsieur, au sujet de l'esprit de St-Maur qui fait tant de bruit à Paris, car j'étais dans la résolution de vous envoyer un petit détail de cet événement, afin que vous me fissiez part de vos réflexions sur une matière si délicate et qui intéresse si fort tout le public. Mais puisque vous avez lu la relation, je ne puis comprendre que vous ayez hésité un moment à vous déterminer sur ce que vous deviez en penser. Ce que vous me faites l'honneur de me dire que vous avez suspendu votre jugement jusqu'à ce que je vous eusse fait part du mien, m'est trop glorieux pour que je puisse me le persuader , et je trouve plus d'apparence à croire, que c'est un tour que vous me voulez jouer pour voir de quelle manière je me tirerai d'un pas si glissant. Cependant, je ne puis résister aux prières, ou plutôt aux ordres, dont est remplie votre lettre ; et j'aime mieux m'exposer aux plaisanteries des esprits forts ou aux reproches des crédules, qu'à la colère des personnes dont vous me menacez.

Vous demandez si je crois qu'il revienne des esprits et si le fait arrivé à St-Maur peut être attribué à quelqu'une de ces substances incorporelles.

Pour répondre à vos deux questions dans le même ordre que vous me les proposez, je vous dirai d'abord, que les anciens païens reconnaissaient plusieurs sortes d'esprits, qu'ils nommaient *lares, lamies, larves, lemures, génies, mânes*.

Pour nous, sans nous arrêter à la folie de nos philosophes cabalistes, qui imaginent des esprits dans tous les éléments, appelant *sylphes*, ceux qu'ils prétendent habiter dans l'air, *gnomes* ceux qu'ils feignent être dans la terre, *ondains* ceux de l'eau, et *salamandres* ceux du feu ; nous ne reconnaissons que trois sortes d'esprits créés, savoir les anges, les démons et les âmes que Dieu a unies à nos corps, et qui en sont séparées par la mort.

L'Ecriture sainte parle en trop d'endroits des apparitions des anges à Abraham, à Jacob, à Tobie, et à plusieurs autres saints patriarches et prophètes, pour que nous puissions en douter. D'ailleurs, comme leurs noms signifient leur ministère, étant créés de Dieu pour être ses messagers et les exécuteurs de ses ordres, il est aisé de croire qu'ils ont souvent apparu visiblement aux hommes, pour leur annoncer les volontés du Tout-Puissant. Presque tous les théologiens conviennent que les anges apparaissent sous des corps aériens dont ils se revêtissent.

Pour faire comprendre de quelle manière ils prennent et se pétrissent ces corps pour se rendre visibles aux hommes et s'en faire entendre, il faut d'abord expliquer comment se fait la vision, qui n'est que le rapport de l'espèce dans l'organe de la vue. Cette espèce est le rayon de lumière rompu et modifié sur un corps, sur lequel, formant différents angles, cette lumière se convertit en couleurs. Car un angle, de certaine manière, fait du rouge, un autre du vert, du bleu ou du jaune, et ainsi de toutes les couleurs, comme nous les apercevons dans le verre triangulaire sur lequel le rayon du soleil réfléchi forme les différentes couleurs de l'arc-en-ciel ; l'espèce visible n'est donc autre chose que le rayon de la lumière qui rejaillit depuis l'objet sur lequel il s'est rompu, jusque dans l'œil.

Or la lumière ne tombe que sur trois sortes d'objets ou de corps, dont les uns sont diaphanes, les autres opaques, et les autres participent des deux qualités, étant en partie diaphanes et en partie opaques. Lorsque la lumière tombe sur un corps diaphane qui est rempli d'une infinité de petits pores, comme l'air, elle passe au travers et ne fait point de réflexion. Lorsque la lumière tombe sur un corps entièrement opaque, comme est une fleur, ne pouvant le pénétrer, son rayon se réfléchit dessus et retourne de la fleur à l'œil, où elle porte l'espèce et fait distinguer les couleurs, selon les angles formés par cette réflexion. Si le corps sur lequel tombe la lumière est en partie opaque et en partie diaphane, comme est le verre, elle passe au travers par le diaphane, c'est-à-dire par les pores du verre qu'elle pénètre, et fait réflexion sur les parties opaques, c'est-à-dire qui ne sont pas poreuses. Ainsi, l'air est invisible parce qu'il est absolument pénétré par la lumière. La fleur renvoie à l'œil une couleur, parce qu'étant impénétrable à la lumière, elle l'oblige de réfléchir ; et le verre n'est visible que parce qu'il contient quelques parties opaques, qui selon la diversité des angles que forme le rayon de la lumière qui donne dessus, réfléchit différentes couleurs.

Voilà la manière dont se forme la vision, de sorte que l'air étant invisible à cause de sa grande diaphanéité, un ange ne peut s'en revêtir et se faire voir qu'en épaississant tellement l'air, que de diaphane, il le rende opaque et capable de réfléchir le rayon de la lumière jusqu'à l'œil de celui qui l'aperçoit. Or comme les anges ont des connaissances et des puissances bien au-delà de ce que nous pouvons imaginer, il ne faut pas s'étonner s'ils peuvent se former des corps aériens qui seront visibles par l'opacité qu'ils leur donneront. A l'égard des organes nécessaires à ces corps aériens pour former des sons et les faire entendre sans avoir recours à la disposition de la matière, il les faut attribuer entièrement au miracle.

C'est ainsi que les anges ont apparu aux saints patriarches. C'est ainsi que les âmes glorieuses qui participent à la nature des anges, se peuvent revêtir d'un corps aérien pour se rendre visibles, et que les démons mêmes peuvent en épaississant et condensant l'air, s'en former des corps pour se rendre visibles aux hommes par une permission toute particulière de Dieu et pour accomplir les secrets de la providence ; comme on dit qu'ils ont apparu à St Antoine le solitaire et à d'autres saints pour les tenter.

Pardonnez-moi, Monsieur, cette petite digression physique, dont je n'ai pu me dispenser pour faire comprendre la manière dont les anges, qui sont des substances purement sprirituelles, peuvent tomber sous nos sens charnels.

La seule chose dont les saints docteurs ne sont point d'accord sur ce sujet, c'est de savoir si les anges apparaissent aux hommes de leur propre mouvement, ou s'ils ne le peuvent faire que par un ordre exprès de Dieu ? Il me semble que rien ne peut mieux contribuer à décider cette difficulté, que de déterminer la manière dont les anges connaissent toutes les choses d'ici-bas. Car si c'est par le moyen des espèces que Dieu leur communique tous les jours, comme le croit St Augustin, il n'y a pas lieu de douter qu'ils ne connaissent tous les besoins des hommes et qu'ils ne puissent pour les consoler et les fortifier, se rendre sensibles à eux par la permission de Dieu, sans en recevoir toujours un ordre exprès ; ce qu'on peut conclure de ce que dit St Ambroise au sujet de l'apparition des anges, que leur nature les rend invisibles, et que leur volonté les rend visibles : *hujus naturæ est non videri, voluntas. videri*[1].

Pour ce qui est des démons, il est certain que leur pouvoir était bien grand avant la venue de J.-C. puisqu'il les nomme lui-même *les puissances des ténèbres*, et *les princes du monde*. On ne peut douter qu'ils n'aient longtemps trompé les hommes par les prodiges qu'ils faisaient opérer à ceux qui se dévouaient plus particulièrement à eux ; que plusieurs oracles n'aient été un effet de leur puissance et de leurs connaissances, quoiqu'une partie se doive attribuer à la subtilité des hommes ; et qu'ils n'aient apparu sous des figures fantastiques qu'ils prenaient de la même manière que les prennent les anges, c'est-à-dire sous des corps aériens qu'ils organisaient. L'Ecriture sainte nous assure même qu'ils s'emparaient des corps de personnes vivantes. Mais J.-C. dit trop précisément qu'il a détruit l'empire des démons et nous a affranchis de leur tyrannie, pour qu'on puisse raisonnablement penser qu'ils aient encore sur nous la puissance qu'ils avaient autrefois, jusqu'à opérer des choses qui paraissaient miraculeuses ; comme on le raconte de cette vestale qui porta de l'eau dans un crible pour prouver sa virginité, et de celle qui, avec sa simple ceinture, fit remonter sur le Tibre un bateau qui était tellement engravé, que toute la force humaine ne le pouvait ébranler. Presque tous les saints docteurs

---

1. S. Ambroise, Com. sur S. Luc. I. c. I.

conviennent qu'il ne leur reste d'autres moyens de nous tromper, que par la suggestion que Dieu leur a voulu laisser pour exercer notre vertu.

Je ne m'amuserai point à combattre toutes les impostures qu'on a publiées des démons incubes et succubes dont quelques auteurs ont sali leurs écrits, non plus qu'à répondre aux prétendues possessions des filles de Loudun et de Marthe Brossier [1], qui ont fait tant de bruit à Paris au commencement du siècle dernier, parce que plusieurs savants qui nous ont donné leurs réflexions sur ces aventures, ont assez fait voir que les démons n'y ont aucune part ; et que la dernière surtout est parfaitement détruite par le rapport de Marescot, célèbre médecin, qui fut député par la faculté de théologie pour examiner cette fille qui faisait tant de merveilles. Voici ses propres paroles, qui peuvent servir d'une réponse générale à toutes ces sortes d'aventures : *a natura multa, plura sicta, a Dæmone nulla*. C'est-à-dire que le tempérament de Marthe Brossier, qui était apparemment fort mélancolique et hypocondriaque, contribuait beaucoup à ses enthousiasmes, qu'elle en feignait encore plus et que le Démon n'y avait aucune part.

1. Marthe Brossier, fille d'un tisserand de Romorantin fut produite comme démoniaque en 1578. Voyez à ce sujet l'histoire de Mr de Thou, livre cxxiij & le tom. V. du journal de Henri III. Edition de 1744, page 206 &c. L'affaire de Loudun parut sous Louis XIII & l'on accusa le cardinal de Richelieu d'avoir fait jouer cette tragédie pour perdre Urbain Grandier, curé de Loudun, pour avoir écrit une satire sanglante contre lui.

Si quelques Pères, comme St Thomas, croient que les démons opèrent quelquefois des effets sensibles, ils ajoutent toujours que ce ne peut être que par une permission toute particulière de Dieu pour sa gloire et le salut des hommes.

A l'égard de tous ces prodiges et de ces maléfices si ordinaires que le peuple attribue aux sortilèges ou au commerce avec les démons, il est constant qu'ils ne peuvent être opérés que par la magie naturelle qui est la connaissance des effets secrets des causes naturelles, et plusieurs, par la seule subtilité de l'art. C'est le sentiment de la plupart des Pères de l'Eglise qui en ont parlé; et sans en chercher des témoignages dans les auteurs du paganisme, comme Xénophon, Athénée et Pline, dont les ouvrages sont remplis d'une infinité de merveilles toutes naturelles, nous voyons de notre temps, des effets si surprenants de la nature, comme ceux de l'aimant, de l'acier, du mercure, que nous les attribuerions aux sortilèges comme l'ont fait les Anciens, si nous n'en avions des démonstrations toutes sensibles. Nous voyons aussi des bateleurs et joueurs de gibecière faire des choses si extraordinaires et qui semblent si opposées à la nature, que nous regarderions ces charlatans comme des magiciens, si nous ne savions par expérience, que leur seule adresse, jointe à la force de l'habitude, leur fait opérer tant de choses qui nous paraissent merveilleuses.

Toute la part qu'ont les démons dans les pratiques criminelles de ceux qu'on nomme communément des sorciers, est la suggestion par laquelle ils les invitent à la recherche abominable de toutes les causes naturelles qui peuvent nuire au prochain.

Me voici enfin, Monsieur, au point le plus délicat de votre question, qui est de savoir si nos âmes peuvent revenir sur la terre, après qu'elles sont séparées de nos corps.

Comme les anciens philosophes erraient si fort sur la nature des âmes, les uns croyant que ce n'était qu'un feu qui nous animait, les autres un air subtil, et d'autres assurant que ce n'était rien autre chose que le bon arrangement de toute la machine du corps, ce qui n'était point à admettre non plus que dans les bêtes ; il ne faut pas s'étonner qu'ils aient eu des idées si grossières sur leur état après la mort.

L'erreur des Grecs, qu'ils ont communiquée aux Romains, et ceux-ci à nos anciens Gaulois, était que les âmes dont les corps n'étaient pas solennellement ensevelis par le ministère de la religion, erraient hors des enfers sans trouver de repos, jusqu'à ce qu'on eût brûlé leurs corps et recueilli leurs cendres. Homère fait apparaître Patrocle, tué par Hector, à son ami Achille pendant la nuit, pour lui demander la sépulture sans laquelle il est privé, dit-il, de la douceur de passer le fleuve Achéron. Il n'y avait que les âmes de ceux qui avaient été noyés, qu'ils croyaient ne pouvoir revenir après leur mort ; dont on trouve une plaisante raison dans Servius, interprète de Virgile, qui dit que la plupart des savants du temps de Virgile, et Virgile lui-même, croyant que l'âme n'était autre chose qu'un feu qui anime et fait agir le corps, ils étaient persuadés que le feu était entièrement éteint par l'eau, comme si le matériel pouvait agir sur le spirituel. Virgile explique clairement son sentiment au sujet des anges dans ces vers :

Igneus est ollis vigor & cœlestis origo.
Et peu après :
... to os infula per artus
Mens agitas molem, & toto se corpore miscet ;

pour marquer l'âme universelle du monde, qu'il croyait avec la plupart des philosophes de son temps.

C'était encore une erreur commune parmi les païens, de croire que les âmes de ceux qui étaient morts avant leur juste âge, qu'ils mettaient à l'extrémité de la croissance, erraient, vagabondes, jusqu'à ce que le temps fût venu auquel elles devaient naturellement être séparées de leurs corps. Platon, plus pénétrant et mieux instruit que les autres, quoique dans l'erreur comme eux, disait que les âmes des justes qui avaient suivi la vertu montaient au Ciel et que celles qui avaient été impies, retenant encore la contagion de la matière terrestre du corps, erraient sans cesse autour des sépulcres, apparaissant comme des ombres et des fantômes.

Pour nous, à qui la religion apprend que nos âmes sont des substances spirituelles créées de Dieu et unies pour quelque temps à des corps, nous savons qu'il y a pour elles après la mort, trois différents états.

Celles qui jouissent de la béatitude éternelle, toutes abîmés, comme parlent les saints docteurs, dans la contemplation de la gloire de Dieu, ne laissent pas de s'intéresser encore à ce qui regarde les hommes dont elles ont éprouvé les misères ; et comme elles sont parvenues au bonheur des anges, tous les écrivains sacrés leur attribuent le même privilège de pouvoir, sous des corps aériens, se rendre visibles à leurs frères qui sont encore sur la terre, pour les consoler et leur apprendre les volontés divines, et ils nous en rapportent plusieurs apparitions qui sont toujours arrivées par une permission particulière de Dieu.

Les âmes que l'abomination de leurs crimes a plongées dans ce gouffre de tourments que l'Ecriture appelle l'Enfer, étant condamnées à y être éternellement retenues sans pouvoir espérer aucun soulagement, n'ont garde d'avoir la permission de venir parler aux hommes sous des corps fantastiques. L'Ecriture nous marque assez l'impossibilité de ce retour, par le discours qu'elle met dans la bouche du mauvais riche dans l'Enfer, qu'elle introduit parlant à Abraham. Il ne demande pas la permission d'aller lui-même avertir ses frères qui sont sur la terre, d'éviter les tourments qu'il souffre, parce qu'il sait que cela n'est pas possible ; mais il prie Abraham d'y envoyer le Lazare qui était dans la gloire ; et pour marquer, en passant, combien les apparitions des âmes bienheureuses et des anges sont rares, Abraham lui répond que cela serait inutile, puisque ceux qui sont sur la terre ont des prophètes et une loi qu'ils n'ont qu'à suivre.

L'histoire du chanoine de Reims dans le onzième siècle, qui, au milieu du service solennel qu'on faisait pour le repos de son âme, parla hautement et dit qu'il était jugé et condamné, a été réfutée par tant de savants [1] qui ont fait remarquer visiblement la supposition de ce fait qui ne se trouve dans aucun auteur contemporain, que je ne pense pas qu'aucune personne éclairée me la puisse objecter. Mais quand elle serait aussi incontestable qu'elle est apocryphe, il me serait aisé de répondre que la conversion de St Bruno, qui a fait gagner tant d'âmes à Dieu, était un assez grand motif pour donner lieu à la divine providence de faire un miracle aussi éclatant.

Il me reste à examiner si les âmes qui sont dans le Purgatoire où elles expient le reste de leurs crimes avant de passer au séjour bienheureux, peuvent venir converser avec les hommes et leur demander des prières pour leur soulagement.

Quoique ceux qui ont voulu soutenir cette erreur populaire aient fait leurs efforts pour l'appuyer sur différents passages tirés de St Augustin, de St Jérôme et de St Thomas, il est constant que tous ces Pères ne parlent que du retour des âmes bienheureuses pour manifester la gloire de Dieu, et que St Augustin dit précisément, que s'il était possible que les âmes des morts apparussent aux hommes, il n'y aurait point de jour qu'il ne fût visité de sa mère, Monique.

---

1. Mr de Launoy en a fait une dissertation particulière, *de causa secesius S. Brunonis*, où il réfute solidement cette fable. Cependant cet événément se trouve peint dans les beaux tableaux du petit cloître des Chartreux de Paris.

Tertullien, dans son traité de l'âme, se moque de ceux de son temps qui croyaient les apparitions. St Jean Chrysostôme, parlant au sujet de Lazare, les nie formellement, aussi bien que le glossateur du droit canon Jean Andréas qui appelle fantômes de l'imagination malade, et vaines apparitions, ce qu'on publie des âmes qu'on croit voir ou entendre. Le septième chapitre de Job et le cantique du roi Ezéchias rapporté au chapitre 38 d'Isaïe, sont tous remplis de témoignages que le Saint-Esprit semble nous avoir voulu donner de cette vérité, que nos âmes ne peuvent revenir sur la terre après notre mort, jusqu'à ce que Dieu en ait fait des anges.

Mais pour mieux l'établir encore, il faut répondre aux plus fortes objections de ceux qui la combattent. Ils rapportent le sentiment des Juifs, qu'ils prétendent prouver par le témoignage de Joseph et des rabbins ; les paroles de J.-C. à ses apôtres lorsqu'il leur apparut après sa résurrection ; l'autorité du concile élibéritain [1] ; quelques passages de St Jérôme dans son traité contre Vigilance ; des arrêts rendus en différents parlements, par lesquels les baux de plusieurs maisons ont été résolus à cause des esprits qui y revenaient journellement et tourmentaient les locataires ; enfin, un nombre infini d'exemples qui sont répandus dans toutes les histoires.

---

1. Concile Eliberis, An. 305 ou 313, dans le royaume de Grenade. D'autres ont cru que c'était Collioure dans le Roussillon, mais à tort.

Pour détruire en peu de mots toutes ces autorités, je dis d'abord qu'on ne peut pas conclure que les Juifs crussent le retour des âmes après la mort de ce que Joseph assure que l'esprit que la pythonisse fit paraître à Saül était le véritable esprit de Samuel, car outre que la sainteté de ce prophète l'avait mis au nombre des bienheureux, il y a dans cette apparition, des circonstances qui font que la plupart des saints docteurs[1] ont douté que ce fût l'esprit de Samuel, croyant que ce pouvait être un prestige dont la pythonisse trompait Saül et lui faisait croire qu'il voyait ce qu'il avait envie de voir.

Ce que plusieurs rabbins rapportent[2] des patriarches, des prophètes et des rois qu'ils ont vus sur la montagne de Garisim ne prouve pas non plus que les Juifs crussent que les âmes des morts pouvaient revenir, puisque outre que ce n'était qu'une vision procédant de l'esprit extasié, qui croyait voir ce qu'il ne voyait pas véritablement, tous ceux qui composaient cette apparition étaient des personnes de la sainteté desquelles les Juifs étaient persuadés. Ce que dit J.-C. à ses apôtres, que les esprits *n'ont ni chair ni os*, loin de faire croire que les esprits puissent revenir, prouve au contraire, évidemment, qu'ils ne peuvent, sans miracle, se rendre sensibles aux hommes, puisqu'il faut absolument une substance corporelle et des

---

1. Jesus, fils de Sirac, auteur de l'*Ecclésiastique* croit cette apparition véritable. *Eccl.* xlvi. 23.
2. Je ne sais d'où cet auteur a pris cette histoire.

organes pour se faire entendre ; ce qui ne convient point aux âmes qui, étant des substances pures et exemptes de toute matière, sont invisibles et ne peuvent naturellement être soumises à nos sens.

Le concile provincial élibéritain tenu en Espagne sous le pontificat de Sylvestre 1er, lequel défend d'allumer de jour des cierges dans les cimetières des martyrs, ajoutant pour raison qu'il ne faut pas inquiéter les esprits des saints, n'est d'aucune considération ; parce que, outre que ces paroles sont sujettes à différentes interprétations et peuvent même avoir été insérées par un copiste, comme le croient certains savants, elles ne regardent que les martyrs, dont on ne peut pas douter que les âmes soient bienheureuses.

Je réponds la même chose au passage de St Jérôme, parce que combattant l'hérésiarque Vigilance, qui traitait d'illusions tous les miracles qui se faisaient aux tombeaux des martyrs, il s'efforce de lui prouver que les saints qui sont dans le Ciel prennent toujours part aux misères des hommes et leur apparaissent même quelquefois visiblement, pour les fortifier et les consoler.

Pour ce qui est des arrêts qui ont annulé les baux de plusieurs maisons à cause des incommodités que les esprits y causaient aux locataires, il suffit d'examiner les moyens et les raisons sur lesquels ils ont été obtenus pour comprendre, ou que les juges ont été induits en erreur par les préjugés de leur enfance, ou que comme ils sont obligés de déférer aux preuves qui sont produites, souvent même contre leurs propres connaissances, ils ont été trompés par l'imposture ou par la simplicité des témoins.

A l'égard des apparitions dont toutes les histoires sont remplies, une des plus fortes qu'on me puisse objecter et à laquelle je me crois le plus obligé de répondre, est celle qu'on prétend être arrivée à Paris dans le siècle dernier et dont on cite plus de cinq cents témoins, qui ont examiné la vérité du fait avec une intention particulière. Voici l'aventure telle que la rapportent ceux qui ont écrit dans le temps qu'elle s'est passée.

Le marquis de Rambouillet, frère aîné de madame la duchesse de Montauzier, et le marquis de Précy, aîné de la maison de Nantouillet, tous deux âgés de vingt-cinq à trente ans, étaient intimes amis et allaient à la guerre, comme y vont en France toutes les personnes de qualité. Comme ils s'entretenaient un jour ensemble des affaires de l'autre monde, après plusieurs discours qui témoignaient assez qu'ils n'étaient pas trop persuadés de tout ce qui s'en dit, ils se promirent l'un à l'autre que le premier qui mourrait en viendrait apporter des nouvelles à son compagnon. Au bout de trois mois, le marquis de Rambouillet partit pour la Flandre où la guerre était pour lors, et de Précy, arrêté par une grosse fièvre, demeura à Paris. Six semaines après, de Précy entendit, sur les six heures du matin, tirer les rideaux de son lit et se tournant pour voir qui c'était, il aperçut le marquis de Rambouillet en bufle et en bottes. Il sortit de son lit et voulut lui sauter à son col pour lui témoigner la joie qu'il avait de son retour ; mais Rambouillet, reculant quelques pas en arrière, lui dit que ces caresses n'étaient plus de saison ; qu'il ne venait que pour s'acquitter de la parole qu'il lui avait donnée ; qu'il avait été tué la veille en telle occasion ; que tout ce qu'on disait de l'autre monde était très certain ; qu'il devait songer à vivre d'une autre manière ; et qu'il n'avait point de temps à perdre, parce qu'il serait tué dans la première occasion où il se trouverait.

On ne peut exprimer la surprise où fut le marquis de Précy à ce discours. Ne pouvant croire ce qu'il entendait, il fit de nouveaux efforts pour embrasser son ami qu'il croyait le vouloir abuser ; mais il n'embrassa que du vent, et Rambouillet, voyant qu'il était incrédule, lui montra l'endroit où il avait reçu le coup, qui était dans les reins, d'où le sang paraissait encore couler. Après cela, le fantôme disparut et laissa de Précy dans une frayeur plus aisée à comprendre qu'à décrire. Il appela en même temps son valet de chambre et réveilla toute la maison par ses cris. Plusieurs personnes accoururent, à qui il conta ce qu'il venait de voir. Tout le monde attribua cette vision à l'ardeur de la fièvre qui pouvait altérer son imagination ; on le pria de se recoucher, lui remontrant qu'il fallait qu'il eût rêvé ce qu'il disait. Le marquis, au désespoir de voir qu'on le prenait pour un visionnaire, raconta toutes les circonstances que je viens de dire ; mais il eut beau protester qu'il avait vu et entendu son ami en veillant, on demeura toujours dans la même pensée, jusqu'à l'arrivée de la poste de Flandre, par laquelle on apprit la mort du marquis de Rambouillet.

Cette première circonstance s'étant trouvée véritable et de la manière que l'avait dit Précy, ceux à qui il avait conté l'aventure commencèrent à croire qu'il en pouvait être quelque chose, parce que Rambouillet ayant été tué précisément la veille du jour qu'il l'avait dit, il était impossible qu'il l'eût appris naturellement. Cet événement s'étant répandu dans Paris, on crut que c'était l'effet d'une imagination troublée, ou un conte fait à plaisir, et quoique puissent dire les personnes qui examinaient la chose sérieusement, il resta toujours dans les esprits un soupçon qu'il n'y avait que le temps qui pût dissiper. Cela dépendait de ce qui ariverait au marquis de Précy, lequel était menacé de périr à la première occasion. Ainsi, chacun regardait son sort comme le dénouement de la pièce ; mais il confirma bientôt tout ce dont on doutait, car dès qu'il fut guéri de sa maladie, les guerres civiles étant survenues, il voulut aller au combat de St Antoine, quoique son père et sa mère qui craignaient la prophétie, dissent tout ce qu'ils purent pour l'en empêcher. Il y fut tué au grand regret de toute sa famille.

En supposant la vérité de toutes les circonstances de ce fait, voici ce que je dirai pour détruire les conséquences qu'on veut en tirer.

Il n'est pas difficile de comprendre que l'imagination du marquis de Précy, échauffée par la fièvre et troublée par le souvenir de la promesse que le marquis de Rambouillet et lui s'étaient faite, lui ait représenté le fantôme de son ami, qu'il savait être aux coups et à tout moment, en danger d'être tué. Les circonstances de la blessure du marquis de Rambouillet et la prédiction de la mort de Précy qui se trouva accomplie, ont quelque chose de plus grave. Cependant, ceux qui ont éprouvé quelle est la force des pressentiments, dont les effets sont tous les jours si ordinaires, n'auront pas de peine à concevoir que le marquis de Précy, dont l'esprit agité par l'ardeur de son mal suivait son ami dans tous les hasards de la guerre et s'attendait toujours à se voir annoncer par son fantôme ce qui devait lui arriver à lui-même, ait prévu que le marquis de Rambouillet avait été tué d'un coup de mousquet dans les reins et que l'ardeur qu'il se sentait lui-même pour se battre, le ferait périr à la première occasion. On verra par les paroles de St Augustin que je rapporterai dans la suite, combien ce docteur de l'Eglise était persuadé de la force de l'imagination, à laquelle il attribue la connaissance des choses à venir. J'établirai encore l'autorité des pressentiments par un exemple des plus singuliers.

Une dame d'esprit que je connais particulièrement, étant à Chartres où elle faisait son séjour, songea la nuit dans son sommeil qu'elle voyait le Paradis, qu'elle se représentait comme une salle magnifique autour de laquelle étaient, en différents degrés, les anges, les esprits bienheureux et Dieu, qui présidait au milieu, dans un trône éclatant. Elle entendit frapper à la porte de ce lieu plein de délices et St Pierre, l'ayant ouverte, elle vit paraître deux très petits enfants, dont l'un était vêtu d'une robe blanche, et l'autre était tout nu. St Pierre prit le premier par la main et le conduisit au pied du trône, et laissa l'autre à la porte, qui pleurait amèrement. Elle se réveilla en ce moment et raconta son rêve à plusieurs personnes, qui le trouvèrent tout à fait particulier. Une lettre, qu'elle reçut de Paris l'après-midi, lui apprit qu'une de ses filles était accouchée de deux enfants qui étaient morts et dont il n'y en avait qu'un qui eût reçu le baptême.

De quoi ne peut-on pas croire l'imagination capable, après une si forte preuve de son pouvoir ? Peut-on douter que parmi toutes les prétendues apparitions qu'on raconte, elle n'opère seule toutes celles qui ne viennent pas des anges et des âmes bienheureuses, ou qui ne sont pas l'effet de la malice des hommes ?

Pour expliquer plus au long ce qui a donné lieu aux fantômes dont on a publié les apparitions dans tous les temps, sans me prévaloir du sentiment ridicule des sceptiques, qui doutent de tout et avancent que nos sens, quelque sains qu'ils soient, ne sauraient rien imaginer que faussement ; je remarquerai que les plus sages d'entre les philosophes soutiennent que la mélancolie abondante, la colère, la frénésie, la fièvre, les sens dépravés ou débilités, soit naturellement, soit par accident, peuvent faire imaginer, voir et entendre beaucoup de choses qui n'ont nul fondement.

Aristote dit[1] qu'en dormant, les sens intérieurs

---

1. Aristo, *traité du songe & des veilles*.

agissent par le mouvement local des humeurs et du sang, et que cette action descend quelquefois jusqu'aux organes sensitifs, de sorte qu'au réveil, les personnes les plus sages pensent voir les images qu'elles ont songées.

Plutarque, en la vie de Brutus, rapporte que Cassius persuada à Brutus qu'un spectre, que ce dernier publiait avoir vu en veillant, était un effet de son imagination ; voici le raisonnement qu'il lui met en la bouche.

« L'esprit de l'homme étant, de sa nature, extrêmement actif et dans un mouvement continuel qui produit toujours quelque fantaisie; surtout les personnes mélancoliques comme vous, Brutus, sont plus sujettes à se former dans l'imagination des espèces, qui passent souvent jusqu'à leurs sens extérieurs. »

Galien, si habile dans la connaissance de tous les ressorts du corps humain, attribue les spectres à l'extrême subtilité de la vue et de l'ouïe.

Ce que j'ai lu dans Cardan semble établir le sentiment de Galien. Il dit, qu'étant dans la ville de Milan, le bruit se répandit qu'il y avait un ange en l'air qui paraissait visiblement, et qu'étant accouru sur la place, il le vit lui-même, avec plus de deux mille personnes. Comme les plus savants étaient dans l'admiration de ce prodige, un habile jurisconsulte qui survint, ayant examiné la chose avec attention, leur fit remarquer sensiblement que ce qu'ils voyaient n'était pas un ange, mais la figure d'un ange de pierre, qui était sur le haut du clocher de St-Gothard, laquelle, imprimée dans une nuée épaisse par le moyen d'un rayon de soleil qui donnait dessus, se réfléchissait aux yeux de ceux qui avaient la vue la plus perçante. Si ce fait n'avait été éclairci sur-le-champ par un homme exempt de toute prévention, il serait passé pour constant que c'eût été un véritable ange, puisqu'il avait été vu par les plus éclairés de la ville, au nombre de plus de deux mille personnes.

Le célèbre Du Laurent, dans le traité qu'il a fait de la mélancolie, lui attribue les effets les plus surprenants, dont il rapporte une infinité d'exemples qui semblent surpasser le pouvoir de la nature.

Saint Augustin, consulté par Evode, évêque d'Upsal, sur le sujet que je traite, lui répond en ces termes : « A l'égard des visions, même de celles où l'on apprend quelque chose de l'avenir, il n'est pas possible d'expliquer comment elles se font, à moins de savoir auparavant par où se fait tout ce qui se passe en nous quand nous pensons ; car nous voyons clairement qu'il s'excite dans notre âme un nombre infini d'images qui nous représentent ce qui a frappé nos yeux ou nos autres sens. Nous l'expérimentons tous les jours à toute heure. » Et peu après, il ajoute, pour exemple : « Dans le moment que je dicte cette lettre, je vous vois des yeux de mon esprit, sans que vous soyez présent ni que vous en sachiez rien, et je me représente, par la connaissance que j'ai de vous, l'impression que mes paroles feront sur votre esprit, sans savoir néanmoins et sans pouvoir comprendre comment tout cela se passe en moi. »

Je ne crois pas, Monsieur, que vous me demandiez rien de plus précis que ces paroles de St Augustin pour vous persuader qu'il faut attribuer à la force de l'imagination, la plus grande partie des apparitions, même de celles où l'on apprend des choses qui semblent ne pouvoir être connues naturellement ; et vous me dispenseriez bien d'entreprendre de vous expliquer comment l'imagination opère toutes ces merveilles, puisque ce saint docteur avoue qu'il ne peut lui-même le comprendre, quoiqu'il en soit convaincu.

Je vous dirai seulement que le sang qui circule sans cesse dans nos artères et dans nos veines, s'étant purifié et échauffé dans le cœur, jette des vapeurs délicates qui sont ses parties les plus subtiles, qu'on appelle esprits animaux, lesquelles étant portées dans les cavités du cerveau, mettent en mouvement la petite glande qui est, dit-on, le siège de l'âme, et par ce moyen, réveillent et ressuscitent les espèces des choses qu'on a vues ou entendues autrefois, qui y sont comme ensevelies et forment le raisonnement intérieur, que nous appelons la pensée. D'où vient que les animaux ont aussi bien que nous la mémoire, mais non pas les réflexions qui l'accompagnent, qui ne partent que de l'âme qu'ils n'ont point ?

Si ce que M. Digby, savant anglais et chancelier d'Henriette, reine d'Angleterre, le P. Kircher, célèbre jésuite, et le P. Schott de la même compagnie, Gaffarel et Vallemont, publient de l'admirable secret de la palingénésie, ou résurrection des plantes, a quelque fondement, on pourrait rendre raison des ombres et des fantômes que plusieurs personnes ont assuré avoir vus dans des cimetières.

Voici la manière dont ces curieux parviennent à la merveilleuse opération de la palingénésie.

Ils prennent une fleur, la brûlent et en ramassent toutes les cendres dont ils tirent les sels par le moyen de la calcination. Ils mettent ces sels dans une fiole de verre, où ayant mêlé certaines compositions capables de les mettre en mouvement lorsqu'on les échauffe, toute cette matière forme une poussière dont la couleur tire sur le bleu. De cette poussière excitée par une chaleur douce, il s'élève un tronc, des feuilles et une fleur; en un mot, on aperçoit l'apparition d'une plante, qui sort du milieu de ses cendres. Dès que la chaleur cesse, tout le spectacle s'évanouit, la matière se dérange et se précipite dans le fond du vaisseau pour y former un nouveau chaos. Le retour de la chaleur ressuscite toujours ce phénix végétatif caché dans ses cendres; et comme la présence de la chaleur lui donne la vie, son absence lui cause la mort.

Le P. Kircher, qui tâche de rendre raison de cet admirable phénomène, dit que la vertu séminale de chaque mixte est concentrée dans les sels, et que dès que la chaleur les met en mouvement, ils s'élèvent aussitôt et circulent comme un tourbillon dans le vaisseau de verre. Ces sels, dans cette suspension qui les met en liberté de s'arranger, prennent la même situation et forment la même figure que la nature leur avait donnée primitivement;

conservant le penchant à devenir ce qu'ils étaient, ils retournent à leur première destination et s'alignent comme ils étaient dans la plante vivante. Chaque corpuscule de sel rentrant dans la première destination qu'il tenait de la nature, ceux qui étaient au pied de la plante s'y arrangent ; de même ceux qui composaient le haut de la tige, les branches, les feuilles et les fleurs reprennent leur première place et forment ainsi une parfaite apparition de la plante entière.

On prétend que cette opération a été faite sur un moineau [1] ; et MM. de l'Académie royale d'Angleterre qui en font des expériences, espèrent parvenir à la faire aussi sur les hommes.

Or selon le principe du P. Kircher et des plus savants chimistes, qui prétendent que la forme substantielle des corps réside dans les sels et que ces sels, mis en mouvement par la chaleur forment la même figure que la nature leur avait donnée, il n'est pas difficile de comprendre, que les corps morts étant consommés dans la terre, les sels qui s'en exhalent avec les vapeurs, par le moyen des fermentations qui se font si souvent dans cet élément, peuvent bien, en s'arrangeant sur la surface de la terre, former ces ombres et ces fantômes qui ont effrayé tant de personnes ; ainsi l'on voit assez combien il y a peu de raison de les attribuer au retour des âmes ou aux démons, comme ont fait quelques ignorants.

---

1. Mr l'abbé de Vallemont en son livre des singularités de la végétation, in-12. Paris 1 vol.

A toutes les autorités par lesquelles j'ai combattu les apparitions des âmes qui sont dans le Purgatoire, j'ajouterai encore quelques réflexions toutes naturelles. Si les âmes qui sont dans le Purgatoire pouvaient revenir ici demander des prières pour passer plutôt au séjour de la gloire, il n'y aurait personne qui ne reçût de pareilles instances de la part de ses parents et de ses amis, puisque toutes les âmes étant dans la même disposition, il y a bien de l'apparence que Dieu leur accorderait la même permission. D'ailleurs, si elles avaient cette liberté, toutes les personnes de bon sens ne comprennent pas pourquoi elles accompagneraient leurs apparitions de toutes les folies dont on les circonstancie dans les histoires, comme de rouler un lit, d'ouvrir des rideaux, de tirer une couverture, de renverser des meubles et de faire un bruit épouvantable. Enfin, si ces apparitions avaient quelque réalité, il est moralement impossible que depuis tant de siècles, il ne s'en trouvât pas quelqu'une si bien avérée, qu'on ne pourrait pas en douter.

Après avoir suffisamment établi que toutes les apparitions qui ne peuvent pas être attribuées à des anges ou à des âmes bienheureuses ne sont produites que par l'une de ces trois causes, la force de l'imagination, l'extrême subtilité des sens et la dépravation des organes tels qu'ils sont dans la folie et dans la fièvre chaude, voyons ce qu'on doit penser du fait arrivé à St Maur.

Quoique vous ayez déjà vu la relation qui en a été faite, je crois, Monsieur, que vous ne me saurez mauvais gré d'en rapporter ici avec quelque détail les circonstances les plus particulières ; je tâcherai de ne rien omettre de tout ce qu'on a employé pour établir la vérité du fait, et je me servirai même, le plus que je pourrai, des propres termes de l'auteur, afin qu'on ne m'accuse pas d'avoir affaibli l'aventure.

M. de S. à qui elle est arrivée est un jeune homme de petite stature, bien fait dans sa taille, âgé de vingt-quatre à vingt-cinq ans. Après avoir entendu plusieurs fois, étant couché, donner de grands coups à sa porte, sans que la servante qui y courait aussitôt y trouvât personne, et tirer les rideaux de son lit, quoiqu'il n'y eût que lui dans sa chambre, le 22 mars dernier sur les onze heures du soir, étant à contrôler des rôles d'ouvrages dans son cabinet avec trois jeunes garçons qui sont ses domestiques, ils entendirent tous distinctement feuilleter des papiers sur la table. Le chat fut soupçonné de cet ouvrage, mais le sieur de S. ayant pris un flambeau et cherché avec attention, ne trouva rien. S'étant mis au lit peu après et ayant envoyé coucher ceux qui étaient avec lui dans sa cuisine qui est à côté de sa chambre, il entendit encore le même bruit dans son cabinet. Il se leva pour voir ce que c'était et n'ayant rien trouvé non plus que la première fois, il voulut en fermer la porte ; mais ll y sentit quelque résistance. Il entra donc pour voir d'où pouvait venir cet obstacle. Il entendit en même temps un bruit en l'air vers le coin, comme d'un grand coup donné sur la muraille, ce qui lui fit faire un cri auquel ses gens accoururent ; il tâcha de les rassurer, quoique effrayé lui-même, et n'ayant rien trouvé, il s'alla recoucher et s'endormit. A peine les garçons avaient-ils éteint la lumière, que le sieur de S. fut réveillé subitement par une secousse telle que pourrait être celle d'un bateau qui échouerait contre l'arche d'un pont. Il en fut si ému, qu'il appela ses domestiques ; et lorsqu'ils eurent apporté de la lumière, il fut étrangement surpris de voir son lit déplacé au moins de quatre pieds et il connut que le choc qu'il avait senti était celui qu'avait fait son lit contre la muraille. Ses gens, ayant replacé le lit, virent avec autant d'étonnement que de frayeur, tous les rideaux s'ouvrir au même temps et le lit courir vers la cheminée. Le sieur de S. se leva aussitôt et passa le reste de la nuit auprès du feu. Sur les six heures du matin, ayant fait une nouvelle tentative pour dormir, il ne fut pas aussitôt couché, que le lit fit encore le même mouvement jusqu'à deux fois, en présence de ses gens qui tenaient les quenouilles du lit pour l'empêcher de se déplacer. Enfin, étant obligé de quitter la partie, il s'alla promener jusqu'au dîner, après lequel, ayant essayé de se reposer, et son lit ayant encore par deux fois changé de place, il envoya quérir un homme qui logeait dans la même maison, tant pour se rassurer avec lui, que pour le rendre témoin d'un fait si surprenant ; mais la secousse qui se passa devant cet homme fut si violente, que le pied gauche du chevet du lit en fut cassé, ce qui le surprit si fort, qu'aux offres qu'on lui fit de lui en faire voir une seconde, il répondit que ce qu'il avait vu, avec le bruit effroyable qu'il avait entendu toute la nuit, étaient suffisants pour le convaincre de la vérité du fait.

Ce fut ainsi que la chose, qui était demeurée jusque là entre le sieur de S. et ses domestiques, devint publique. Ce bruit s'étant répandu aussitôt et étant venu aux oreilles d'un très grand prince qui venait d'arriver à St-Maur, Son Altesse fut curieuse de s'en éclaircir et se donna la peine d'examiner avec soin la qualité des faits qui lui furent rapportés. Comme cette aventure était le sujet de toutes les conversations, on n'entendit bientôt qu'histoires d'esprits rapportées par les plus crédules et que plaisanteries de la part des esprits forts. Cependant, le sieur de S. tâchait de se rassurer pour se mettre la nuit suivante dans son lit et se rendre digne de la conversation de l'esprit, qu'il ne doutait pas qui n'eût quelque chose à lui dire. Il dormit jusqu'au lendemain neuf heures du matin, sans avoir senti autre chose que de petits soulèvements, comme si les matelas s'étaient élevés en l'air, ce qui n'avait servi qu'à le bercer et à provoquer le sommeil. Le lendemain se passa assez tranquillement ; mais le 26, l'esprit qui paraissait être devenu sage, reprit son humeur badine et commença le matin par faire un grand bruit dans la cuisine. On lui aurait pardonné ce jeu, s'il en était demeuré là ; mais ce fut bien pis l'après-midi. Le sieur de S., qui avoue qu'il se sentait un attrait particulier pour son cabinet, auquel pourtant il ne laissait pas de répugner, y étant entré sur les six heures, y fit un tour jusqu'au fond, et revenant vers la porte pour rentrer dans sa chambre, fut fort surpris de la voir se fermer toute seule et se barricader avec les deux verrous. En même temps, les deux volets d'une grande armoire s'ouvrirent derrière lui et rendirent son cabinet un peu obscur, parce que la fenêtre qui était ouverte se trouvait derrière l'un des volets.

Ce spectacle jeta le sieur de S. dans une frayeur plus aisée à imaginer qu'à décrire. Cependant, il lui resta assez de sang-froid pour entendre à son oreille gauche, une voix distincte qui venait d'un coin du cabinet et qui lui semblait un pied environ au-dessus de sa tête ; laquelle lui parla en fort bons termes pendant l'espace d'un demi-misere et lui ordonna en le tutoyant, de faire certaine chose, sur quoi elle lui a recommandé le secret. Ce qu'il a publié, c'est qu'elle lui a donné quatorze jours pour l'accomplir ; qu'elle lui a commandé d'aller en un endroit où il trouverait des gens qui l'instruiraient sur ce qu'il devait faire ; et qu'elle l'a menacé de revenir le tourmenter s'il manquait à lui obéir. Sa conversation finit par un adieu.

Après cela, le sieur de S. se souvient d'être tombé évanoui sur le bord d'un coffre dont il a ressenti de la douleur dans le côté. Le grand bruit et les cris qu'il fit ensuite, firent accourir plusieurs personnes, qui, ayant fait des efforts inutiles pour ouvrir les portes du cabinet, allaient l'enfoncer avec une hache, lorsqu'ils entendirent le sieur de S. se traîner vers la porte qu'il ouvrit avec beaucoup de peine. Dans le désordre où il parut, et hors d'état de parler, on le porta près du feu et ensuite sur son lit, où il éprouva toute la compassion du grand prince dont j'ai déjà parlé, qui accourut au premier bruit de cet événement. Son Altesse, ayant fait visité tous les coins et recoins de la maison où on ne trouva personne, voulut faire saigner le sieur de S., mais son chirurgien ne lui ayant point trouvé de pouls, ne crut pas qu'il le pût sans danger.

Lorsqu'il fut revenu de son évanouissement, Son Altesse, qui voulait découvrir la vérité, l'interrogea sur son aventure ; mais elle n'apprit que les circonstances dont j'ai parlé, le sieur de S. lui ayant protesté qu'il ne pouvait, sans courir risque de la vie, lui en dire davantage. L'esprit n'a point fait parler de lui pendant quinze jours ; mais ce terme expiré, soit que les ordres n'eussent pas été fidèlement exécutés ou qu'il fût bien aise de venir remercier le sieur de S. de son exactitude, comme il était pendant la nuit, couché dans un petit lit près d'une fenêtre de sa chambre, madame sa mère dans le grand lit, et un de ses amis dans un fauteuil auprès du feu, ils entendirent tous trois frapper plusieurs fois contre la muraille et donner un si grand coup contre la fenêtre, qu'ils crurent toutes les vitres cassées. Le sieur de S. se leva dans le moment et s'en alla dans son cabinet, pour voir si cet esprit importun aurait encore quelque chose à lui dire ; mais il n'y trouva ni n'entendit rien. C'est ainsi que finit cette aventure qui a fait tant de bruit et qui a attiré à St-Maur tant de curieux.

Faisons présentement quelques réflexions sur les circonstances les plus fortes et les plus capables de faire impression.

Le bruit qui a été entendu plusieurs fois pendant la nuit par le maître, la servante et les voisins, est tout à fait équivoque ; et les personnes les plus prévenues ne sauraient disconvenir qu'il a pu être produit par différentes causes toutes naturelles.

On peut répondre la même chose aux papiers qu'on a entendu feuilleter, puisqu'un petit vent ou une souris ont pu les agiter.

Le mouvement du lit a quelque chose de plus grave, parce qu'on en rapporte plusieurs témoins ; mais j'espère qu'une réflexion nous dispensera d'avoir recours à des bras fantastiques pour l'expliquer.

Représentons-nous un lit sous les pieds duquel il y a des roulettes ; une personne dont l'imagination est frappée ou qui a envie de se réjouir en effrayant ses domestiques, est couchée dessus et s'agite beaucoup, en se plaignant qu'elle est tourmentée. Est-il surprenant qu'on voie remuer ce lit sur tout le plancher de la chambre étant frotté ? Mais, dit-on, il y a des témoins qui ont même fait des efforts inutiles pour empêcher ce mouvement. Qui sont ces témoins ? Deux sont des jeunes gens aux gages du patient, auxquels la frayeur causait un tremblement universel et qui n'étaient pas capables d'examiner les ressorts secrets qui causaient ce mouvement ; et l'autre, qu'on peut regarder comme le plus considérable, a dit depuis à plusieurs personnes, qu'il voudrait pour dix pistoles, n'avoir pas assuré qu'il avait vu remuer ce lit tout seul.

A l'égard de la voix dont on a conservé le secret avec tant de soin, comme il n'y en a aucun témoin, nous n'en saurions juger que par l'état où l'on trouva dans ce moment, celui qui avait été favorisé de cette prétendue révélation.

Des cris redoublés d'un homme, qui entendant enfoncer la porte de son cabinet, ouvre les verrous qu'il avait apparemment fermés lui-même, ses yeux égarés, et le désordre extraordinaire qui parut dans toute sa personne, l'auraient fait prendre par les anciens païens, pour une sibylle pleine de son enthousiasme et nous doivent paraître plutôt des suites de quelques mouvements convulsifs, que de l'entretien d'une substance spirituelle.

Enfin, les coups donnés sur la muraille et sur les vitres, et avec une extrême violence, pendant la nuit en présence de deux témoins, pourraient faire quelque impression, si l'on était sûr que le patient, qui était couché directement sous la fenêtre dans un petit lit, n'y eût eu aucune part ; car des deux témoins qui ont entendu ce bruit, l'un était la mère, et l'autre un ami particulier, qui même faisant réflexion sur ce qu'il a vu et entendu, publie que ce ne peut être que l'effet d'un maléfice.

Quelque bien que vous vouliez à ce pays-ci, je ne crois pas, Monsieur, que ce que je viens de remarquer sur les circonstances de l'aventure, vous engage à croire qu'il a été honoré d'une apparition angélique ; je crains bien plutôt que, l'attribuant au dérangement de l'imagination, vous n'accusiez la subtilité de l'air qui y règne, d'avoir causé ce désordre. Comme j'ai intérêt que vous ne fassiez pas cette injure au climat de St-Maur, je me trouve obligé d'ajouter quelque chose à ce que j'ai dit de la personne dont il s'agit, afin de vous en faire connaître le caractère.

Il ne faut pas être fort expert en l'art de la physionomie, pour remarquer sur son visage que la mélancolie domine dans son tempérament. Cette humeur noire, jointe à la fièvre qui le tourmentait depuis quelque temps, portait dans son cerveau des vapeurs qui pouvaient bien lui faire croire qu'il entendait tout ce qu'il a publié, outre que l'envie de se donner un divertissement en effrayant ses domestiques, peut bien l'avoir engagé à feindre plusieurs choses lorsqu'il a vu que l'aventure était venue aux oreilles d'un prince, duquel il appréhendait que son badinage ne lui fît tort. Ainsi je pense, Monsieur, que vous jugerez comme moi que le rapport du célèbre médecin Marescot au sujet de la fameuse Marthe Brossier convient parfaitement à notre mélancolique, et explique bien son aventure : *a natura multa, plura ficta, a dœmone nulla*.

Son tempérament lui a fait imaginer, voir et entendre beaucoup de choses ; et il en a feint encore davantage pour soutenir ce que son égarement ou son jeu lui avaient fait avancer, et aucune sorte d'esprit n'a eu part à son aventure. Sans m'arrêter à rapporter plusieurs effets de sa mélancolie, je remarquerai seulement, qu'un embarquement qu'il fit l'un des jours gras derniers, partant à dix heures du soir pour faire sur la rivière le tour de la presqu'île de St-Maur, dans un bateau où il s'était empaillé à cause du froid, a paru si singulier au grand prince dont j'ai parlé, qu'il s'est donné la peine de l'interroger sur les motifs d'un pareil voyage à une heure si indue.

J'ajouterai que le discernement de Son Altesse lui a fait aisément juger d'où procédait son aventure, et que la conduite qu'elle a tenue en cette occasion, a bien fait connaître qu'il n'est pas facile de la tromper. Je ne crois pas qu'il me soit permis d'omettre le jugement que M. de S., le père, qui est un homme d'un mérite distingué, porta de l'aventure de son fils lorsqu'il en apprit à Paris les circonstances, par une lettre de son épouse qui était à St-Maur. Il dit à plusieurs personnes qu'il était persuadé que l'esprit qui agissait en cette occasion, était celui de sa femme et de son fils. L'auteur de la relation a eu raison de faire ses efforts pour affaiblir un pareil témoignage ; mais je ne sais s'il se flatte d'y avoir réussi, en disant que celui qui l'a rendu est un esprit fort et qui se fait honneur d'être de l'opinion à la mode sur le fait des esprits.

Enfin, pour fixer votre jugement, et terminer agréablement cette petite dissertation dans laquelle vous m'avez engagé, je ne sais rien de meilleur que de vous rapporter les paroles d'une princesse [1] qui n'est pas moins distinguée à la cour par la délica-

---

1. Madame la duchesse mère, fille du feu roi Louis XIV & mère de Mr le duc dernier mort, de Mr le comte de Charolais, & de Mr le comte de Clermont.

tesse de son esprit que par la grandeur de son rang et par les charmes de sa personne. Comme on s'entretenait en sa présence de la singularité de l'aventure qui se passait à St-Maur, « pourquoi vous étonner si fort, » dit-elle avec cet air gracieux qui lui est si naturel, « est-il surprenant que le fils ait commerce avec des esprits, puisque la mère voit trois fois toutes les semaines le Père éternel ? Cette femme est bienheureuse, ajouta cette spirituelle princesse ; pour moi, je ne demanderais d'autre faveur, que de le voir une seule fois en ma vie. »

Riez avec vos amis de cette agréable réflexion ; mais surtout gardez-vous bien, Monsieur, de rendre ma lettre publique. C'est la seule récompense que je vous demande de l'exactitude avec laquelle je vous ai obéi dans une occasion si délicate. Je suis, Monsieur, votre très humble...

à Saint-Maur, ce 8 mai 1706.

LETTRE DU REVEREND PERE
Dom AUGUSTIN CALMET,
abbé de Senones, à M. Debure l'aîné,
libraire à Paris.

Monsieur,

J'ai reçu le *Traité historique et dogmatique sur les apparitions, les visions et les révélations particulières, avec les observations sur les dissertations du révérend Père Dom Calmet, abbé de Senones, sur les apparitions et les revenants*. A Avignon, 1751, par M. l'abbé Lenglet du Frenoy.

J'ai parcouru cet ouvrage avec plaisir. M. du Frenoy a voulu y mettre à profit ce qu'il avait écrit il y a cinquante-cinq ans, comme il le dit lui-même, au sujet des visions et de la vie de Marie d'Agreda dont on parlait alors et dont on parle encore à présent, d'une manière si indécise. M. du Frenoy avait entrepris alors d'examiner la chose à fond et d'en faire voir les illusions ; il est encore temps d'en donner son sentiment, puisque l'Eglise ne s'est point déclarée sur l'ouvrage, sur la vie et sur les visions de cette fameuse abbesse espagnole.

Ce n'est que par occasion qu'il a composé les remarques sur mes dissertations, sur les apparitions et sur les vampires. Je n'ai pas lieu de m'en plaindre ; il a gardé envers moi les règles de la politesse et de la bienséance et je tâcherai de l'imiter dans ce que je dirai pour ma défense. Mais s'il avait lu la seconde édition de mon ouvrage, faite à Einsilden, en Suisse, en 1749, la troisième, faite en allemand à Augsbourg en 1750, et la quatrième à laquelle vous travaillez actuellement, il se serait épargné la peine de censurer plusieurs passages que j'ai corrigés, réformés, supprimés, ou expliqués moi-même.

Si j'avais voulu grossir mon ouvrage, j'aurais pu y ajouter des règles, des remarques, des réflexions et une infinité de faits. Mais je serais, par là, tombé dans l'inconvénient qu'il semble avoir reconnu lui-même lorsqu'il dit qu'il a peut-être mis dans son ouvrage trop de ces règles et de ces remarques ; et je suis persuadé que c'est en effet ce qu'on lira le moins, et dont on fera le moins d'usage [1]. On sera bien plus frappé des histoires tirées avec affectation de Thomas de Catimpré et de Césarius, dont les ouvrages sont décriés partout et qu'on n'ose plus citer sans les exposer à la risée. On ne lira que trop avec plaisir ce qu'il rapporte des apparitions de Jésus-Christ à St François d'Assise sur l'indulgence de la Partioncule et des particularités de l'établissement des Pères carmes et de la confrérie du Scapulaire par Simon Stok, à qui la Sainte Vierge donna

---

1. Dom Calmet a bien mauvaise opinion du public, de croire qu'il fasse si peu de cas de ce qu'il y a peut être de meilleur et de plus sensé dans ce livre. Les gens sages en pensent tout autrement que lui.

elle-même le scapulaire de l'ordre. On verra dans son ouvrage qu'il y a peu d'établissement et de société religieuse qui ne soit fondé sur quelques visions et révélations. Il semblait même que la chose était nécessaire pour la propagation de certains ordres et de certaines congrégations ; en sorte qu'on faisait assaut de ces sortes de révélations et que c'était à qui en produirait en plus grand nombre, et de plus extraordinaires, pour les accréditer.

Je ne me saurais persuader qu'il ait rapporté sérieusement la prétendue apparition de St François à Erasme. On comprend fort bien que c'est là une badinerie d'Erasme, qui a voulu se divertir aux dépends des Pères cordeliers. Mais on ne peut lire sans peine la manière dont il traite plusieurs Pères de l'Eglise, comme St Grégoire le Grand, St Grégoire de Tours, St Sulpice Sévère, Pierre le Vénérable, abbé de Cluny, St Anselme, le cardinal Pierre Damien, St Athanase même , et St Ambroise[1], par rapport à leur crédulité et au récit qu'ils nous donné de plusieurs apparitions et visions dont on fait peu de cas aujourd'hui ; j'en dis de même de ce qu'il raconte des visions de sainte Elisabeth de Schönau, de sainte Hildegarde, de sainte Gertrude, de sainte Mechtilde, de

1. Ni Grégoire de Tours, ni Sulpice Sévère, ni Pierre le Vénérable ou Pierre Damien, n'ont jamais été mis en parallèle avec les Pères de l'Eglise. A l'égard de ceux-ci, il a toujours été permis, sans manquer au respect qui leur est dû, de relever dans leurs écrits, certaines faiblesses, quelquefois même des erreurs, comme l'Eglise l'a fait en condamnant les Millénaires, etc.

sainte Brigitte, de sainte Catherine de Suède, etc. A peine fait-il grâce à celles de sainte Thérèse.

N'aurait-il pas mieux valu laisser le monde à cet égard comme il est[1], que de remuer les cendres de tant de saints personnages et de saintes religieuses dont la vie est en bénédiction dans l'Eglise, et dont les écrits et les révélations ont si peu d'influence sur le salut et sur les mœurs du commun des fidèles ? De quelle utilité pour l'Eglise, que l'on relève les œuvres des contemplatifs, des Tauler, des Ruysbroeck, des Barthelémi de Pise, de St Vincent Ferrier, de St Bernardin de Sienne, de Henri Harpius, de Pierre de Natalibus, de Bernardin de Bustis, de Ludolphe le Chartreux, et d'autres auteurs de ce genre, dont les écrits sont si peu lus et si peu connus, dont les sectateurs sont en si petit nombre, et ont si peu de crédit dans le monde et même dans l'Eglise ?

M. l'abbé du Frenoy reconnaît les visions et les révélations qui sont clairement marquées dans l'Ecriture ; mais n'y a-t-il pas lieu de craindre que certaines gens n'y appliquent les règles de critique qu'il emploie contre les visions des saints et saintes dont il parle dans son ouvrage et qu'on ne dise par exemple, que Jérémie s'est laissé aller à son humeur chagrine, et Ezechiel à son tempéramant caustique et mordant, pour prédire des choses tristes et désagréables au peuple juif[2] ?

---

1. Excellente maxime pour fomenter la crédulité, et nourrir la superstition.
2. Quel parallèle ! pourrait-on le faire, sans renoncer au sens commun ?

On sait combien de contradictions les prophètes ont essuyées de la part des Juifs, et qu'en particulier[1] ceux d'Anathon avaient résolu de faire mourir Jérémie, leur compatriote, pour l'empêcher de prophétiser au nom du Seigneur. A quelles persécutions n'a-t-il pas été exposé lui et Baruch, son disciple, pour avoir parlé au nom du Seigneur ? Le roi Joachim, fils de Josias, ne jeta-t-il pas au feu le livre de Baruch[2], après l'avoir percé d'un canif, en haine des vérités qu'il lui annonçait ?

Les Juifs allaient quelquefois jusqu'à les insulter dans leurs maisons, jusqu'à leur dire[3] : *Ubi est verbum domini ? Veniat* ; et ailleurs : « formons des desseins contre Jérémie, car les prêtres ne manqueront point de citer la loi et les prophètes ne manqueront point d'alléguer les paroles du Seigneur. Venez, attaquons-le à coups de langues et n'ayons aucun égard à ses discours. »

Isaïe n'a point essuyé de moindres contradictions ni de moindres insultes, les Juifs libertins étant allés jusqu'en sa maison lui dire avec insolence[4] : *Menda, remenda, expecta, reexpecta, modicum ibi est modicum ibi* ; comme pour se railler de ses menaces.

Mais tout cela n'a pas prévalu, et ne prévaudra jamais contre la vérité et la parole de Dieu ; la fidèle exacte exécution des menaces du Seigneur

1. Jérémie, XXI. 21.
2. Jérémie, XXXVI.
3. Jérémie, XVII. 15.
4. Isaï. XXVIII. 10.

a justifié et justifiera toujours les prédictions et les visions des prophètes. Les portes de l'Enfer ne prévaudront pas contre l'Eglise chrétienne, et la parole de Dieu triomphera de la malice de l'Enfer, de l'artifice des hommes corrompus, des libertins et de toute la subtilité des prétendus esprits forts ; les vraies et réelles visions, révélations et apparitions porteront toujours en elles-mêmes le caractère de vérité et serviront à détruire celles qui sont fausses et qui viennent de l'esprit d'erreur et de séduction.

Pour venir à présent à ce qui me regarde en particulier, M. du Frenoy dit[1] que le public a été frappé de ce que, au lieu de faire précéder mes preuves sur le fait des apparitions, je les ai mises à la suite de ces mêmes apparitions et que je ne me suis pas assez étendu sur l'article de ces preuves.

Je vais rendre compte au public de ma méthode et de mon dessein. M'étant proposé de prouver la vérité, la réalité, et par conséquent, la possibilité des apparitions, j'en ai rapporté un grand nombre d'exemples authentiques tirés de l'Ancien et du Nouveau Testament ; ce qui forme une preuve complète de mon sentiment , car la certitude des faits emporte ici la certitude du dogme.

Après cela, j'ai rapporté des exemples et des sentiments tirés des Hébreux, des musulmans, des Grecs et des Latins pour assurer la même vérité. Je n'ai garde de mettre en parallèle ces témoignages avec ceux de l'Ecriture qui ont pré-

---

1. Tome 2, pag. 92 & suiv.

cédé. Mon objet en cela a été de montrer que, de tout temps et parmi toutes les nations policées, le sentiment de l'immortalité de l'âme, de son existence après la mort, de son retour et de ses apparitions, est une de ces vérités que la longueur des siècles n'a pas pu effacer de l'esprit des peuples.

Je tire la même conséquence des exemples que j'ai rapportés et dont je ne prétends pas garantir la vérité ni la certitude. J'abandonne volontiers tous les faits qui ne sont pas révélés à la censure et à la critique ; je ne tiens pour vrai que ce qui l'est en effet.

M. du Frenoy trouve que la preuve que je tire pour l'immortalité de l'âme, de l'apparition des âmes après la mort du corps, que cette preuve n'est pas assez solide ; mais elle est certainement des plus sensibles et des plus à portée de la plupart des hommes. Elle fera plus d'impression sur eux que les raisons tirées de la philosophie et de la métaphysique. Je ne prétends pas pour cela donner atteinte aux autres preuves de la même vérité ni affaiblir un dogme si essentiel à la religion.

Il s'étend à prouver [1] que le salut de l'empereur Trajan n'est pas une chose que la religion chrétienne puisse approuver. J'en conviens avec lui, et il était assez inutile de se mettre en frais pour le démontrer [2].

---

1. Page 55.
2. Il est vrai que ce que Dom Calmet en avait dit dans sa première version, qui est la seule que Mr Lenglet a vue, a été corrigé dans les suivantes.

Il parle du jeune homme de Delme, qui, étant tombé en syncope, y demeura quelques jours ; on l'en fit revenir et il lui resta une langueur qui le conduisit enfin à la mort au bout de l'année. C'est ainsi qu'il tourne cette histoire.

M. du Frenoy déguise un peu la chose, et quoique je ne croie point que le Diable ait pu rendre la vie à ce jeune homme, cependant, les auteurs originaux et contemporains que j'ai cités, soutiennent que le Démon a beaucoup de part à cet événement[1].

Ce qui m'a principalement détourné de donner des règles et de prescrire une méthode pour discerner les vraies des fausses apparitions, c'est que je suis très persuadé que la manière dont elles arrivent nous est complètement inconnue ; qu'elle enferme des difficultés insurmontables ; et qu'à ne consulter que la raison et les règles de la philosophie, je serais plus porté à les croire impossibles qu'à en assurer la vérité et la possibilité. Mais je suis retenu par le respect des saintes Ecritures, par le témoignage de toute l'Antiquité et par la tradition de l'Eglise.

> Je suis très parfaitement, Monsieur, votre très humble et très obéissant serviteur, D. A. Calmet, abbé de Senones.

*
* *

---

1. Mauvais fondements ; auteurs crédules, ou intéressés.

PERMISSION

Du Président supérieur général de
la congrégation de St Vanne
et de St Hidulphe.

Nous, Dom Sébastien Guillemin, président et supérieur général de la congrégation de St Vanne et de St Hidulphe, ordre de St Benoît, sur la communication que le très révérend Père Dom Augustin Calmet, abbé de Senones, nous a faite du dessein qu'il avait de donner au public deux dissertations qu'il a composées, l'une sur les *Apparitions des esprits*, l'autre touchant *les Vampires ou revenants de Hongrie*, persuadés que rien ne pouvait sortir de la plume de ce célèbre auteur que de très recherché et de très instructif, avons permis et par ces présentes, permettons audit très révérend Père abbé de faire imprimer lesdites dissertations, après néanmoins en avoir obtenu les approbations et permissions ordinaires.

Donné en notre abbaye de St-Mansuy-les-Toul, le 18 janvier 1746, sous le sceau ordinaire de notre office, de notre sein manuel et de celui de notre chancelier.

Dom Sébastien Guillemin, Président.

Par ordonnance du très R. P. Président
D. Jean Magron, Chancelier.

*
* *

APPROBATION.

J'ai lu par ordre de Monseigneur le chancelier, un manuscrit qui a pour titre : *Dissertations sur les apparitions des anges, des démons et des esprits, et sur les revenants et vampires*. Cette matière demandait de la recherche et de la critique. L'auteur, si connu dans la république des Lettres paraît n'avoir épargné aucun travail pour se mettre au fait de ce qui concerne le sujet qu'il traite ; ses sages réflexions prouveront également sa judicieuse critique. Elle mettra sans doute le lecteur à l'abri d'une vaine crédulité, qui porte à tout croire, et d'un pyrrhonisme dangereux, qui porte à douter de tout.

En Sorbonne, le 16 décembre 1745.
De Marcilly.

*
* *

APPROBATION.

J'ai lu par ordre de Monseigneur le chancelier, les *Dissertations sur les apparitions des anges, des démons, des esprits, et sur les vampires*, avec des augmentations, par D. Augustin Calmet ; je n'y ai rien trouvé qui doive en empêcher l'impression.

Fait à Paris, ce 23 janvier 1751.

Geinoz.

TABLE DES MATIERES

PRESENTATION par ROLAND VILLENEUVE ... 7

Chapitre 1. *La résurrection d'un mort est l'ouvrage de Dieu seul* 43

Chap. 2. *Résurrection de gens qui n'étaient pas vraiment morts* 47

Chap. 3. *Résurrection d'un homme enterré depuis trois ans, ressuscité par St Stanislas* 49

Chap. 4. *Un homme réellement mort peut-il apparaître en son propre corps ?* 53

Chap. 5. *Résurrection ou apparition d'une fille morte depuis quelques mois* 58

Chap. 6. *Femme tirée vivante de son tombeau* 64

Chap. 7. *Revenants ou vampires de Moravie* 65

Chap. 8. *Morts de Hongrie qui sucent le sang des vivants* 69

Chap. 9. *Récit d'un vampire, tiré des Lettres Juives ; Lettre 137* 71

Chap. 10. *Autres exemples de revenants. Continuation du Glaneur* 73

Chap. 11. *Raisonnement de l'auteur des Lettres Juives sur les revenants* 77

Chap. 12. *Suite du raisonnement du Glaneur Hollandais* 83

Chap. 13. *Récit tiré du Mercure Galant de 1693, et 1694 sur les revenants* 87

Chap. 14. *Conjectures du Glaneur de Hollande* 88

Chap. 15. *Autre lettre sur les revenants* 94

Chap. 16. *Vestiges prétendus du vampirisme dans l'Antiquité* 98

Chap. 17. *Revenants dans les pays septentrionaux* 104

Chap. 18. *Revenants en Angleterre* 106

Chap. 19. *Revenants au Pérou* 108

Chap. 20. *Revenants dans la Laponie* 109

Chap. 21. *Retour d'un homme mort depuis quelques mois* 110

Chap. 22. *Excommuniés qui sortent des églises* 117

Chap. 23. *Autres exemples des excommuniés rejetés hors de la terre sainte* 120

Chap. 24. *Exemple d'un martyr excommunié rejeté hors de la terre* 122

Chap. 25. *Homme rejeté hors de l'église pour avoir refusé de payer la dîme* 124

Chap. 26. *Exemples de personnes qui ont donné des signes de vie après leur mort, et qui se sont retirées, par respect, pour faire place à de plus dignes* 126

Chap. 27. *Gens qui vont en pèlerinage après leur mort* 129

Chap. 28. *Raisonnement sur les excommuniés qui sortent des églises* 131

Chap. 29. *Les excommuniés pourrissent-ils en terre ?* 136

Chap. 30. *Exemples pour montrer que les excommuniés ne pourrissent point, et apparaissent aux vivants* 138

Chap. 31. *Exemples de ces retours des excommuniés* 140

Chap. 32. *Broucolaque exhumé en présence de Monsieur de Tournefort* 143

Chap. 33. *Le Démon a-t-il pouvoir de faire mourir, puis de rendre la vie à un mort ?* 150

Chap. 34. *Examen du sentiment qui veut que le Démon puisse rendre le mouvement à un corps mort* 153

Chap. 35. *Exemples de fantômes qui ont apparu vivants, et ont donné plusieurs signes de vie* 159

Chap. 36. *Dévouement pour faire mourir, pratiqué par les païens* 162

Chap. 37. *Exemples de dévouement parmi les chrétiens* 166

Chap. 38. *Exemples de personnes qui se sont promis de se donner après leur mort des nouvelles de l'autre monde* 173

Chap. 39. *Extraits des ouvrages politiques de Mr l'abbé de St-Pierre* 181

Chap. 40. *Divers systèmes pour expliquer le retour des revenants* 191

Chap. 41. *Divers exemples de personnes enterrées encore vivantes* 194

Chap. 42. *Exemples de personnes noyées, qui sont revenues en santé* 198

Chap. 43. *Exemples de femmes qu'on a crues mortes, et qui sont revenues* 202

Chap. 44. *Peut-on faire l'application de ces exemples aux revenants de Hongrie ?* 205

Chap. 45. *Morts qui mâchent comme des porcs dans leurs tombeaux, et qui dévorent leur propre chair* 206

Chap. 46. *Exemple singulier d'un revenant de Hongrie* 209

Chap. 47. *Raisonnement sur cette matière* 211

Chap. 48. *Les vampires ou revenants sont-ils véritablement morts ?* 213

Chap. 49. *Exemple d'un nommé Curma renvoyé au monde* 226

Chap. 50. *Exemples de personnes qui s'extasient quand elles veulent, et qui demeurent sans aucun sentiment* 233

Chap. 51. *Application de ces exemples aux vampires* 236

Chap. 52. *Examen du sentiment qui veut que le Démon fascine les yeux de ceux à qui les vampires apparaissent* 242

Chap. 53. *Exemples de ressuscités qui racontent ce qu'ils ont vu dans l'autre vie* 245

Chap. 54. *Les traditions des païens sur l'autre vie viennent des Hébreux et des Egyptiens* 251

Chap. 55. *Exemples de chrétiens ressuscités et renvoyés au monde. Vision de Vetin, moine d'Augie* 255

Chap. 56. *Vision de Bertholde rapportée par Hincmar, archevêque de Reims* 258

Chap. 57. *Vision de St Fursi* 260

Chap. 58. *Vision d'un protestant d'York, et autres* 262

Chap. 59. *Conclusion de cette dissertation* 268

Chap. 60. *Impossibilité morale que les revenants sortent de leurs tombeaux* 272

Chap. 61. *Ce qu'on raconte des corps des excommuniés qui sortent de l'église est sujet à de très grandes difficultés* 275

Chap. 62. *Remarques sur la dissertation touchant l'Esprit revenu à St-Maur-des-Fossés* 286

Chap. 63. *Dissertation d'un Anonyme, sur ce qu'on doit penser de l'apparition des esprits, à l'occasion de l'aventure arrivée à St-Maur en 1706* 299

Lettre de R. P. Dom Calmet à Mr Debure .. 335

*
* *

D'APRÈS LES FILMS FOURNIS, CET OUVRAGE A ÉTÉ
ACHEVÉ D'IMPRIMER   EN DECEMBRE 1986
SUR LES PRESSES   DE L'IMPRIMERIE
LIENHART ET Cie A   AUBENAS D'ARDÈCHE

N° 3136. *Imprimé en France*

DÉPÔT LÉGAL : DECEMBRE 1986